정상동물

동물은 왜 죽여도 되는 존재가 되었나

정상동물

동물은 왜 죽여도 되는
존재가 되었나

김도희 지음

은행나무

추천사

'정상' 동물. 동물이란 단어 앞에 흔히 붙는 형용사는 아니다. 그러고 보니 "가난한 동물", "노동하는 동물" 모두 낯설다. 익숙한 건 기껏해야 "귀여운" "불쌍한" "영리한" "포악한" 또는 "맛있는" 동물뿐. 이토록 단순하게 고착된 우리 사고를 깰 수만 있다면! 재판에서 동물을 전략적으로 대변하는 변호사면서, 동물해방운동에 투신한 활동가이자, 앎/삶을 조화시키는 연구공동체의 성실한 일원이고, 무엇보다 두 '고양이 선생님'을 모시는 집사인 저자만이 가질 수 있는 고유한 설득력으로,《정상동물》은 우리의 낡은 지식·인식·감각을 일시에 바꿔준다. 동물과 함께 사는 '법'(들)이 개선되길 바라는 사람이라면 누구나 이 책에 귀 기울여야 할 이유다. 사회 변화를 추구하는 치열한 과정에서 마주치는 복잡하고 어려운 질문들을《정상동물》은 하나도 피하지 않는다. 그렇게 탄생한 '유대와 사랑의 동물정치공동체'라는 이상은 더 이상 꿈이 아닌, 지금 여기서 만들어가는 어엿한 현실이다.

김한민 작가·시셰퍼드코리아 활동가,《아무튼, 비건》저자

팬데믹과 기후재난을 통해 동물들은 이미 우리의 정치공동체로 뛰어들었고 인류 가운데 함께 싸울 저항자를 찾고 있다. 중요한 것은 동물이 말할 수 있는지, 고통을 느낄 수 있는지 논쟁하는 것이 아니라 우리가 그들의 말을 어떻게 듣고 응답할지 모색하는 일임을 김도희는 치열하고 사려 깊게 보여준다. 내 안에 안개처럼 존재하던 막연한 느낌들이 선명한 언어를 찾은 기분이다.

홍은전 인권·동물권 기록활동가,《나는 동물》저자

정상동물 이데올로기와 편들기

인간중심주의로 인간중심주의를 해체하다

세계에는 수많은 권리가 넘실대고 있다. 이런 권리들은 어디서 촉발되었을까. 흔히 권리를 이야기할 때 가장 먼저 떠올리는 것은 '인권'일 것이다. 그렇다면 '인간의 권리 Rights of Man'라는 말이 처음으로 쓰인 프랑스로 돌아가보자. 장자크 루소Jean-Jacques Rousseau가《인간 불평등 기원론》과《사회계약론》을 통해 처음 인간의 권리를 언급한 것은 1762년이다. 이후 인권은 굴곡진 역사를 거쳐 모든 인간을 빠짐없이 권리의 주체로 호명하고, 그들이 누릴 수 있는 권리를 선언하여 제도화된 근대 시민사회의 '쾌거'가 되었다. 보편적 내지 거의 절대적 담론으로서 부정하기 어려운 역사의 '진보'를 가져왔고, 수많은 비권리주체가 '인권'이라는 우산 아래 운집할 수 있었다.

그러나 인권 담론은 가장 큰 약점이라고 할 수 있는 인간중심주의Anthropocentrism로 인해 비판받기도 한다. 서구의 근대적 자연관에 의거하여 인간을 다른 생물 및 모든 물질과 구별되는 유일한 존재로 인식하고, 인간의 가치만을 중요하게 인정하여, 인간 이외의 존재들을 인간의 목적을 위한 수단으로 활용할 수 있다는 관점으로 귀결될 수 있기 때문이다. 대표적으로 노예, 유색인종, 여성, 아동 등이 초기 인권의 우산 아래 들어오지 못했던 '비인간'이다. 초창기 인권 개념에서의 인간은 생물학적 백인 남성만을 지칭했기 때문이다. '동성애자(역시 남성에 한정)'에게 더 이상 사형이 선고되지 않게 된 것, 유대인에게 프랑스 시민의 자격을 인정한 것은 사회계약론으로부터 30여 년이 지난 1791년이다. 노예제가 완전히 폐지된 것은 1794년이었고, 모든 성인 남성에게 선거권이 부여된 것은 1848년 2월 혁명을 통해서였다. 여성은 프랑스 혁명으로부터 200년 가까이 지난 20세기 후반에야 온전한 시민권을 얻었다. 이처럼 인간이라면 모두 똑같이 누린다는 인권 개념이 시대적·정치적 상황에 따라 얼마나 변화무쌍하게 바뀌어왔는지는 몇 가지 증표만으로도 쉽게 확인된다.

인간중심주의에 대한 비판은 가부장제, 제국주의, 백인 우월주의 등 다양한 이름으로 꾸준히 제기되었고, 기존 인권 담론의 틀에서 배제된 타자의 문제, 즉 인종, 성별, 계급, 나이, 종교관, 성적 취향, 장애 유무, 범죄경력, 경제력을 비롯해 미적 취향, 질환의 유무, 병역의무 이행 여부 등을 근거로 권리를 억압해서는 안 된다는 논의는 계속해서 확장되었다. 그러나 여기서조차 종차種差를 넘어서지 못하고 비인간동물·식물의 권리 등은 자연스레 외면되어 왔고, 이들은 오랫동안 '권리' 개념과 접속하지 못했다. "사람도 굶어 죽는 판에 개, 고양이한테 그 비싼 걸" 따위의 말들이 여전히 심심치 않게 들려오며, 식물은 얼마든지 인간 없이 살 수 있지만 인간은 식물 없이는 살 수 없음에도 불구하고 많은 언어권에서는 '죽은 것이나 다름없는 상태'를 '식물인간'이라고 부른다.

하지만 최근 세계 여러 나라에서 동물, 자연(물)에 권리능력을 부여하여 이들의 권리를 인정하자는 입법례 또는 법원의 판례들이 속속 생겨나고 있다. 대표적으로 뉴질랜드는 테우레웨라국립공원과 환가누이강에 권리능력을 인정하는 법을 제정하여 이 분야에 선도적인 역할을 하고 있고, 특정 지역(강, 빙하, 석호, 숲 등)이나 특정 종(바다쇠오리, 빠리야, 바다거북 등), 특정 개체(오랑우탄, 침팬지 등)에 권리능력을 부여하는 사례들이 남미를 중심으로 퍼져나가고 있다. 한국에서도 제주 남방큰돌고래, 곶자왈, 충남 가로림만처럼 생태적 가치가 큰 자연(물)을 생태법인으로 지정해 권리를 행사할 수 있도록 해야 한다는 논의가 활발하게 이루어지고 있고, 동식물은 아니지만 인공지능Artificial Intelligence, 특히 완전자율주행 자동차 또는 지능형 로봇을 전자적 인격체electronic personhood로 별도 규정해 권리와 의무의 주체로 인정하자는 주장에도 힘이 실리고 있다.

이러한 논의를 두고 혹자는 인권의 외연이 넓어지고 있다고 할지도 모르겠다. 하지만 이런 관점은 자칫 인권적인 시선에 갇힐 수 있다. 인간과 가까울수록 권리의 주체가 될 가능성이 높아진다거나 권리의 내용이 인간의 권리와 흡사해진다거나 하는 식으로 말이다. 인간과 외견이 비슷한 영장류나 포유류 동물, 인간의 지능을 모방해 인간처럼 사고하고 행동하도록 만들어진 인공지능은 인간과 충분히 닮았기에 인권과 유사한 권리를 갖는 것인가. 강이나 식물은 그만큼 유사하지 않기 때문에 권리를 못 갖거나 덜 갖는 것인가. 그렇다면 컵이나 책상은 인간과 닮지도 않고 생명체도 아니니 아무렇게나 집어 던지거나 부수어도 되는 것인가. 어쩌면 이것 역시 인간중심주의의 또 다른 발현이 아닐까.

그래서 개인적으로는 인권보다 권리나 기본권이란 용어를 선호하지만, 이런 접근에도 중요한 기능이 있다. 가령 초기 인공지능은 인간을 모방해서 프로그래밍했지만 기술 발전이 어느 수준을 넘어서자 이제는 인간의 지능과 인공지능의 차이가 무엇인지, 경계가 무엇인지, 역으로 인간의 지능이란 무엇인지에 대한 질문이 제기되고 있다. 인권도 마찬가지다. 프랑스 혁명 이후 유색인종-여성(성소수자)-노예-노동자의 인권 쟁취 투쟁의 과정도 시민의 원형이라 할 만한 백인-남성-부르주아가 권리를 쟁취해온 과정과 흡사하다. 지금의 소수자 운동들도 역시 크게 다르지 않다. 시간이 지날수록 원형 외부의 저항은 인간이나 인권의 경계를 흐리게 하고, 그것의 본질이 허구임을 폭로하고, 그것을 다시 정의하게끔 끊임없이 교란을 일으키고 있다. 다시 말해 인권이 없다고 여겨졌던 사람들이 인권을 이야기하기 시작하자, 인권이란 무엇인지를 다시 묻게 되고, 재전유하게 되는 것이다. 인간중심주의적 접근이 역설적으로 인간중심주의를 해체하는 단초를 제공한다고나 할까.

정상동물 이데올로기와 소수적 동물

"어떻게 동물권에 관심을 갖게 되셨어요?"

활동을 하다보면 종종 받게 되는 질문이다. '어떻게'라는 질문에 대한 나의 대답은 '어쩌다'다. 학창시절의 나는 개와 고양이보다 거미나 곤충을 더 좋아했고 동물을 만난건 내 의지가 아니었다. 어쩌다 두 고양이 '보리'와 '나무'와 동거하게 되면서, 휘말렸다. 처음에는 몸을 부대끼고 사는 존재들에 대해 알고 싶었고, 그들이 나를 어쩌다 보니 동물권으로 이끌었다. 그리고 지상세계(인간의 세계)와 지하세계(비인간의 세계)가 뒤집어지는 경험을 선사했다. 그 강한 인력에 정신 못 차리고 휘말린 건 지금 생각해도 최고의 업이고, 운이고, 덕이라고 생각한다.

　　나에게 '동물'은 경과적 개념이다. 코끼리와 연어와 개구리와 뱀과 제비와 오징어와 전갈과 모기와 지네와 해삼과 산호와 지렁이와 플라나리아를 '동물'이란 한 단어로 퉁칠 수 있다고? 동물은 동물의 실체를 온전히 표상할 수 없기도 하거니와, 무엇보다 성의 없게 느껴졌다. 하지만 동물(정확히는 존재하는 존재자)은 동시에 최종적 개념이기도 하다. 자연과학, 그중에서도 계통분류학이라는 이성의 정점이 동물의 정상성을 만들었고 그 정상성에 기대어 지금의 인간중심주의가 득세할 수 있었다. 현실에서 비인간동물은 더 이상 아무런 수식어 없이 정립되지 않는다. 우리는 농장동물, 전시동물, 반려동물, 실험동물, 야생동물 등 인간이 정의한 구획 안에만 동물이 존재하는 정상동물 이데올로기의 시대에 살고 있으며, 이는 자본주의 체제와 불가분의 관계에 있다. 어떤 미사여구를 갖다 붙이든 동물이 인간의 필요에 의해 음식, 장난감, 사냥감, 장식품, 무기, 도구로 나뉘는 순간 정상동물 이데올로기는 작동한다. 그리고 그러한 인간중심적 분류에 따라 '정상적'으로 대하는 모든 행위는 자연스럽게 정당화된다. 심지어 죽이는 행위까지도.

그래서 현실의 '경과적 동물'을 깨고 궁극의 '최종적 동물'로 나아가는 것이 내 운동의 중요한 목표이다. 이를 위해서는 인간이 임의로 동물의 정상성을 구획할 수 없게 해야 한다. 그것은 비단 신체적 차이나·지능적 차이에 따른 것만을 의미하지 않는다. 그보다는 인간에게 즐거움을 주기 위해 훈련되는 동물, 먹히기 위해 사육되는 동물, 구경거리가 되기 위해 감금되는 동물, 인간의 건강과 미용을 위해 실험대에 오르는 동물, 다른 종에게 해가 된다는 이유로 죽어도 되는 동물은 없다는 의미에 가깝다. '모든 존재자는 인간과 나란히 있고 같은 단계에서 완전하다'는 니체의 말처럼 내게 동물권은 인간과 비인간동물 또는 비인간동물 사이에 그어진 엄격한 도덕적·법적 구분을 종식하고, 그동안 맺어온 관계와는 다른 이행의 선들을 그려보겠다는 실천적 담론이다.

또한 내게 동물은 소수성minority으로서의 존재다. 들뢰즈와 가타리에 따르면 다수성majority과 소수성은 숫자의 많고 적음의 문제라기보다는 척도나 공리에 따른 구분이며, "소수성은 연속적인 변이의 상태 속에 놓는 방식으로 새로운 변이와 생성을 통해 그 척도와 규범을 변형시키는 잠재적 변이 능력이다. 반면 다수성은 척도와 규범, 혹은 모델의 형식으로 현재적인 상태를 유지하는 권력이다."[1]

이 문장은 '너의 해방이 나의 해방'이 되는 사회를 위해 (동물에 비해) 다수적 존재인 내가 대리인으로서 할 수 있는 일을 알려준다. 동물의 소수적 정치를 위해 대리라는 이름으로 자기투쟁이 얼마든지 가능하다는 것이다. 오히려 더 적극적으로 대리를 요청해야 하고, 나아가 타자(대리자)와 동일자(당사자)가 다르기 때문에 그 차이에서 나오는 힘을 좋은 대리의 능력으로 바꿀 수 있다.

인간중심주의 사회에서 인간계(여기서 인간'계'는 계통분류학적으로 쓴 것이 아니고 편의상 붙인 것이다) 내에서 여성, 아동, 장애인, 퀴어, 이주민 등이 소수성을 가진다면 생물계로 확장했을 때는 동물, 식물, 곤충, 미생물, 균이, 비생물계까지 확장했을 때는 사물, 기계, 인공지능이 소수성을 가진다고 할 수 있다. 이렇듯 동물은 비인간으로 시야를 확장하는 가장 가까운 통로다. 니체가 말한 사유의 양심이 조금이라도 작동한다면 식물, 미생물, 사물, 기계로 옮아가는 일은 그리 어렵지 않다(심지어 영魂 같은 것까지도). 그동안 이렇게나 비인간으로 둘러싸인 세계에 살면서 인간만 보며 살았다는 게 놀라울 정도로 다른 세계와 조우하게 된다. 그 세계는 새로운 감각을 일깨워 주고, 절망과 희망을 동시에 안겨준다. 물론 이마저도 굉장히 인간중심적 관점임을 고백할 수밖에 없다. 하지만 나는 동물이 갖는 소수성이 드러낼 인간과 비인간 사이의 불화/불일치를 목도하며 자기투쟁을 하는 대리인으로서 그것이 길어낼 비인간에 '의한' 정치를 기대한다.

다음으로 동물권이 갖는 두 가지 의미가 있다. 사실 그전에 '권리'라는 개념 틀의 한계를 고백하지 않을 수 없다. '권리'나 '-권'이란 개념 자체가 '부여하는 자'와 '부여받는 자' 사이의 수직적 관계를 상정하기 쉽다. 이 때문에 수평적 관계를 지향한다는 논지가 가려질 수 있고, 권리의 실효성(권리 침해 시 작동시킬 수 있는 저항 프로세스)을 담보하기 위해서는 결국 사회의 법이나 제도화된 형태로 논해지기 십상이다. 그럼에도 불구하고 나는 권리라는 용어를 사용하기로 한다. 보편적으로 이해하기 쉬운 개념이기도 하고, 지금 우리 사회에서 운동적으로 가장 활용도가 높은 개념이기 때문이다. 그런 점에서 하나는 전통적인 권리 운동으로서의 동물권이다. 사실 권리는 일상생활에 등장할 때 썩 반가운 손님은 아니다. 권리를 이야기할 때는 대부분 권리에 기반한 어떤 것을 함께 요구하기 때문이다. 역사적으로 국가-국민, 남성-여성, 인간-동물이 기울어진 운동장이랄까 가파른 절벽에서 살아가면서 기존 체제를 흔들려 할 때 권리는 국민과 여성과 동물에게 매우 유용한 수단이 된다. 이때의 질문은 동물에게 어떤 권리를 부여할 것인가, 동물을 어떤 자리(지위)에 세울 것인가가 될 것이고, 이것이 첫 번째 동물권이다. 다른 하나는 상호돌봄, 관계맺기로서의 동물권이다. 사람이 있는 곳에는 거의 예외 없이 동물도 존재하며, 지구상의 존재들은 서로 부분적으로든 전체적으로든 긴밀하게 혹은 느슨하게 연결되어 있다. 이렇게 연결된 것들은 서로 의존하고 돌보며 살아간다. 동물과 인간은 어떤 관계를 맺고 있는가를 뜯어보고(이것은 다시 정상동물 이데올로기로 돌아가곤 한다), 어떤 관계를 맺을 것인가, 어떻게 함께 돌보며 살아갈 것인가를 고민하는 것이 두 번째 동물권이다.

동물권 지도 그리기

이 책은 총 여섯 개의 장으로 구성했다. 동물권 활동을 하면서 접했던 이슈들을 살펴보며 동물권을 윤리적·사회적·정치적으로 다시 정의해보고, 인간과 비인간동물이 권리/권력관계를 넘어 어떤 관점으로 어떻게 접속하고 어떤 관계를 맺을 것인지를 동물권의 두 가지 의미를 염두에 두면서 적어 내려갔다.

〈제1장 고통받지 않을 권리 너머〉는 동물에 대한 담론이 어쩌다 '명문화된 고통'에 천착하여 그 주위를 맴돌게 되었는지를 추적한다. '고통'에 천착한 공리주의는 동물해방운동의 중요한 전기가 되었지만, 향후에도 고통을 느끼는 동물만이 도덕적 지위와 권리능력을 갖는 것이 정당한지, 그렇지 않다면 우리에게 어떤 관점의 전환이 필요한지를 풀어본다.

〈제2장 동물을 대리한다는 것〉은 동물을 인간에 빗대는 것이 동물을 대리하는 데 득일까 실일까를 벼리는 것으로 시작한다. 애초에 동물을 대리하는 것이 가능한지, 동물의 의사를 대리한다는 것의 의미와 좋은 대리의 조건은 무엇인지, 동물을 '인간으로 만들기' 위한 분투에서 동물의 행위를 대리하기까지의 여정을 사례와 함께 따라가본다.

〈제3장 일하는 동물:《자본론》다시 쓰기〉는 헌법공동체 구성원에게 노동의 의무가 필수적이라 한다면, 돌고래 쇼에서 '죽도록' 일해도 어떤 권리도 인정받지 못하는 동물의 노동을 어떻게 바라봐야 할지에서 출발한 서툰 헌정이다. 동물이 빠진《자본론》은 무효이며, 자본주의 체제가 보이지 않게 자본주의를 지탱해온 동물을 어떻게 수탈하고 그것을 은폐했는지를 규명한다.

〈제4장 동물원, 복지원, 보호소〉에서는 동물원, 수족관과 똑 닮은 복지원과 보호소, 정신병원을 소환한다. 감시와 통제의 공간에서 박탈되는 것은 '야생성'만이 아니다. 시설로 옮겨져 갇힌 존재들이 고통받고 방치되는 구조는 서로 유사하며, 자본주의 체제와 밀접하게 이어져 있음을 드러내고, 시설의 반대편에 있어야 할 것은 무엇인지 그려본다.

〈제5장 동물권과 포식의 정치〉는 '내가 먹는 것이 나 자신'이라는 포이어바흐의 테제와 잘 들어맞는다. '고기'가 가리는 것은 무엇인지를 밝히고 파탄난 인간과 동물의 관계가 비거니즘으로 다시 동맹을 맺음으로써 회복할 수 있을지를 묻는다. 육식주의가 정상성을 얻게 된 과정과 동물복지농장 인증 마크와 배양육 개발로 육식주의 문제를 해결될 수 있는지도 함께 논해본다.

마지막으로 〈제6장 위기들의 시대, 동물과 공생하기〉는 기후정의와 동물, 노동, 젠더, 빈곤, 난민, 평화가 어떻게 만나는지를 보인다. 마르크스라면 '사회적 응축기'라고 진단했을 법한 기후위기, 생태위기, 식량위기, 돌봄위기 등 위기들의 시대를 살아내기 위해 기후동맹의 동등한 구성원으로서 동물, 비인간들과 더 담대하게 상상하고 연대할 것을 주문한다.

동물의 편을 듭니다

동물정치는 지구를 공유하는 생활자로서 동물과의 관계를 사유하는 것으로 위기들의 시대의 실존의 문제이며, 이종異種 간 인식을 넘어서는 것이 이를 위한 첫 번째 문턱이라 할 수 있다. 인간의 입장에서도 동물과 어떤 관계망을 구축하느냐에 따라 지구공동체 구성원들의 삶의 양상이 달라진다는 점에서(단순히 인간에게 유익하다는 차원이 아님을 알아주기 바란다) 동물에 대한 정치는 동물에 의한 정치로 도약할 가능성을 내포한다. 그러한 점에서 동물권 논쟁, 동물정치는 존재자의 존재론이기도 하지만 주체의 윤리학이기도 하고 타자의 정치학이기도 하다.

　　동물정치를 그려나가기 위해 앞에서 한 말들을 따라 동물을 '함께 존재하는 모든-다른 자들의 관계를 끝없이 정립해가는 과정이자 확장해가는 이야기'라고 새롭게 정의하고자 한다. 물론 이야기를 정립하고 확장해가는 과정은 결코 아름답지만도 평화롭지만도 않을 것이다. 또 우리가 사회라고 믿는 것의 실체도 구성원들의 합의 혹은 쟁투의 결과물로서 계속 변화한다는 점에서 그때그때 새로운 접근과 해석이 필요하다. 이 과정에서 끊임없이 문제가 발생할 것이고 가끔은 그것이 우리의 고정관념을 위협하거나 곤란에 처하게 만들 것이다. 그럴 때 나는 동물정치를 위해 기꺼이 동물과 동맹을 맺고, 동물의 편에 서겠다고 정했다. 편을 든다는 것은 해러웨이의 말처럼 쉽게 정당화될 수 있는 일은 아닐 것이다. 우리는 흔히 중립적이고 객관적인 입장을 더 귀한 가치로 여기고 추구하는 경향이 있다. 그에 비해 편들기는 주관적이고, 편향적이며, 합리성을 잃기 쉬운 것으로 곧잘 치부된다. 특히 서로 적대적이고 곤란한 상황에서 편들기를 감추지 않고 드러낸다는 것은 비판받기 쉽고, 무모해 보이기까지 한다. 그러나 동물의 편에서 동물 정치를 한다는 것은 본래 그런 것이 아닐까. 편들기를 그만둘 수 없고, 그러니 함부로 편을 들었다가 동물에 피해가 가지 않도록 고민을 멈출 수도 없는 것.

나는 이 책에서 우리가 안다고 '생각'하는 '생각'을 잠시 내려놓고, 억압, 착취, 학대의 언어를 최대한 배제한 다양한 퍼스펙티브perspective를 이용해 동물 이야기를 해보고 싶었다. 가령 민주주의를 '민중(피치자)이 군주(통치자)의 지위를 가져보는 것'이라고 정의하고, 그 퍼스펙티브를 동물과 인간에 적용한다면 어떤 변화가 생길까. 현재 지구상에 통치자와 피치자의 관계를 전복한 종은 고양이뿐인 것 같지만, 이처럼 주체와 객체의 자리를 바꿔놓고 생각을 펼쳐나간다면 생각의 출발점부터 상상의 도착점까지 많은 것이 달라질 수 있을 것 같다. 그것이 가능할지 궁금하기도 했고, 3장을 쓰면서 역시 쉽지 않은 작업이라는 것도 깨달았다. 이 책에서 당장 무릎을 치는 해답을 찾기는 힘들겠지만 쌓이는 질문 속에서 동물과 더 잘 관계 맺기를 함께 고민하게 되기를 바란다.

일러두기

이 책에서는 종평등 언어를 지향한다. 동물의 개체수를 셀 때, '마리' 대신 '명'을 사용하고, 이때의 '명'은 사람을 세는 단위(名)가 아닌 목숨(命)을 뜻한다. 특정 맥락에서 쓸 때는 제외하고는 '물고기' 대신 '물살이'라 표현한다. 마찬가지로 암컷, 수컷 대신 여성, 남성, 도축 대신 도살/살해, 폐사 대신 사망 등의 대체어를 쓴다. 처음에는 어색할 수도 있고, 그렇게까지 해야 하나 싶기도 하겠으나, 인간중심주의와 종차별주의, 육식주의, 정상동물 이데올로기를 공고히 한 핵심 요인에 언어가 있다. 가부장제, 식민주의의 잔재를 청산하기 위해 각각의 이데올로기가 깃든 언어를 찾아 바꾸는 것처럼 어떤 언어를 쓰느냐에 따라 억압적이고 차별적인 사회를 평등하고 포용적인 사회로 바꿀 수 있다. 너무나 익숙하고 당연시했던 종차별적 언어 습관을 낯선 감각으로 건드려주는 것만으로도 다른 사고로 뻗는 도화선이 될 수 있다고 생각한다.

감사의 말

부족하고 게으르면서 욕심까지 많은 나를 끝까지 다독여 책이 나오게 해준 은행나무출판사 편집부에 깊이 감사드린다. 이 책은 2022년 '수유너머'에서 했던 강의를 바탕으로 나올 수 있었다. 어떻게든 도망치려는 나를 붙잡아 강의실에 앉혀 준 수유너머 학인들에게도 무척 고맙다. 무엇보다 행여나 해이해지지 않도록 옆에서 늘 지적·감각적 영감을 불어 넣어주는 '보리'와 '나무'에 가장 감사하다. 이 책은 나무들(두 나무 모두)에게 미안하지 않은 글을 담는 것이 목표였다.

2023년 11월
겨울의 초입에 궁묘당에서

.

목차

제1장 고통받지 않을 권리 너머

동물은 인간이라는 기준에 의해 우열이 평가될 존재가 아니다. 우리보다 더 온전한 세계 안에서, 우리는 이미 잃어버렸거나 아예 얻지도 못한 확장된 감각을 갖고 태어난 그들은 정교하고 완벽하게 운신하며, 우리는 절대 듣지 못할 목소리에 따라 살아간다.[2]

헨리 베스턴, 《세상 끝의 집: 케이프 코드의 멋진 해변에서의 1년》

'안락사'는 없다

이곳에 '안락사'는 없다! 지역에서 이름 난 한 유기동물 보호소는 수년간 지방자치단체로부터 위탁을 받아 운영되던 곳이었다. 주로 유기견들을 보호하고 있던 이곳은 보호 중인 동물들을 '안락사'하지 않는다고 홍보하여 후원을 받아왔고, 전국적으로 '유기동물들의 낙원'이라고 소개되었다. '안락사'가 없다니, 유기동물 보호소들의 실정을 생각하면 실로 대단한 일이다. 한국에서는 유기되거나 보호자가 확인되지 않은 동물이 신고되면 지역의 유기동물 보호소로 보내진다. 그 후 동물보호관리시스템 홈페이지에 공고를 올려 보호자나 새로운 입양처를 찾는다. 대개 10여 일의 공고 기간이 지나면 유기동물은 '안락사'로 '처리'되는 것이 일반적이다. 200여 개의 유기동물 보호소에서 매일 300명씩 유기되는 동물을 계속 보호하기는 어렵기 때문이다.[3]

지역에서 반려동물 카페를 하다가 유기동물 보호소로 전업한 보호소장은 사비로 보호소를 운영하고, 동물보호단체와 구조·치료·입양 과정을 함께 진행한다면서 '안락사' 없이 보호소를 운영하는 표준을 만들고 싶었다고 밝혔다. 이런 이야기가 알려지자 지자체도 동물복지팀을 꾸리고, 치료비, 인건비, 입양지원금 같은 예산도 증액하는 선순환이 이루어지는 듯했다. 그러나 노킬no-kill 보호소를 선언한 이 유기견의 대부가 한 해에만 수십 명의 개들에게 주저 없이 심정지약을 주사했다는 사실이 공익 제보에 의해 밝혀졌다.

'안락사'가 없다는 말은 틀린 것이 아니었다. 그 개들은 마취도 없이 '고통사'했으니 말이다. 동물보호법에는 '동물의 인도적 처리 방법'이 규정되어 있는데, 소위 '안락사'라고 불리는 인도적 처리는 반드시 수의사에 의해 시행되어야 하고, 심정지약을 투여하기 전에 마취제로 동물의 의식을 소실시켜야 한다. 보호소장은 수의사가 아니라는 점을 차치하고라도, 피보호동물들에게 마취제를 주사하지 않은 채 심정지약을 투여했다. 소장은 근육 이완제인 썩시팜Succipharm을 주로 사용했는데, 수의사의 소견에 따르면 이 주사제를 맞으면 '온몸이 불타오르는 것 같은' 고통을 느낀다고 한다. 즉,

동물들은 의식이 생생한 상태에서 불에 타는 듯한 고통을 느끼며 죽어갔다. 내가 속한 모임인 '동물의 권리를 옹호하는 변호사들'에서는 말로 형용하기 힘든 참담함과 배신감 속에서 소장과 실장 등을 고발하기로 했다.

그런데 막상 고발을 하려니 법리적으로 어떤 법조를 적용해야 할 것인지부터가 문제였다. 동물의 인도적 처리 절차를 위반했다고 하기에는 동물들이 죽어가면서 느꼈던 고통을 생각하면 너무 가벼웠고, 동물보호법상의 학대행위, 그중 '잔인한 방법으로 동물을 죽음에 이르게 한 행위'에 해당한다고 하기에는 비슷한 선행 판례를 찾기 어려웠다. 그런데 의외로 결론은 쉽게 났다. 당시 동물보호법에는 인도적 처리 절차를 위반한 자를 처벌할 수 있는 규정조차 없었기 때문이다.* 결국 동물학대로 고발했고, 현재 동물학대 외에도 사기, 사문서 위조, 위조사문서 행사 등의 범죄 혐의들이 인정되어 검찰로 송치된 상황이다.

---

* 2023년 4월부터 시행된 개정 동물보호법 이전에는 수의사가 인도적인 처리('안락사')를 하지 않는 경우 동물보호센터 지정을 취소할 수 있는 정도의 행정제재 조항만 존재하였다. 이후 개정 동물보호법 제46조 제2항 및 제97조 제5항 제9호에 따라 300만 원 이하의 벌금에 처하게 되었다.

고통을 느끼지만 않으면

동물보호법을 비롯한 지금의 동물 관련 법제는 '고통을 느낄 수 있는지'를 기준으로 보호할 동물을 정한다. 동물보호법과 관련 법령이 이 법의 적용을 받는 '동물'을 고통을 느낄 수 있는 개체로 한정하기 때문이다. 고통은 신경계가 자극되거나 손상됨으로써 발생하는 방어기제 같은 것이다. 고통을 느끼는(느낀다고 인정된) 동물은 척추동물인 포유류, 조류, (식용이 아닌) 파충류, 양서류, 어류가 있다. 바꿔 말하면 포유류, 조류, 파충류, 양서류, 어류가 아닌 동물들은 동물보호법의 보호를 받지 못한다는 뜻이다.

고통은 일차적이고 즉각적이며, 다른 감각이나 감정에 비해 '알아채기 쉽기 때문에' 기준으로 삼기 유용하다. 공감 능력이 조금이라도 있다면 상대의 고통을 보며 자연스럽게 동정과 연민을 느낄 테니 '동물보호'라는 목적에도 부합하는 것처럼 보인다. 세계인권선언에 고문받지 않을 권리, 잔인하고 비인도적이거나 모욕적인 처우 또는 처벌을 받지 않을 권리가 포함된 것도 같은 이유일 터이다. 노예의 권리, 여성의 권리, 아동의 권리, 장애인의 권리 역시 이들을 둘러싼 고통에 반기를 들고, '탈고통'을 위해 시작된 권리투쟁이지 않았을까.

하지만 고통을 법문에 내세우는 지금의 동물보호법, 그리고 우리 사회는 충분히 동물을 보호하고 있지 못하다. 고통이라는 기준은 그 자체로 '동물이 고통을 느끼지 않게만 하면 된다'는(고통을 느끼지만 않는다면 무엇을 해도 괜찮다는) 명분이 되어 인간과 동물 사이의 위계와 차별은 물론 '고통을 느끼는 동물만이 보호할 가치가 있다'는 동물과 동물 사이의 위계와 차별까지도 만들어내기 때문이다.

하물며 '고통의 감각 여부'조차 동물호보법, 동물권에 제대로 적용되고 있지도 않다. 몇 해 전 다큐멘터리 〈나의 문어선생님〉(2020)이 반향을 일으키고 아카데미상을 수상하면서 문어의 지능이나 교감 능력에 대한 관심도 덩달아 높아진 적이 있다. 언뜻 '문어'와 '선생님'이 어울리지 않는 단어 조합이라고 생각할지 모르겠지만, 새로운 세계를 열어주고 감각을 틔워주고 경계 밖의 사유로 이끌어준 '고양이 선생님들'을 모시고 있는 나로서는 제목에 가장 먼저 이끌렸고, 내적 친밀감마저 느껴졌다. 바쁘고 고단한 삶에 지쳐 대서양으로 간 현대 도시인이 바다에서 만난 문어와 서서히 마음의 문을 열고 정서적 교감을 나누는 모습은 관람객들에게 경이로움과 감동을 안겨준다. 조개껍질을 엮어 은신처를 만들고 자신을 찾아오는 인간을 기억하는 놀라운 지능, 상어에게 물려 팔이 뜯기는 치명적인 부상을 입고도 살아남는 극강의 회복력, 자신이 낳은 알이 부화할 때까지 식음을 전폐한 채 보호하다가 죽어가는 눈물 나는 모성애를 보며 많은 이가 문어의 매력에 매료되었다. 영화를 본 지인은 '다른 건 몰라도 문어는 더 이상 못 먹을 것 같다'고도 말하기도 했다.

그러나 문어는 그 뛰어난 지능과 교감 능력, 신체 능력에도 불구하고 동물보호법으로 보호받지 못한다. 두족류인 문어는 척추가 없으므로 고통을 느끼지 못한다고 여겨져 동물보호법상 '동물'에 해당하지 않기 때문이다. 문어를 산 채로 끓는 물에 넣든, 몸이 짓이겨질 때까지 내려치든 아무런 제재를 받지 않는다. 문어뿐만 아니라 오징어, 낙지, 새우, 게, 랍스터, 조개류의 사정도 마찬가지다. 문어를 실험에 이용하는 경우도 있으니 이럴 때 실험동물법이라도 적용받을 수 있지 않겠나 싶겠지만, 이 법 또한 동물실험을 목적으로 사용 또는 사육되는 척추동물만 보호한다. 결국 고통을 느낄 수 있는지 여부를 기반으로 하는 법체계에서 문어를 보호하기란 불가능에 가깝다.

문어를 법적으로 보호하려면 두 가지 방법을 생각해볼 수 있다. 문어도 고통을 느낀다는 점을 증명하든지, 법의 보호 대상에 고통을 느끼지 못하는 동물까지 포함하든지. 물론 조금만 정보를 검색하는 성의를 발휘한다면, 두족류(문어, 오징어, 낙지 등)나 십각류(새우, 보리새우, 바닷가재, 가재, 게 등)뿐만 아니라 중추신경계가 없는 식물이나 곤충도 다른 신경절이나 신경세포들을 통해 고통을 느끼고 고통을 회피하려 한다는 연구 결과가 괄목할 만큼 늘어났음을 알 수 있다. 그러나 밝혀지고 있는 과학적 사실이 주류 과학이 되고, 그것이 법적 사실로까지 받아들여지는 과정은 녹록지 않다. 얼마 전 영국에서 두족류, 십각류와 같은 무척추동물에 대해서도 동물보호법을 적용하겠다고 밝혔는데, 십각류와 두족류도 외상을 입으면 '상당한' 고통을 느끼는 지각 있는 동물이라는 학계의 연구와 지속적인 캠페인의 결과다. 이제 영국에서는 이 동물들의 고통을 경감하기 위해 전기충격으로 마비시킨 뒤 조리하도록 권고한다.* 영국의 동물보호법이 1822년에 제정되었으니 여기까지 오는 데 200년이 걸린 셈이다.

* 유럽에는 이미 동물복지를 고려한 '인도적 살생'이 법제화되어 있는 곳이 많다. 2018년 스위스를 시작으로 노르웨이, 호주, 뉴질랜드 등에서는 이미 갑각류를 고통을 느낄 줄 아는 동물로 분류하고 이를 살아있는 채로 끓는 물에 삶는 행위를 금하고 있다(기사─「문어·오징어도 아프다…英 "산 채로 삶지마" 복지법 만든 이유」─〈중앙일보〉, 2021년 11월 24일 게재 참조). 스위스 동물보호법 시행령 제178조에는 "척추동물과 갑각류는 마취 후 도살될 수 있으며, 마취가 불가능한 경우 통증, 고통 및 두려움을 최소화하기 위해 필요한 모든 조치를 해야 한다"고 규정하고 있다. 스위스 동물보호법은 법이 보호하는 동물에 대해 척추동물을 기준으로 하되, 동법이 보호하는 범위에 무척추동물을 포함할 수 있게 하고 있다. 이때 무척추동물의 구체적인 범위는 연방의회에서 정하는데, 연방의회가 보호 대상이 되는 무척추동물의 기준을 고통을 느낄 수 있는지가 아니라 감각을 느낄 수 있는지를 근거로 정한다는 점에서 고통중심주의에 대한 문제의식을 반영하고 있다고 추정할 수 있다.

고통 중심의 동물권, 그 뿌리는

인간의 자원 또는 자동기계

동물에 대한 담론은 어쩌다 '명문화된 고통'에 천착하여 그 주위를 맴돌게 되었을까. 동물철학자가 아닌 동물권 운동을 하는 사람으로서 동물철학과 동물윤리를 어떻게 현실에 적용할지를 고민하는 과정에서 나에게 영향을 준 내용을 위주로 이야기해보려 한다. 서양에서는 고대 그리스 시대부터 동물의 도덕적 지위에 대해 논쟁해왔다. 기원전 4세기 아리스토텔레스는 이성의 징표인 '말'을 할 수 있는 존재는 인간뿐이며, 인간만이 유일하게 윤리적인 존재라고 기술했다. 그에 따르면 인간은 이성을 가진 존재이기에 동물보다 우월하고, 동물은 의식을 지녔기에 식물보다 우월하다. 이성, 의식 같은 지극히 인간본위적 기준에 의해 세워진 위계였다. 동물을 이성과 말이 없기에 하등하다고 여기며 고등한 인간을 위해 희생해야 하는 위치로 전락시켰고, 식물은 인간과 동물을 위한 에너지원이나 은신처로 여겼다. 인간에게 쓸모가 된다면, 인간이 동물을 먹고 이용하는 것도 당연히 정당화되었다. 아리스토텔레스에 따르면 동물은 어떠한 도덕적 지위도 가질 수 없었다.

그러나 모든 그리스 사람들이 아리스토텔레스 같은 생

각을 가진 것은 아니었다. 우리에게 '피타고라스의 정리'로 친숙한 수학자이자 철학자 피타고라스는 제자들에게 동물도 인간과 마찬가지로 신의 창조물이고, 윤회를 통해 인간도 동물이, 동물도 인간이 될 수 있다고 가르쳤다. 채식, 절제, 침묵을 통해 평화를 얻을 수 있다고 믿었으며, 그의 이름을 딴 공동체에 입회하려면 수년간 채식, 절제, 침묵의 계율을 지키고 훈련해야 했다. 영혼이 인간과 동물을 구별 없이 오간다고 생각했기에 지위에 차이를 두지 않았고, 그런 점에서는 가장 급진적인 동물권 사상 중 하나일지도 모르겠다. 그로부터 700년 뒤, 피타고라스의 유산을 이어받은 플루타르코스는 〈육식에 대하여Of Eating Flesh〉에서 "(잠시의 쾌락을 얻기 위한) 약간의 살점을 먹기 위해 우리는 그들에게서 태양과 빛을, 즐기려고 태어난 삶과 시간을 빼앗는다. 그리고 그 동물이 우리에게 보내는 비명소리는 불명확한 소음일 뿐이라고 여기며, 그것이 항의와 간청과 애원의 소리라고는 생각하지 않는다"라고 썼다. 그는 동물도 이성을 지니고 있다는 철학을 공유하며, 오히려 동물이 인간보다 용기·절제·지혜 면에서 나은 존재라고 설파했다. 그러나 동물의 도덕적 지위, 나아가 인간과의 평등한 지위를 인정하려는 견해들은 고대 그리스 문화가 암흑기로 접어들면서 1,000년 이상 잊힌 듯했다. 동물과 관련하여 후대 사상가들에게 주로 영향을 끼친 이는 아리스토텔레스였고, 특히 유대교와 기독교에서 아리스토텔리스의 견해를 받아들였기 때문이다.

　암흑의 중세를 지나 근대에도 인간이 지닌 고유한 어떤 것을 잣대로 동물과 인간을 분리하려는 시도는 계속되었고, 그것을 전복하려는 시도 또한 공존했다. 17세기를 대표하는 철학자 르네 데카르트Rene Descartes는 '나는 생각한다, 고로 존재한다Cogito, ergo sum'라는 명제로 널리 알려져 있지만, 사실 그는 근대 생리학에 지대한 공을 세운 과학자이기도 하다. 17세기는 과학혁명기로 불릴 만큼 자연과학이 비약적으로 발전하던 시기였다. 그는 이른바 '기계론적 세계관'을 창시했는데, 우주도, 자연도, 인간도 하나의 기계이며 인과법칙에 따라 운동하고 변화한다는 것이었다. 그에 따르면 신은 자연법칙에 따라 자연을 만들었고, 인간은 신의 자연법칙을 모방해 기계를 만들었다. 인간의 육체든 동물의 육체든 육체 자체는 기계적으로 작동하는 유기체라는 점에서 같지만, 인간은 영혼과 언어가 있다는 점에서 동물과 다르다고 여겼다. 그래서 '영혼이 없고 언어를 사용하지 못하는' 동물을 껍데기뿐인 자동기계automata로 간주했다.

　데카르트는 자신의 주장과 가설을 입증하기 위해 정말로 육체가 영혼을 담는 기계적 그릇에 불과하다는 것을 밝혀야 했다. 산 사람을 해부할 수는 없으니 죽은 사람을 해부할 수밖에 없었을 텐데, 사체를 구하기도 쉽지 않고 해부하더라도 한계가 있었을 것이다. 그래서 그에게는 인간과 비슷한 기관으로 구성된 동물이 더 긴요했던 것 같다. 그는 자신의 기계론적 자연관을 등에 업고, 혹은 그것을 입증하기 위해 의식 있는 개의 배를 가른다. 개들의 비명 소리는 영혼 있는 존재의 고통이 아닌, 기계에서 나는 소음 정도로 치부했을 것이다. 이에 볼테르Voltaire는 데카르트를 직접적으로 겨냥해 "(살아있는 상태로 해부되는 개를 가리키며) 이제 어떻게 생각하는지 답해보라. 이토록 많은 것을 느끼는 개를 자연이 아무것도 느끼지 못하도록 만들었다는 것인가? 이 개가 갖고 있는 신경은 아무 고통도 느끼지 못하는 신경인가? 창피한 줄 알아야 한다. 자연에 그렇게 약점과 모순을 씌우지 말라"고 비판했다.

데카르트는 인간과 동물을 위계 짓고 동물의 고통을 외면했다는 점에서 문제적이었고, 데카르트로 대표되는 근대 이성주의는 동물권을 심각하게 후퇴시켰다. 그러나 동물에게 없는 것, 즉 '이성과 언어 없음'을 입증하기 위해 집착한 데카르트의 만행은 동물과 인간이 공유하는 신체성을 직시하게 했다. 그의 잔인한 행위가 동물도 심장이 뛰고, 피가 돌고, 색·소리·냄새·맛을 구분하고, 기뻐하고, 노여워하고, 아파하고, 두려워한다는 것을 역으로 증명한 셈이다.

싱어의 동물해방론과 레건의 동물권리론[*]

공리주의에 기반한 동물해방론

동물권 운동가들의 바이블이 된《동물해방》의 저자 피터 싱어Peter Singer는 제러미 벤담Jeremy Bentham의 공리주의를 계승했다. 벤담은 그 자체로 좋다 나쁘다 말할 수 있는 것은 오직 고통이나 쾌락에 대한 것이라고 말하며, 선善은 고통을 줄이고 쾌락을 늘리는 것이라고 보았다. 벤담과 같은 공리주의자에게 윤리는 개개인이 쾌락을 추구하는 것이다. 개인이 저마다 쾌락을 추구하면 개인들의 합인 사회는 저절로 행복해진다는 원리다. 그것이 우리에게 익숙한 '최대다수의 최대행복'이다. 벤담은 '문제는 이성을 지녔는지, 말을 할 수 있는지가 아니라 고통을 느낄 수 있는지 여부'라고 말하며, 고통과 쾌락을 감각할 수 있는 신체성을 강조한다. 또한 '동물도 감각을 느낄 수 있는 존재라면 인간만이 지녔다고 여겨지는 특징을 근거로 동물을 차별하는 것은 정당하지 않다'는 주장은 공리주의의 평등사상이 엿보이는 대목이며, 오직 이성이 있는 인간만이 도덕적 지위를

[*] 싱어와 레건에 대한 논의는 임종식의 《동물권 논쟁》(경진출판, 2021)을 상당 부분 참고하였다. 분석철학자로서 싱어와 레건을 둘러싼 동물권 논쟁을 잘 정리해둔 책으로, 현대 동물철학의 기틀을 세운 두 사람의 논쟁이 궁금한 분들이라면 읽어보시길 권한다.

얻을 수 있다는 담론에서 벗어나 고통을 느낄 수 있는 동물도 도덕적 지위를 얻고 공리주의 윤리론의 대상이 될 수 있는 여지를 열어준다. 실제로 벤담은 '동물들이 누구에게도 빼앗기지 않을 권리를 획득할 날이 올지도 모른다'면서 동물학대에 대해 비판적인 입장을 취한다. 그러나 당시만 해도 벤담은 인간에게 먹히는 동물들에 대해서는 인간의 이익이 크고 동물에게도 무익하지 않기 때문에 정당하다고 판단했던 것 같다.[4]

싱어 역시 모든 사람의 이익의 가치는 동일하며, 목적이 수단을 정당화시킬 수 있다는 결과론에 따라 자신의 윤리론을 펼친다. 여기까지는 일반적인 공리주의와 다르지 않지만, 그는 동물의 도덕적 지위를 '암시'한 벤담과 달리 윤리론을 동물에게까지 실제로 '적용'했다. 한편으로는 '자기가 소속되어 있는 종의 이익을 옹호하면서 다른 종의 이익을 배척하는 편견 또는 왜곡된 태도'인 종차별주의 speciesism 개념을 차용하며[**] 자신의 주장을 뒷받침한다.

[**]　종차별주의라는 용어를 처음 고안한 것은 영국의 심리학자이자 작가인 리처드 라이더Richard Ryder다. 1970년 옥스퍼드에서 배포한 동물실험 반대 전단지에서 처음 쓰이고, 이후 각종 공론장과 저술에서 소개한 종차별주의는 싱어가《동물해방》에서 인용하면서 대중적으로 더 널리 알려지게 되었다. 라이더는 후에 자신의 아이디어를 고통주의Painism로 발전시키는가 하면 동물권 옹호자로서 영국왕립동물학대방지협회Royal Society for the Prevention of Cruelty to Animals에서 왕성한 활동을 이어간다.

싱어는 모든 인간이 평등하다고 할 때, 지적 능력이나 신체적 능력 등을 기준으로 본다면 평등을 논할 수 없다고 한다. 이런 능력들에 차이가 있다고 해서 차별적으로 대하면 평등은 요원하므로, 공리주의에서 평등의 원칙은 모든 인간이 실제로 평등하다는 의미보다는 모든 인간이 평등하다는 전제하에 그런 인간을 어떻게 대해야 하는지에 대한 실천적 의미를 갖는 것으로 이해된다. 하지만 지적 능력이나 신체적 능력이 아니라면 무엇을 기준으로 평등을 증명할 것인가. 그는 이익평등고려의 원칙*과 그 척도로서 '고통'을 제시한다. 누군가 고통을 느끼는 모습을 보고도 모른 체하는 것은 도덕적이지 않으므로, 비슷한 수준의 고통을 느끼는 관계에서는 고통을 느끼는 존재끼리 서로 평등하게 대해야 한다는 것이다. 그러면서 쾌락과 고통을 느낄 수 있는 능력인 쾌고감수능력sentience이 이익을 취하고 도덕적 지위를 갖기 위한 전제조건이라고 주장한다.**

그러나 공리주의자가 아닌 다음에야 왜 하필 윤리적인 삶의 여부를 '이익'으로 따지는지, 어째서 쾌고감수능력을 가진 존재로 윤리적 대상을 한정해야 하는지 의문을 가질 수밖에 없다. 쾌고감수능력을 윤리적 대상이 되기 위한 필

* 쾌락과 고통을 느낄 수 있는 능력을 지닌 모든 존재의 이익을 동등하게 고려해야 한다는 원칙을 말한다.

요조건으로 놓는다면, 감각 신경의 손상으로 고통을 느끼지 못하는 사람은 자신의 권리를 주장할 수 없는 문제가 발생한다. 이에 대해 생명중심주의 윤리학을 말하는 폴 테일러Paul Taylor는 지구상의 살아 있는 모든 생물은 본래적 가치를 지닌다고 본다. 고통을 중심으로 이익을 따지는 것도 테일러에게는 인간중심적 시각이다. 그에게 "(모든 생물의) 선은 모든 도덕 행위자의 관심과 배려를 받아야 마땅하며 야생의 존재는 그 자체로 보존될 가치가 있다."[5] 즉 테일러에게 어떤 존재가 본래적 가치를 지녔다는 것은 살아 있다는 것과 동일한 의미이고, 쾌고감수능력을 지녔는지와 무관하게 그 존재가 나름의 내적 과정을 통해 '목적론적 삶'

** 공리주의에서는 어떤 존재가 도덕적 지위를 가지려면 쾌고감수능력이 있어야 하기 때문에 인간은 이익을 갖지만 돌은 이익을 갖지 못한다. 싱어는 포유류, 조류, 어류, 파충류, 양서류를 비롯해 두족류나 십각류에 대해서는 쾌고감수능력을 인정했지만 굴이나 홍합, 멍게(멍게는 어릴 때는 뇌가 있지만 성체가 되어 움직일 필요가 없어지면 스스로 뇌를 소화해 식물화한다)처럼 다소 애매한 동물에 대해서는 유보적 입장을 취한다. 《동물해방》 초판에서는 이런 동물들은 먹어도 된다고 썼으나, 개정판부터는 이들에게 쾌고감수능력이 있을 가능성을 전적으로 배제하지 못하기 때문에 가급적 먹지 않는 편이 좋다고 선회하였다. 한편 식물에 대해서는 의식도 없고 의도적인 행동도 할 수 없기 때문에(이러한 싱어의 견해를 반증할 연구는 이미 많이 나와 있지만) 돌과 크게 다르지 않다는 입장을 보였다. 그러나 공리주의자들이 식물도 고통을 느낀다는 것을 인정하더라도, 식물을 먹지 말라고 하지는 않을 것이다. 그보다는 실천윤리의 차원에서 식물의 고통은 동물의 고통과 질적으로 달라 비교할 수 없되 고통을 줄이기 위해서는 역시 동물을 먹지 말아야 한다고 주장하지 않을까. 인간이 직접 식물을 먹는 것보다 식물을 먹는 동물을 먹는 것이 고통의 총량을 증대시킬 테니 말이다.

과 선을 추구할 수 있도록 도덕석으로 배려해야 한다.*

    이러한 주장에 대해 싱어는 쾌고감수능력을 기준으로 삼지 않으면, 생명체와 무생물 사이에 설정한 도덕적 경계를 옹호하기 어렵다고 답한다. 또한 테일러처럼 모든 생명체에 도덕적 배려를 해야 한다고 주장하는 사람들은 쉽게 비인간 존재에게 인간의 형상이나 감정을 덧씌우고는 그것이 사실인 듯 말하지만, 그건 어디까지나 비유적인 표현에 지나지 않는다고 덧붙인다. 싱어에게 테일러의 주장은 마치 '설마 바위 위에 홀로 핀 들꽃의 강인함과 쓸쓸함이 느껴지지 않는단 말이야?' 정도로 들린 것이 아닐까. 결국 싱어는 인간이 느끼는 정도의 고통을 느끼는 존재들에 한해 그들의 고통을 인간의 고통과 평등하게 고려해야 하고, 그렇지 않은 경우에는 평등하게 취급하지 않아도 무방하다는 결론에 이르게 된다.

    이어서 동물철학을 더 깊이 이해하려면 가장자리 사례 논증argument from marginal cases을 살펴봐야 한다. 가장자리 사례는 어떤 존재가 도덕적 지위를 획득하기 위해서는 이성, 언어, 자율성 등이 있어야 한다는 통념을 깨기 위해 철학자들이 자주 들고 나오는 무기다. 미성숙하다고 여겨지는 영

---

* 테일러의 이러한 주장은 싱어나 뒤에 설명할 레건에 비해 철학적으로는 다소 범박해 보일 수 있으나 그보다 후에 서술할 자연의 권리나 지구법학적 관점에서는 참고할 지점이 많은 실용주의적 윤리관이라고 생각한다.

유아, 중증도의 지적 장애인, 의식불명 상태인 자 등이 가장자리 사례에 속하는 사람들이다. 으레 이들은 이성, 언어, 자율성 등이 없거나 충분치 않다고 여겨진다. 하지만 그렇다고 해서 이들에게 도덕적 지위가 없다고 말하진 않는다. 이러한 가장자리 사례에 속하는 사람들의 도덕적 지위를 인정하려면 동물의 도덕적 지위도 인정해야 한다는 것이 가장자리 사례 논증의 핵심이다. 전통적으로 동물이 인간과 달리 도덕적 존재가 아니었던 이유가 바로 동물에게는 '이성, 언어, 자율성이 없다'는 것이었으니까. 반대로 동물의 도덕적 지위를 인정하지 않는다면 가장자리 사례에 속한 사람들의 도덕적 지위도 인정할 수 없게 된다는 것이다.

가령 동물실험 옹호론자는 동물 한 명을 실험 대상으로 삼으면 수많은 사람을 살릴 수 있다고 주장하는데, 이에 싱어는 공리주의자다운 반박을 내놓는다. 만일 그의 말이 정당하다면 싱어는 생후 6개월이 안 된 고아 한 명을 실험 대상으로 해서 수천 명을 살릴 수 있다면 동물실험이 아닌 인간실험을 하는 게 맞으며, 인간 대신 동물을 실험 대상으로 삼는 것은 종차별이라고 말한다. 동물실험의 대상이 되는 성체인 유인원, 원숭이, 고양이, 쥐 등의 동물은 생후 6개월의 아이보다 자신에게 어떤 일이 일어나는지 정확하게 인지하고, 자기주도적이며, 적어도 그만큼 고통에 민감

할 수 있기 때문이다. 싱어가 '고아'를 예로 든 데에도 이유도 있다. 공리주의는 개체의 이익이 아니라 사회 전체의 이익을 비교하므로, 만일 아이에게 가족이 있다면 그들의 고통을 함께 고려해야 하니 그 가능성을 제거하기 위함이다. 싱어에게 어떤 대상을 실험대에 올릴지를 결정하는 데 대상의 종은 아무런 상관이 없다. 쾌고감수능력이 있는 존재라면 동등하게 이익을 비교하여 이익이 더 작은 자를 올리면 된다.

17세기 서양에서 모든 인간을 이익이라는 관점에서 평등하게 보았던 공리주의는 당시만 해도 엄청나게 파격적인 사상이었다. 모든 존재가 같은 이익을 갖고 평등하다니! 그리고 싱어가 그 대상을 인간을 넘어선 동물에까지 지평을 넓힌 것도 종차라는 하나의 벽을 깬 것으로 평가할 수 있다. 특정 종에 우위를 부여하지 않는다는 점에서 싱어는 확실히 반종차별주의자라고 할 수 있다. 그 결과 인간이 느끼는 정도의 고통을 동물도 똑같이 느낀다면 동물의 고통을 인간의 고통과 평등하게 고려해야 한다는 동물해방론이 등장할 수 있었고, 지금까지 동물해방운동의 비약적인 발전을 이끌어 내었다는 점을 부정할 수는 없다.

그러나 지금까지 전개된 논의만으로도 몇 가지 난점을 추론할 수 있다. 첫째, 전통적인 공리주의에 대한 비판이 동일하게 적용된다. 소위 '최대다수의 최대행복'이라는 원리에 입각할 때, 공리주의가 나치즘이나 마녀사냥과 같은 이슈를 제대로 설명해낼 수 없는 것처럼 동물원이나 동물실험에 반대하는 근거가 부족하다는 것이다. 나치즘이나 마녀사냥은 당시 국민들의 열렬한 지지와 호응 속에서 벌어진 참상이다. 당장 동물원과 동물실험이 없어지면 자자할 원성을 생각하면 공리주의자는 동물원도, 동물실험도 포기할 수 없다. 육식에 대해서도 마찬가지다. 동물성단백질의 신화 아래 고기를 먹지 않으면 당장 건강에 큰 문제가 생긴다고 여겨지는 사회에서, 공리주의자는 공장식 축산이 아닌 동물복지농장에서 행복하게 살다가 (이론적으로) 최소한의 고통 속에 사망한 동물을 먹는 것을 허용할 것이다. 실제로 싱어는 인간의 목적을 위해 동물을 이용하는 것이 모든 상황에서 부당하다고 말하지 않는다. 그는 어떤 상황에서는 인간의 목적을 위해 동물을, 반대로 동물의 보호를 위해 인간을 이용할 수 있음을 인정해야 한다고 주장한다. 인간을 위한 어떤 동물실험도 금지해야 한다는 주장을 부정하는 것이다. 주로 화장품 개발에 활용되는 드레이즈 테스트draize test*를 예로 들면, 미적 욕구 충족을 위한 상품 개

---

* 주로 알비노토끼의 눈 점막을 이용해 화학물질의 자극성을 평가하는 동물실험이다. 독성 여부를 확인하기 위해 의식이 있는 동물의 눈이나 피부에 시약을 바르고 관찰한다.

발이라는 효용이 토끼의 눈이 타들어 가는 고통이라는 비용을 상쇄하지는 못한다 하더라도, 치명적인 질병이나 감염병 치료를 위한 의약품 개발에 활용된다면 다른 결론이 나올 수도 있다. 한편 동물을 보호할 목적으로 인간을 이용할 수 있다는 것은 이론적으로야 그럴 듯하지만 현실에 그러한 예가 과연 있을까? 이런 점에서 엄밀히 말하면 공리주의자 싱어가 동물의 권리를 말했다고 볼 수는 없을 것 같다. 그가 말한 동물의 유일한 권리는 이익평등고려의 원칙을 관철하기 위해 이익을 평등하게 고려받을 권리였다.

둘째, 이익을 어떻게 수량화할 것인가의 문제다. 이미 싱어는 동물복지농장에 관한 질문을 수차례 받았다. 싱어 스스로 농장동물의 해방을 포기하거나 공장식 축산이 빠져나갈 구멍을 만들어준 것 아니냐고. 이에 싱어는 환경에 끼치는 영향, 비효율적인 영양 섭취 문제 등을 들어 공장식 축산을 옹호하긴 어렵다고 공리주의자의 관점에서 답했다. 반면 같은 공리주의자이지만 동물실험을 옹호하는 레이먼드 프레이Raymond Frey는 공장식 축산의 효용을 따질 때 농장 관계자와 도축 관계자, 그들과 직접적으로 관계가 있는 주변인들의 이익도 고려해야 하며, 나아가 패스트푸드 산업·유통 산업·반려동물 사료 산업·가죽 산업·제약 산업·출판 산업·광고 산업 관계자 등 직간접적으로 연루된 사람들과 그 주변인들의 이익까지 고려한다면 동물의 고통을 상쇄할 수 있다고 한다. 공리주의의 취약성이, 싱어의 허점이 적나라하게 드러나는 주장이다.

　이익을 어떻게 계량할 것인가? 그것이 애초에 가능한 일인가? 공장식 축산이 문을 닫고 관련 사업이 몰락함으로써 겪게 될 사람들의 고통과 동물성단백질 섭취가 줄어듦으로써 인간들이 겪게 될 고통의 총량을, 매년 공장식 축산에 의해 800억 명씩 사육되어 죽임당하는 동물들이 겪는 고통의 총량과 어떻게 비교할 수 있을까. 동물실험 역시 마찬가지다. 1950년대 입덧 치료제로 시판 당시 '기적의 알약'이라 홍보되었던 탈리도마이드thalidomide는 개, 고양이, 쥐를 대상으로 한 1만 2,000여 건의 실험에서 전혀 부작용이 발견되지 않았는데, 그 약을 복용한 여성들이 낳은 아이들은 청각장애, 시각장애, 팔다리가 거의 자라지 않은 지체장애를 가지고 태어났다. '장애'를 어떻게 바라볼 것인지의 문제를 차치하고, 인간과 동물이 공유하는 질병이 1%대인 것으로 알려진 현대에 이 약을 동물이 아닌 인간을 대상으로 임상실험을 했다면, 1만 2,000여 건이 아닌 몇 건의 실험 후 약물 개발이 중단되지 않았을까. 그렇다면 이를 공리주의자들은 어떻게 설명할 수 있을까?

의무론에 기반한 동물권리론

톰 레건Tom Regan은 싱어와 동시대에 동물윤리론을 확립한 철학자로 알려져 있다. 그는 싱어와 달리 동물에게는 인간과 마찬가지로 본래적 가치intrinsic value가 있으므로, 인간과 동등한 도덕적 지위와 권리를 지녀야 한다고 주장한다. 그는 본래적 가치가 있는 존재는 자동적으로 그에 대한 권리가 부여된다고 본다. 싱어가 벤담의 공리주의를 계승했다면 레건은 이마누엘 칸트Immanuel Kant의 의무론을 계승했다. 칸트는 18세기 학자들이 대개 그렇듯 인간만이 본래적 가치를 지닌 존재라며 동물과 구분 지었고, 이를 판단하는 기준으로 이성과 자율성을 들었다. 이성적·도덕적 선택을 할 수 있는 능력이 없는 동물은 도덕적 행위자moral agent가 아니며 도덕적 지위를 지니고 있지도 않다는 관점이다. 설령 그들이 선택이란 것을 할 수 있더라도 주의 깊게 판단한 최선의 행동 방침에 근거하여 이성적 선택을 한 것이 아니라는 점에서 동물은 자율성과 본래적 가치가 없는 존재이며, 인간이 동물에게 해주어야 하는 것은 없다고 못 박았다. 인간은 자율성을 가짐으로써 타자와 관계를 맺고 상호 의무를 다할 수 있는 역량을 갖는데, 의무를 지지 않는 존재(가령 동물)에 대하여 인간이 져야 할 의무는 없기 때문이다. 칸트에게 이성과 자율성이 없는 존재는 수단으로서 상대적인 가치만 지니며, 물건thing과 다르지 않다. 반면 이성적이고 자율적인 존재는 인격체person로서 그 자체로 목적이 된다.

그렇다면 레건은 어떻게 칸트의 논리를 계승하면서 동물의 권리를 끌어올 수 있었을까. 우선 그는 도덕적 수동자moral patient와 도덕적 행위자를 구분한다. 전자는 후자가 가진 고차원의 능력은 없지만, 믿음, 욕구, 기억, 미래, 자의식 등의 인지능력을 가지고, 의도적인 행위가 가능하다. 또한 감정적 능력을 지닌 존재이자 더 이득이 되는 것, 더 좋아하는 것을 선택하는 존재다. 여기서 도덕적 수동자는 동물로, 도덕적 행위자는 인간으로 치환해도 무방하다. 그는 본래적 가치를 지닌 존재는 그 가치를 존중하는 방식으로 대해야 한다는 칸트의 주장을 가져오면서 그 대상을 도덕적 행위자(인간)에 한정하지 않고 도덕적 수동자(동물)까지 확장한 것이다. 따라서 본래적 가치를 지닌 도덕적 수동자는 자연스럽게 기본적인 권리를 가지게 된다. 또한 레건은 본래적 가치란 범주 개념으로, 가졌거나 가지지 못한 것이지 중간값은 없다고 말한다. 즉 본래적 가치를 더 가졌거나 덜 가졌다는 개념은 없다는 것이다.

그렇다면 본래적 가치가 있는 존재에게 도덕적 지위와 권리가 주어져야 하는 근거는 무엇일까. 레건은 인간과 동물은 모두 삶의 주체subjects of a life이고 삶의 주체는 동등한 본래적 가치를 지니며, 그 본래적 가치를 존중받을 동등한 권리 역시 지닌다고 답한다. 따라서 레건은 혼수상태의 환자나 자연물도 본래적 가치를 지녔다고 이해한다. 삶의 주체가 된다는 것은 자신의 선호와 복지에 대한 이익관심interest이 있고, 경험과 믿음을 통해 행동하고, 자의식과 기억을 통해 정체성을 가지고, 욕구와 목표를 위해 행동할 수 있으며, 타자와는 상관없이 자신의 삶이 좋을 수도 혹은 나쁠 수도 있다는 것을 의미한다. 그는 쾌적한 환경에서 사육하고 고통 없이 죽인 동물의 고기를 소비하는 것은 문제가 되지 않는다는 싱어의 주장에, 삶의 주체인 동물에게 "더 넓은 공간을 할애하거나, 자연에 가까운 환경을 조성해주거나, 더 많은 친구를 만들어주는 것이 근본적으로 악한 것을 옳게 만들지는 못한다"[6]고 반대하며 공장식 축산의 완전 퇴출을 주문한다. 이 지점이 바로 의무론자와 결과론자의 극명한 차이가 아닐까 한다. 레건은《동물권옹호론》을 출간한 당시에는 '생후 1년 이상이며 정신이 온전한 포유류'를 삶의 주체라고 말했지만, 이후에는 조류나 어류와 같은 척추동물도 삶의 주체가 될 수 있는 가능성을 열어놓는다.

하지만 레건에게서도 논리적 비약이 엿보이는데, 삶의 주체에게 본래적 가치가 있는 이유를 설명하며 싱어처럼 가장자리 사례 논증을 차용한다. 그는 본래적 가치를 지니는 조건이라 말해지는 지적 능력, 자율성, 이성 등의 능력을 온전히 갖추지 못한 인간도 본래적 가치를 지녔다고 보는 사람이 무수히 많다고 지적한다. 또한 타인에게 별다른 도움이 되지 않는 사람이더라도 본래적 가치를 가졌다는 사실은 부정하지 않을 것이라고 말한다. 그렇다면 비슷하게 가장자리 사례에 속하는 동물에게도 본래적 가치를 인정해야 하는 것 아닌가. 이를 인정하지 않고 호모 사피엔스 종만이 본래적 가치를 지녔다는 주장은 명백한 종차별이라고 단언한다. 이미 사회는 선언적으로나마 가장자리 사례의 사람들을 포함해 모든 인간을 동등한 권리의 주체로 상정하고 있으므로, 이러한 판단 기준을 동물에게도 적용해 일부 동물을 이러한 범주에 포함시켜야 한다는 것이다. 그러나 그는 가장자리 사례 논증을 활용해 본래적 가치를 갖는 대상의 범주를 확장시켰을 뿐, 삶의 주체가 본래적 가치를 지니는 이유를 분명하게 설명하지 못한다. 삶의 주체라는 사실이 권리를 갖는 필요충분조건이라고 주장할 뿐이다.

레건은 본래적 가치에서 동물의 권리를 도출하기 때문에 동물을 착취하는 일체의 행위에 반대한다. 그는 완전한 불의에는 완벽한 대처가 답이라고 말하며, 동물을 덜 고통스럽게 하고 덜 착취해야 한다는 식의 개선에 동의하지 않는다. 따라서 동물권리론의 관점에서는 동물실험, 동물원과 수족관은 모두 폐지되어야 하며 육류 소비를 근절해야 한다. 이는 동물권 운동을 하는 사람들에게 명쾌한 논리를 제공했지만, 현실의 상황을 '악'으로 규정하고 '척결'하자는 맥락의 주장은 그만한 크기의 반작용을 수반했다. 싱어도 레건의 동물권리론이 이론적으로는 고상하지만 실천적으로는 쓸모가 없다고 일침을 가했다. 이처럼 의무론에 기반한 동물권리론은 실천적인 동력을 가지지 못한다는 비판을 면하지 못했고, 동물권 운동 내에서도 점진적인 동물해방운동이 주류로 자리 잡아가게 되었다.

처음 동물권을 공부할 때는 동물복지농장, 나아가 동물실험까지도 허용할 수 있어 보이는 찝찝한 싱어의 공리주의적 견해보다는 단호하게 동물에 대한 모든 차별을 철폐해야 한다는 레건에게 더 매료되었다. 그러나 레건 역시 갈수록 자가당착에 빠지는 느낌이었다. 그는 자신을 인권옹호론자라고 말하며, 특히 유아를 비롯한 힘 없고 약한 사람들의 권리를 옹호한다고 밝힌다. 그 후에 자신이 동물권옹호론자라고 덧붙인다. 그러다 보니 그는 '아이와 개가 물에 빠지면 누구를 구할 것인가'라는 흔한 사고실험 같은 질문에 '아이가 지적장애인이고 개는 영리하다면 개를 구하겠다'라고 답하고, '성인 4명과 개 1명이 물에 빠졌는데 4명밖에 구할 수 없다면 누구를 희생할 것인가'라는 질문에는 '개를 희생한다'라고 답한다. 도덕적 행위자가 도덕적 수동자보다 더 만족한 삶을 살고, 따라서 더 큰 가치와 도덕적 권리를 지녔기 때문이라는 것이다. 이러한 관점은 공리주의와 유사한 비판을 피할 수 없을 것 같다. 과연 도덕적 행위자인 인간이 도덕적 수동자인 동물보다 더 만족한 삶을 산다고 할 수 있을까. 우리는 종종 '나도 저 고양이(개)처럼 살면 얼마나 좋을까' 같은 말을 듣곤 한다. 종별로, 개체별로 그들이 살면서 보고, 듣고, 느끼고, 감각하는 것을 어떻게 수량화할 수 있으며, 삶에 대한 만족도를 비교해 어느 존재의 삶이 더 가치 있고 도덕적이라 말하는 것이 가능할까.* 레건은 자신의 관심사가 경계 설정이 아닌 안전지대를 확보하는 데 있다고 항변하지만, 그의 행보를 보면 경계를 묻지 않을 수 없다. 본래적 가치는 왜 동물까지만, 그것도 동물의 일부에게만 허용되는 걸까. 결국 '인권옹호론자이고 나서 동물권옹호론자'인 레건은 천부인권을 천부동물권으로 바꾼 후, 그것을

---

* 한편 그는 '인간 4명을 살리기 위해 개 100만 명을 희생하는 것은 정당한가?'라는 질문이나 동물실험을 찬성하느냐는 질타에 대해서는, 실험동물은 인간이 처한 위험을 대신 무릅쓰라고 강요당하고 인간을 위해 존재하는 자원처럼 취급당한 것이므로 물에 빠진 상황과는 다르다고 해명했다. 그렇다면 인간과 개에게 치명적인 신종 바이러스가 창궐하는데 이에 감염된 사람과 개 중 한 명을 대상으로 생체실험을 해야 한다면 어떻겠냐는 물음에 그는 어떻게 답할 수 있을까.

현실에서 수습하기 위해 그 사이에 계속해서 위계를 만들어 내는 자충수를 두게 된 것은 아닐까.

동물의 고통에서 동물의 기쁨으로, 인간과 동물의 공동체로

싱어와 레건의 사상은 이미 상당 부분 법과 제도의 기반이 되어 있다. 동물보호법에서는 싱어의 고통중심주의를 강조하고 있지만 사실 우리 사회의 도덕과 법 대부분은 의무론에 기대고 있다. 그러나 이들이 공통적으로 고통받는 동물들의 고통을 어떻게 하면 줄이거나 없앨 수 있을까에 초점을 맞추고 있었다면 이제는 어떻게 하면 동물들의 기쁨을 증대시킬 수 있을지 고민해야 할 때가 아닐까. 싱어는 쾌락의 극대화를 선으로 삼는 전통적 공리주의와 달리 동물들이 겪는 고통의 최소화에 무게를 두었지만, 고통 없는 삶과 행복한 삶은 질적으로 다르다. 우리의 가슴과 입은 여전히 '죽이지 마라', '모욕하지 마라'를 외칠 수밖에 없어도, 적어도 머리와 손은 법정 스님의 말씀처럼 '살아 있는 것은 다 행복하라'를 되뇔 필요가 있다. 양자는 어느 면은 중첩되어 있을 것이고, 전자에서 후자로 넘어가기 위해 세심한 접근이 요구되기도 할 것이다. 농장에서, 실험실에서, 동물원에서, 시장에서 겪는 동물의 고통은 비교적 쉽게 드러나지만 동물이 느끼는 기쁨은 즉각적으로 알기 어렵거나 어느 정도 지식이 있어야 하는 경우도 있기 때문이다.

덕윤리에 기반한 동물주의

우리는 앞에서 싱어는 공리주의, 레건은 의무론을 기반으로 동물에 대한 윤리론을 펼쳤다고 했다. 중고등학교 시절 윤리 수업을 열심히 들은 분은 '왜 공리주의와 의무론이 나오는데 덕윤리는 없지?'라고 의아할지도 모르겠다. 덕윤리는 고대 그리스 때부터 이어진 전통적 윤리론의 한 갈래로, 행위 자체의 당위성을 중시하는 의무론이나 행위의 결과에 초점을 맞추는 공리주의와 달리 행위자의 유덕함을 강조한다. 내가 상대방을 어떻게 대하느냐에 따라 나의 덕이 결정되고, 그 덕들이 어우러져 공동체가 유지되기 때문에 공동체에서 덕윤리는 매우 중요한 기능을 한다.

덕윤리학자 로절린드 허스트하우스Rosalind Hursthouse는 '동물에게 도덕적 지위가 있느냐'라는 질문은 동물윤리를 논하기에 좋은 출발점이 아니라고 한다. 대신 공리주의나 의무론적 사유의 틀에서 벗어나 동물 착취와 학대의 근간이 되는 인간의 태도에 도덕적으로 의문을 제기하는 것에서 시작해야 하며, 그럴 때 비로소 우리가 얼마나 잔인하고 얄팍하게 행동하는지를 깨닫고 동물에 대한 태도를 바꾸게 될 것이라고 단언한다. 우리와 이어져 있는 동물의 양태는 너무나 광범위해서 하나의 추상적 개념으로 담을 수 없기 때문이다. 우리는 가정에서, 동물원과 수족관에서, 실험실에서, 식탁에서, 신화에서, 매체에서 각기 다른 방식으로 동물을 만난다. 동물원에서 만나는 동물이라 하더라도 대상이 어떤 개체이고 어떤 환경에 놓여 있는지, 어떤 사건으로 만나는지에 따라 무수히 많은 경우의 수가 발생한다. 이처럼 동물들과 관련된 옳고 그른 행위에 관한 질문들은 폭넓고 다양한 맥락들에서 발생하므로 허스트하우스는 그들에게 일괄적이고 전면적인 지위를 부여한다고 해서 문제가 해결되기는 어렵다고 본다.[7] 그녀는 덕윤리학자답게 싱어와 레건의 책을 읽은 후에도 동물을 대하는 지금의 태도에 큰 문제가 없다는 생각에는 변함이 없었지만, 그 신념의 근거에 대해서는 되돌아보게 되었다고 한다. '내가 고기를 먹고 모피 코트를 입는 것이 괜찮다는 것은 알지만, 그게 왜 괜찮을까?'[8] 자신에게 물어도 답이 나오지 않았기 때문에 동물에 대해 고민하게 되었고, 스스로 유덕한 자는 동물의 권리나 당위와 무관하게 덕성의 실현으로 동물을 먹거나 이용하지 않는다는 결론에 이르렀다.

또는 덕윤리를 의무론, 공리주의와 섞는 관점도 있다. 프랑스의 정치철학자 코린 펠뤼숑Corine Pelluchon은 대다수의 동물이 감수성sentience과 행위성agentivite을 갖는다고 한다. 감수성이란 삶에의 욕망, 죽음에의 공포, 강제된 삶에서의 저항, 주체적 상황에서의 즐거움, 그 외에 아픔, 배고픔, 피곤함 등 외부 자극을 받아들이고 느낄 수 있는 능력이고, 행위성은 개별적인 선호와 관심을 표현할 수 있는 능력을 말한다. 마치 레건이 말한 도덕적 수동자와 도덕적 행위자의 구분과 유사하다. 다른 점이 있다면 레건은 동물을 도덕적 수동자로만 보았다면, 펠뤼숑은 동물의 행위성을 인정함으로써 동물을 도덕적 행위자의 지위에 앉힌다는 점이다. 또한 그는 현대사회의 인간은 동물이 감수성과 행위성을 지닌 존재임을 알면서도 동물을 도덕적으로 배려하지 않는 행위를 반복하고 이를 통해 자신의 섬세함, 유덕함을 억압하는 법을 배운다고 말하는데, 이 대목에서는 덕윤리론의 관점이 드러난다.[9] 따라서 우리는 유덕한 자로서 감수성과 행위성을 지닌 동물을 도덕적 존재로 배려해야 한다. 그러기 위해서는 동물을 단순히 보호의 대상으로 보는 것이 아니라, 자신이 원하는 것을 주체적으로 표현하는, 의식을 가진 '도덕적 주체'로 대해야 하며, 이러한 관점을 법과 제도에 반영해야 한다고 본다.[10] 이처럼 펠뤼숑은 이론과 실천의 간극을 좁히려 애쓴다.

　　처음 덕윤리를 접했을 때는 별로 매력을 느끼지 못했었다. 내가 좋은 품성을 기르기 위해 동물에게 잘해야 한다니, 동물윤리에서마저 동물과 그들의 고통이 사라지고 인간만 남는 듯했다. 그러다 덕윤리가 공리주의나 의무론에서 말하는 추상적인 이익이나 관념적인 원리에 비해 상호연결성 내지 관계지향성과 좀 더 친연적이라고 느끼게 되면서 생각이 바뀌었다. 덕윤리에서 인간과 동물은 지구라는 공동체를 나누어 쓰는 구성원이다. 덕의 공동체에 속한 구성원은 서로에게 폭력이나 모욕을 가하지 않는다. 덕윤리는 인간에게 '죽이지 마라', '모욕하지 마라'라고 하는 동시에 '죽지 마라', '모욕당하지 마라'라고 한다. 죽이지 않고 모욕하지 않는 행위를 통해 자신도 죽지 않고, 모욕당하지 않을 수 있다. 공리주의가 동물의 고통 제거에, 의무론이 도덕법칙에 따르는 인간에 집중했다면, 덕윤리는 유덕하고 자비로운 인간에 기반한다. 유덕한 자, 유덕한 공동체가 되기 위해서라 한들 존중과 배려는 기본적으로 당위와 규범에 비해 강제적이지 않고 양방향적이다. 내가 마주하고 있는 상대라는 거울을 통해서만 덕성을 키울 수 있으니까. 이런 점에서 덕윤리는 동물이 인간에게, 인간이 동물에게 영향을 주고받음으로써 상호적으로 성립하는 것이라는 생각이 들었다면 지나친 비약일까.

생각해보면 동물해방의 외침 이전에 여성해방과 장애해방의 외침이 있었다. 오랜 시간 이어진 만큼 시대에 따라 해방으로 향하는 길도 다양하게 제시되었다. 여성과 장애인의 속성을 제거하고 남성과 비장애인에 가까워지도록 하는 방법, 우리 모두가 여성, 장애인이 되는 방법, 여성과 장애인이 가진 역량의 차이를 사회적 능력으로 발현시키는 방법 등이 있었다. 다양한 접근 중에는 장애를 '장애인 개인의 손상과 다른 사람들과 동등하게 사회에 완전하고 효과적으로 참여하는 것을 저해하는 태도 및 환경적인 장벽 간의 상호작용으로 기인한 것'[11]으로 보아 장애인의 사회 참여를 저해하는 태도와 환경을 바꾸려는 시도도 있다. 지하철 역사에 엘리베이터가 없다면 휠체어를 타는 장애인에게 지하철은 대중교통으로서 무용지물이거나 죽음이라는 위험을 감수해야 하는 교통수단이기 때문에 휠체어를 탄다는 사실이 장애가 된다. 그러나 엘리베이터가 만들어지면 그 장벽은 훨씬 낮아진다. 눈이 안 좋은 이에게 안경이 없다면, 그 나라 말을 한마디도 모르는 이가 혼자 외국에 있을 때 번역 애플리케이션이 없다면 이들은 모두 장애 상태에 있다. 이러한 사회적 장벽을 없애고, 의존할 수 있는 것들을 만들어내는 방법이 바로 '의존적 행위성 모델'이다.

펠뤼숑은 의존적 행위성 모델을 동물에게 적용하며 동물정치의 핵심으로 정의한다. 이는 동물해방을 위해 동물의 사회참여를 저해하는 장애물을 제거하거나 사회참여를 가능하게 하는 방법을 찾는 것이다. 이를 위해서는 우리가 혼종사회를 살아가고 있다는 점이 먼저 합의되어야 한다. 혼종사회란 감수성을 지닌 지구상의 모든 존재와 인간이 함께 구성하는 공동체이며, 혼종사회에서는 혼종적 존재들을 포함한 공동체 구성원 모두의 이익이 동등하게 고려되어야 한다(드디어 공리주의까지 등장했다!). 하지만 현실적으로 인간의 지위와 동물의 지위 사이의 구분은 필요하다고 한다. 동물이 인간과 동등한 것을 원하지 않을뿐더러, 동물은 인간과 다른 방식으로 세계를 인지하기 때문이다. 그런데 현실에서 동물의 권리는 인간에 의해 이해되고 부여되므로, 동물과 인간 모두를 위한 정의도 인간에 의해서만 발의된다. 이때 동물의 행위성 확보를 위해 의존할 장치로 자연과 생명의 의회가 제안된다.

펠뤼숑은 동물의 사회참여를 막는 것이 이들을 대변할 언어와 법, 정치의 부재라고 생각한 걸지도 모른다. 하지만 세 가지 윤리론을 아우르는 각고의 노력과 혼종적 존재들의 공동체나 자연과 생명의 의회 같은 설득력 있는 해결책에도 불구하고, 동물의 권리가 인간의 의해 부여된다거나 동물과 인간의 정의가 인간에 의해서만 발의될 수 있다는 주장에는 전적으로 동의하기는 어렵다. 나는 동물이 직접 행동으로 저항하며 스스로 동물정치의 주체가 되는 모습들을 끊임없이 목격하고 있기 때문이다. 동물의 직접행동에 관해서는 이후에 자세히 다룰 것이다.

윤리적 다원주의 또는 실용주의

실천의 영역에서도 그 바탕이 되는 이론이 있다는 것은 실천의 동기를 이해하고 설득하는 데 큰 무기가 된다. 모든 주장은 어딘가에서 출발해야 한다. 그렇기에 동물의 권리가 공리주의와 의무론, 최근의 덕윤리 등 여러 층위에서 논해지는 것은 무척 고무적인 일이다. 하지만 때로는 바로 그 이론 때문에 벽이 생기거나 반목하는 일도 종종 벌어진다. 동물해방 또는 동물권 운동의 역사는 사실 공리주의와 의무론에 근거해 펼쳐져 왔다고 해도 과언이 아니다. 그러나 이론이 완전히 관념적이지 않은 이상 현실을 반영하기 마련이고, 그 현실을 어느 정도씩 설명해내기 때문에 한쪽 입장만 지지하는 것은 쉽지 않다. 한쪽만을 고집할 경우 출발점이 다르다 보니 의견을 모으기도 힘들어진다. 가령 공리주의는 동물복지농장을 수용할 수 있지만, 의무론은 그렇지 않을 가능성이 높다.

이러한 문제의식에서 기자이자 열렬한 동물권 활동가인 에므리크 카롱Aymeric Caron은 그의 책《반종차별주의》에서 자신은 완전히 공리주의적 입장 혹은 의무론적 입장을 고수하기보다, 두 관점의 기초가 되는 태도는 견지하되 양쪽의 논의를 상황에 맞게 활용한다고 말한다. 공리주의든 의무론이든 어떤 분명한 두 입장이 있으면 꼭 절충하는 입장이 있는 법이고, 그런 입장이 다수설이 되는 데에는 이유가 있다. 동물권을 옹호하려면 나만의 이론을 만들어내거나 반드시 어떤 주의주장을 갖고 있어야 하는 것은 아니라고 생각한다. 무엇보다 모든 상황을 온전히 설명하고 대안을 제시할 수 있는 관점이 존재할 수 있을까.

이런 생각을 하는 나 같은 사람들을 위로라도 하듯 막스 베버Max Weber는 의무론과 결과론(공리주의)의 대립을 신념윤리와 책임윤리로 구분하여 설명하기도 한다. 그는 신념윤리(의무론)와 책임윤리(공리주의)는 절대적 대립 관계가 아니라 오히려 서로를 보완하는 관계이며, 두 윤리가 결합될 때 비로소 '정치에 대한 소명'을 가질 수 있다고 말한다.[12]《채식의 철학》을 쓴 토니 밀리건Tony Milligan은 철학자임에도 비슷한 태도을 취한다. 어느 한 가지 개념, 입장을 '숭상'하는 것은 일신론의 잔재일 뿐이며, 한 가지 입장만으로는 현실에서 발생하는 다양한 문제를 분석하는 데 역

부족이라고 말한다. 오히려 고통과 권리만 갖고 이야기를 하면 우리가 일상에서 만나는 풍부한 윤리적 어휘들(지혜, 해악, 잔혹, 관심, 가치, 권위, 굴욕, 균형, 자애, 배신 등)이 가려지면서 우리의 행동이 제약된다고 강조한다.[13] 그럼에도 선택의 기로에 섰을 때, 가령 소규모로 운영하는 동물복지농장이나 치명적 질병에 대한 의약품을 개발하기 위한 동물실험, 종 보전을 위한 동물원의 유지 여부, 시각장애인 안내견 허용 여부 등에 대한 입장을 밝혀야 할 때는 결국 어느 한쪽이 우위에 설 수밖에 없다. 이러한 상황에서 카롱은 두 가지를 강조한다. 하나는 '네가 원치 않는 바를 남에게 행하지 말라'라는 전통적 황금률을 지키는 것[14]이고, 다른 하나는 객관적이지 않은 여러 가지 이익에 근거하여 생명의 가치를 결정하는 대신, 모두에게 절대적이고 수량화할 수 없는 하나의 이익인 '살 이익'만을 고려하라는 것[15]이다. '살 이익'이라는 개념도 싱어와 레건을 결합한 듯한 조어라는 점에서 과연 실용적이다.

시민권론에서 착안한 동물정치공동체

권리 개념을 기본으로 하면서도 한 발 나아간 관점을 제시한 것이 바로 동물정치공동체zoopolis다. 특히 주목할 만한 점은 동물권에서의 권리가 자유권(소극적인 권리)에서 사회권(적극적인 권리)으로 도약했다는 것이다. 자유권이 요구하지 않아도 당연히 주어진다는 의미에서 소극적인 권리라고 한다면, 사회권은 요구하거나 별도의 법과 제도를 통해서만 주어진다는 의미에서 적극적인 권리라고 할 수 있다. 동물정치공동체를 말하는 수 도널드슨Sue Donaldson과 윌 킴리카Will Kymlicka의 저서《주폴리스zoopolis》는 레건의 의무론을 토대로 삼지만, 레건의 접근법이 정치적으로 소외되어 있기 때문에 현장에서 실패를 반복하고 있다는 데서 출발한다. 그들은 사람들이 동물권에 대해서는 완강히 거부하거나 외면하면서도 멸종위기종에 대한 복지나 생태적 개혁에는 관대한 이유는 동물에 기초한 음식, 옷, 약품 등을 이용할 수 있는 강력한 기득권을 포기하지 않으려 하기 때문이라고 한다. 또한 기존의 동물권 이론이 주로 부정적이고 소극적인 권리에 초점을 맞추고, 긍정적이고 적극적인 관계맺기에 대해서는 거의 말하지 않았다고 지적한다. 윤리적 삶의 많은 부분은 사회적·정치적·역사적으로 관계를 맺고 있는 집단들에 대한 긍정적이고 적극적인 관계적 의무인데 말이다. 따라서 현실 정치에서 외면당한 고전적인 동물권 이론이 유효하기 위해서는 차별화된 관계형 접근법이 필요하다고 본다. 도널드슨과 킴리카는 다문화주의 사회에서의 시민성 이론을 차용하여, 보편적 기본권과 시민권을 분리하고 이를 동물에 적용한다. 즉 동물의 권리를 추상적인 하나의 권리로 뭉치는 것이 아니라 시민, 이주민, 외국인 등 국적이나 거주 공간에 따른 상태에 따라 달라지는 시민권에 비유하여 설명하는 것이다. 그리하여 각 계층에 따라 시민권의 필요를 발생시키는 정치적 과정들을 동물에게도 적용하며, 어떤 경우는 완전한 시민으로, 어떤 경우는 독립된 주권 공동체를 형성한 것으로 보기도 한다.

그들은 추상화된 동물집단을 인간집단과의 관계에 따라 분류하고, 그에 따른 시민권적 권리를 동물에게 부여하고자 한다. 첫 번째 분류는 반려동물과 같은 길들여진 동물이다. 길들여진 동물은 인간에게 의존적이지만 공동체의 시민으로서 지위가 주어지기 때문에 적극적 권리를 보장하고, 인간에게는 그에 상응하는 의무를 부여한다. 적극적 권리에는 먹이, 물, 보금자리, 의료적 보살핌 등을 받을 권리, 연민과 존중에 대한 권리를 비롯해 행복추구권 같은 것도 포함될 수 있다.

두 번째는 우리에게 익숙한 분류인 야생동물이다. 야생동물은 인간의 간섭을 받지 않을 때 가장 번성하므로, 그들의 권리는 주권 내지 자기결정권에 가깝다. 다만 인간에 의한 서식지 파괴나 멸종의 문제가 심각한 상황이기에 서식지 복원이나 환경 정화 같은 인간의 개입이 한동안은 부득이 수반될 수밖에 없다. 인간이 오염시킨 야생 지역은 인간이 회복해야 할 책임이 있기 때문이다. 또한 야생동물의 영역이란 인간이 정착·개발하지 않는 모든 서식지를 의미하므로, 더 이상의 정착·개발을 중단해야 한다.

세 번째는 길들여진 동물과 야생동물 사이의 성격을 갖는 경계성 동물이다. 인간사회에 섞여 사는 데 적응한 야생동물로, 한국에서는 길고양이, 떠돌이개, 쥐 등이 있겠다. 그들은 인간과 공통된 영역에서 공존하고 있으므로, 혼성적이라고 할 수 있는 동물의 권리와 인간의 의무를 제시한다. 경계성 동물들은 인간과 관계를 형성하길 원치 않고 인간이 길들일 수도 없지만, 식량과 보금자리를 얻기 위해 인간의 주거 지역 주변에 자리 잡아 일정 공간을 공유한다. 이 경우 그들이 인간과 주거 지역을 공유하며 살 권리를 존중해야 하며, 과도한 번식을 TNR* 같은 인도적인 방식으로 조절할 수 있지만 물리적 해를 가하거나 죽이는 것은 전염병이 창궐하는 등의 예외적인 상황에서만 이루어져야 한다는 관점으로 보인다.

이러한 동물정치공동체 개념은 익숙하면서도 참신해서

---

* 길고양이를 안전한 방법으로 포획(Trap)한 뒤 중성화 수술(Neuter)을 시켜 포획한 장소에 다시 방사(Return)하는 것이다. 이에 대해서도 윤리적 논란은 있지만, 현재 가장 효과적이고 인도적으로 길고양이 개체수를 조절하는 방식으로 알려져 있다.

흥미롭게 다가온다. 하지만 이런 상상의 근거가 된 시민권론이 내포하고 있는 경계와 배제의 문제가 답습될 위험성도 무시할 수 없다. 제주 예멘 난민을 추방해야 한다는 무슬림 혐오나, 코로나 팬데믹을 지나오며 이주민과 외국인에게 가해졌던 차별과 혐오의 시선이 길고양이를 향한 시선과 겹쳐 보이는 것이 우연은 아닐 것이다. 이런 인식을 바꿔낼 수 없다면 거주권을 공유하는 이주민에 빗댄다 한들 길고양이는 언제고 추방해도 되는 존재, 죽여도 되는 존재로 여겨질 수 있다. 그럼에도 과거에 비해 미시적인 접근을 통해 각 동물의 생태학적 특성, 처해 있는 상황, 맺고 있는 관계에 따라 그에 걸맞은 권리가 주어져야 한다는 논리와 시도들은 최근의 동물권 담론에 등장하는 공통적인 과제이기도 하다. 향후 동물권 담론 연구, 사회적 인식 개선, 실현 가능한 정책 개발에서 이러한 접근은 진지하게 고려되고 반영되어야 한다.

어떤 사랑을 할 것인가

싱어와 레건은 기존의 윤리론에서 종차라는 장벽을 깨는 데 기여했고, 최근의 동물권 담론들은 윤리와 이론의 영역에서 정치와 실천의 영역으로 무게중심이 상당 부분 이행한 듯하다. 개별 개체의 고통을 줄여야 한다는 차원을 넘어, 공동체 정치의 장에 동물이 등장하고 있다. 싱어의《동물해방》이 세상에 나온 지 어언 50년이 된 지금까지 이처럼 다양한 논의가 나왔지만, 그들에게는 공통점이 하나 있다. 그들은 대부분 학자임에도 점잖게 이론을 늘어놓는 것이 아니라 하나같이 절박하고 뜨거운 목소리로 호소하고 있다는 것이다. 이처럼 동물권의 구호가 점점 절박한 외침이 되는 이유는 무엇일까. 어쩌면 노예제 폐지론과 페미니즘이 등장하면서 노예제와 가부장제에 대한 강력한 비판이 이어지고 완전하지는 않더라도 제도의 변화와 인식의 개선이 이루어진 반면, 동물권 담론이 이어진 50여 년 동안 동물, 특히 농장동물이 처한 현실은 악화 일로였기 때문일지도 모른다. 그래서 개인의 선과 도덕을 논하는 윤리학자들도 동물이 현실정치로 뛰어들어야 한다고, 인간과 동물의 정치공동체를 구축해야 한다고 한 목소릴 내는 것이 아닐까. 정치 이론의 관점에서 동물윤리 문제를 연구하는 앨러스데어 코크런Alasdair Cochrane은 동물에게 법적 지위뿐만 아니라 정치적 지위를 부여할 것을 요구한다. 그는 동물을 인간 사회의 구성원으로 인정하고, 동물의 이해관계가 정치적 의제 형성 및 구성에 포함되어야 하며, 동물이 민주적 과정에서 공식적인 대표성을 획득해야 한다고 역설한다.[16]

동물권 운동을 이끌어온 공리주의나 의무론은 관념적이다. 이익도, 주관적 경험도 객관적으로 수량화하거나 측정하기 어렵다. 본래적 가치와 같은 초월적 개념을 말하면 레건처럼 현실에서 외면받기 십상이다. 덕윤리는 인간이 동물을 어떻게 대하는지를 중심에 두고 더 나은 공동체를 지향한다는 점에서 지지하지만, 여전히 중심에는 인간의 자리만 보이고 동물의 정치적 주체성까지는 고려하지 않는다. 물론 펠뤼숑은 덕윤리학자임에도 동물의 정치적 주체성을 소구하지만, 동물은 박애나 연대, 공동체성을 갖고 있지 않기 때문에 시민성이 무의미하다는 그녀의 주장에는 동의하기 힘들다. 도널드슨과 킴리카 또한 권리 개념에 기반하여 이를 적극적으로 구체화했다는 점에서 의의가 있지만, 길들여진 동물, 야생동물, 경계성 동물처럼 경계를 내포하는 개념을 가지고 인간 사회에 빗대어야만 이 난제를 말끔히 풀어낼 수 있다고 생각되지는 않는다.

다양한 이론을 접할수록 오히려 질문은 꼬리에 꼬리를 문다. 각각의 종뿐만 아니라 개체에 대해서도, 존엄한 삶을 살고자 하는 개체(존재자)의 욕망에 근거하여 각자의 역량에 따른 최고치의 만족, 행복감을 성취할 수 있는 기회가 주어져야 한다고 말하는 것은 아직 섣부를까. '고통 없음'은 이익과 권리의 필요조건이지만 충분조건은 아니다. 소가 얼마나 빨리 달릴 수 있는 동물인지 우리는 홍수로 축사가 침수되어 근처 암자로 내달리는 소들의 탈주를 보고서야 알았다. 바다에서 헤엄치고 진흙에서 목욕하고 쿵쿵대며 루팅하는 즐거움이 돼지들에게 주어져야 한다. 나와 동거하는 고양이 '보리'와 '나무'에게는 사냥놀이를 할 때 움직이는 목표물을 따라 눈을 빛낼 권리, 동공이 커지며 흥분할 권리, 타이밍을 재며 엉덩이를 씰룩거릴 권리, 숨이 차도록 뛰어놀 권리가 있다고 바꿔 말할 수도 있다. 독일은 반려견을 입양할 때 면허 시험을 실시하는 것으로 유명하다. 반려견이 놀고 싶을 때 취하는 자세, 길에서 차를 세우고 반려견을 내리게 하는 방법, 번식에 대한 일반 상식, 반려견 불안의 원인 따위가 시험문제로 출제된다. 하루 2회이상, 2시간 이상 산책을 권고하며, 반려견을 집 안에만 두거나 집 안에서만 배변 활동을 하게 해서도 안 된다. 이런 행위가 거듭되면 반려견 양육권을 박탈당할 수 있다. 비슷한 맥락에서 스위스는 무리 지어 살아야 하는 동물, 예를 들어 기니피그나 앵무새는 최소 한 쌍이 함께 살도록 하고 있다.

나는 지금까지의 다양한 논의 중에 덕윤리에 가장 마음이 간다. 다만 앞서 소개한 모든 입장에 일정 부분 동의하면서도 충분히 만족스럽지 않은 이유가 뭘까를 곰곰이 생각해보면, 공통적으로 아쉬운 것은 유대와 사랑이다. 만일 내가 레건이 마주했던 사고실험의 질문들, '인간과 동물이 물에 빠지면 어느 쪽을 구할 것인가? 그 인간이 고아인 영아라면, 그 개가 인간만큼 똑똑하다면, 인간은 1명이고 개는 100만 명이라면 어떻게 할 것인가?' 같은 질문을 마주한다면 내 답변의 기준은 유대감이 될 것이다. 여기서 유대감이란 구체적 삶을 공유하면서 겪는 유대감뿐만 아니라 확장된 형태의 정서적인 유대감을 포함한다. 그것은 몸을 매개로 한 것이기도 하고 지각을 매개로 한 것이기도 하다. 전혀 모르는 사람과 보리, 나무가 물에 빠졌다면 나는 주저없이 보리, 나무를 구할 것이다. 하지만 전혀 모르는 사람과 전혀 모르는 고양이가 물에 빠졌다면 나는 아마 전혀 모르는 사람을 구할 것이다. 그것은 내가 어쩔 수 없이, 아주 우연히 인간이란 종으로 태어난 데서 기인한 유대감이다. 만일 연쇄 살인범인 사람과 전혀 모르는 고양이가 물에 빠지면 아마 고양이를 구할 것이며, 그것은 연쇄 살인범에 대한 반유대감에서 기인할 것이다. 그리고 내가 사랑하는 인간과 보리, 나무가 물에 빠진다면 나는 발만 동동 구르다가 아무도 구하지 못할지도 모른다. 나는 보리, 나무와 살게 되면서 동물권 운동과 채식을 시작했지만, 내가 대변하고 있는 일면식 없는 동물에게도 유대감을 느낀다. 그것은 내가 대변하는 인간들에게 느끼는 무게감과 별반 다르지 않다. 관계 속에서 형성되는 차별적 감정으로서의 유대감 때문이다.

싱어는 동물을 좋아하지 않지만 반종차별주의를 역설했고, 카롱도 동물을 좋아하지 않지만 존중한다고 했는데, 이런 이들은 사실 얼마든지 있다. 소수자의 권리를 외치는 모든 사람이 소수자집단·계급을 사랑하는 것은 아니다. 그렇다면 사랑이 꼭 필요한 것인지, 혹은 사랑이란 건 너무 주관적이고 상대적인 감정이 아닌지 반문할 수 있다. 그러나 나는 도리어 묻고 싶다. 한 존재를 깊이 사랑해보지 않고, 신념이나 분노만으로 진정한 박애(보편적 사랑)가 가능한지. 흔히 말하듯 사랑에는 국경도 피부색도 상관없다면, 어떤 종인지도 지워질 수 있다. 여기서 사랑의 의미는 통념적인 사랑과 같은 부분도 있지만 조금 다르기도 하다. 내가 말하는 사랑은 나의 삶에 침투하고, 대체불가능하며, 만나기 이전으로 돌아갈 수 없게 된다는 의미를 품고 있다. 또한 사랑은 수동적이지만 교통사고 같은 것만은 아니다. 사랑을 하려면 먼저 사랑에 빠질 준비가 되어 있어야 한다. 사랑은 상대방을 바꾸기도 하지만 그 이전에 나를 바꾸는 행위이기 때문이다. 우리는 과거에 비해 연결성이 더 생생하게 느껴지는 시대를 살고 있지만, 불교에서 말하듯 살아가며 나 아닌 이를 한 명도(실은 나조차도) 제대로 만나지 못하는 것 같다. 그건 나와 다른 존재를 만나고 받아들일 준비, 새로운 관계를 형성할 준비를 할 의지나 여유가 없기 때문이 아닐까. 이러한 준비는 어떤 사랑을 할 것인가에 대한 대답이기도 하다. 존중도 책임도 거기서부터 시작될 것이다. 사랑의 상대에게 고통을 넘어선 기쁨을, 적극적 권리를 어떻게 누리게 할 것인가. 다르게 지각하고, 다르게 소통하고, 다르게 표현하는 존재들과 사랑하는 과정에서 나와 공동체는 분명 그전과는 다른 사유, 다른 윤리를 경험하게 될 것이다. 그리고 그 사랑이야말로 동물에 의한 정치라 부를 수 있지 않을까. 나는 앞으로 편의상 동물권이란 용어를 자주 쓰겠지만, 칸트나 레건이 말하는 본래적 가치뿐만 아니라 고통을 넘어선 기쁨, 보다 적극적인 권리, 유대와 사랑을 포함하는 개념으로서의 동물권을 말하려 한다.

제2장 동물을 대리한다는 것

원고는 E의 건립을 추진하는 배경에는 원고의 이사이며 철새를 사랑하는 저명한 철새 사진작가인 'P' 씨의 제안에 영감을 받아 이를 추진하는 것이기 때문에, 이는 전적으로 B저수지를 보호하고 시민들에게 철새의 아름다움과 중요성을 알리기 위한 것이라고 주장하면서, 그 의도의 진정성을 호소하고 있다. 이에 반하여 피고는 원고의 선한 의도보다는 철새의 보호를 더 중요시하는 입장이라고 할 수 있다. 요약하면, 이 법원은 '철새를 사랑하는 사진사'와 '철새' 중 어느 편을 들어야 할지 요구받고 있는데, 이 법원은 사진사의 마음에 공감하기는 하지만, 기꺼이 철새의 편을 들기로 한다.

— 창원지방법원 2016구합52833 판결 [건축불허가처분 취소 청구의 소] 판결문 중

한없이 노트북에 가까운[17]

형법에는 손괴죄*가 있다. 남의 물건을 망가뜨리거나

---

* 형법 제366조(재물손괴 등) 타인의 재물, 문서 또는 전자기록 등 특수매체기록을 손괴 또는 은닉 기타 방법으로 기 효용을 해한 자는 3년 이하의 징역 또는 700만원 이하의 벌금에 처한다.

못 쓰게 만들면 처벌하는 범죄다. 그런데 최근까지도 형법상 재물손괴와 동물학대는 아주 밀접한 관계를 맺고 있었고, 다소 느슨해졌지만 그 관계는 지금까지 이어지고 있다. 동물학대 사건을 고발할 때 형법 제366조 손괴죄는 약방의 감초처럼 빠지지 않는 적용법조였다. 그 연원을 거슬러 올라가면 민법 제98조*가 나온다. 동물은 '유체물'에 해당해 '물건'으로 취급되고, 소유나 점유의 대상이 된다는 내용이다. 즉 동물은 물건이므로 동물의 보호자는 곧 동물의 소유자가 되며, 보호자가 있는 동물을 학대하는 것은 소유자의 물건을 망가뜨리는 범죄이므로 재물손괴로 처벌할 수 있다는 논리다.

사정이 이러했으니 동물을 폭행하거나 죽이면 재물손괴죄가, 동물을 납치(약취, 유인, 매매, 이송)하면 절도죄가 적용되었다. 그러나 동물을 성학대하면 형법상 적용할 수 있는 조항은 없다. 그러면 처벌을 못 한다는 것인가? 그럴 수도 있고 아닐 수도 있다. 우리에게는 역사와 전통이 살아 숨 쉬는 동물보호법이 있다. 우스갯소리가 아니라 1991년에 제정되었으니 벌써 30년이 넘었다. 사회적 인식에 비해 빠르다 싶게 법이 제정될 수 있던 배경에는 올림픽이나

---

* 민법 제98조(물건의 정리) 본법에서 물건이라 함은 유체물 및 전기 기타 관리할 수 있는 자연력을 말한다.

아시안게임 같은 국제 행사가 있었다. '개를 먹는 야만국'이라는 손가락질을 의식한, 조항 12개짜리 급조한 법이라는 인상을 지우기 어렵지만, 당연히 없는 것보다야 나았다. 동물학대를 규정하고 있고, 그에 대한 처벌 규정도 있었다. 그러나 여기에도 직접적으로 동물에 대한 성학대를 처벌하는 규정은 없다. 다만 성학대의 과정이나 결과로 동물이 상해를 입거나, 사망에 이르거나, 신체적 고통을 당하면 동물보호법 위반으로 처벌할 수 있다.

그런데 동물보호법이 있는데도 왜 재물손괴를 적용한단 말인가? 답은 생각보다 단순한데, 재물손괴의 법정형이 동물학대보다 높았기 때문이다. 재물손괴의 법정형이 '3년 이하의 징역 또는 700만원 이하의 벌금'인데 반해, 동물학대의 법정형은 2020년까지 '2년 이하의 징역 또는 2천만 원 이하의 벌금'(동물보호법 제정 당시는 20만원 이하의 벌금이나 구류 또는 과료)이었다. 2021년에야 '3년 이하의 징역 또는 3천만 원 이하의 벌금'으로 상향되어 겨우 노트북의 지위를 따라잡았다. 결국 동물학대 가해자를 재물손괴로 고발한 것은 조금이라도 처벌 수위를 높이고자 했던 고발인들의 눈물겨운 분투였던 것이다.

동물은 물건이 아니다

그러나 동물학대를 재물손괴로 고발해서 처벌 수위를 높이는 것은 동물학대에 대한 근본적인 해결책이 될 수 없다. 동물이 물건 또는 누군가의 소유물로 남아 있는 한, 인간과 동물, 나아가 인간과 비인간이 맺을 수 있는 관계는 수직적이고 예속적일 수밖에 없다. 단적인 예로 소유자가 동물을 학대하는 경우 학대자와 피학대 동물을 즉각 분리할 수 없고, 분리한다 해도 일정 기간이 지나면 소유자가 다시 데려갈 수 있다. 또 제3자가 동물을 학대하는 경우 수선비에 해당하는 치료비 내지 물건의 가액에 상당하는 분양 금액 정도만 지불하면 된다.

노예와 여성과 아동을 마음대로 사고팔 수 있던 시대, 주인이, 남편이, 부모가 아무렇지 않게 이들을 폭행하고 죽일 수 있는 존재였던 시대의 권리 투쟁은 이들의 법적 지위를 우선 '인간'으로 끌어올리는 것이었다. 이와 비슷하게 2021년 9월 동물의 법적 지위를 높이기 위해 동물은 물건이 아님을 선언한 다음의 민법 개정안이 정부입법안으로 국무회의를 통과했고 현재 국회에 계류 중이다.

제98조의2(동물의 법적 지위)

① 동물은 물건이 아니다.

② 동물에 대해서는 법률에 특별한 규정이 있는 경우를 제외하고는 물건에 관한 규정을 준용한다.

반가운 소식이지만 놀랍거나 새로운 시도는 아니다. 오스트리아민법 제285a조(1988), 독일민법 제90a조(1990), 스위스민법 제641a조(2003), 프랑스민법 제515-14조(2015) 등*에는 이미 유사한 규정이 있다. 그래도 환영할 만한 변화지만 2년 넘게 통과되지 못하고 있는데, 가장 반발이 큰 곳은 법원이다. 법원행정처는 인(人, 자연인과 법인)과 물건(동물을 포함한 비인간), 주체와 객체라는 기존의 이분법적 체계를 인, 동물, 물건으로 패러다임을 전환하는 데 큰 우려를 표하고 있다. 법이 바뀌면 가장 중요한 역할을 하게 될 곳 중하나인 법원이 신중론을 취하다 보니 국회 내 소관 상임위원회인 법제사법위원회에서도 속도를 내지 못하고 있다.

그에 더해 몇 가지 명확한 한계도 보인다. 우선 이 법안은 법무부 내 '사공일가(사회적 공존을 위한 1인가구) TF'에서

---

* 독일 민법 제90a조에는 '동물은 물건이 아니다. 그들은 특별법에 의해 보호된다. 특별한 규정이 없는 한 물건에 적용되는 규정이 적용된다'는 내용이, 프랑스 민법 제515-14조에는 '동물은 감정을 지닌 생명체이다. 동물은 이를 보호하는 법률을 제외하고는 물건의 법률 관계에 따른다'는 내용이 명시되어 있다.

제안되었다. 동물보호과가 있는 농림축산식품부나 생물다양성과가 있는 환경부, 하다 못해 식약처가 있는 보건복지부도 아닌 법무부에서, 그것도 1인 가구의 사회적 공존을 위한 법과 제도의 개선을 논의하는 자리에서 나온 것이다. 1인 가구가 급속도로 늘어나 가장 일반적인 가구 형태로 자리 잡고, 외로운 1인 가구에서 반려동물과 함께 사는 경우가 많다 보니 가족 같은 반려동물에 대한 처우도 달라져야 한다는 발상에서 나온 법안이다. 부정적으로만 볼 것은 아니지만, 그러므로 이 법을 통해 그나마 처우가 개선될 동물은 인간 보호자가 있는 반려동물로 제한될 확률이 높다.

개정안 제98조의2 제2항 '법률에 특별한 규정이 있는 경우를 제외하고는 물건에 관한 규정을 준용한다'도 분명한 한계가 있는 조항이다. 이런 단서가 붙다 보니 '동물은 물건이 아니다'라는 문구가 선언적 규정에 지나지 않는다는 비판도 함께 제기된다. 실제로 동물을 물건이 아닌 존재로 처우하기 위해서는 개별 법률에서 권리 변동에 관한 구체적 규정을 두어야 한다는 뜻으로(그러한 규정을 두지 않으면 이전처럼 물건으로 취급하는 것으로) 해석된다. '사공일가 TF'에서는 반려동물을 강제집행 대상에서 제외하는 법안, 반려동물의 피해에 대해 교환가치를 넘는 치료비와 위자료를 인정할 수 있는 법안을 함께 규정하도록 제안하였다. 이에 따라 변호사 업계에서도 주로 반려동물과 관련하여 보험, 수의료, 상속, 신탁 등을 다루는 곳들이 부산해졌다. 동물이 물건과 차별화되는 생명체로 인정되면 손해배상 책임의 범위가 크게 달라지고 보험회사의 채권·구상권 행사에 영향을 주기 때문이다.[18] 이렇듯 민법 개정안이 통과되더라도 바꿔야 할 개별 법률들이 산더미인데, 법무부는 쐐기라도 박듯 민법 개정안을 발표하며 '동물이 법체계상으로 여전히 권리의 주체가 아니라 권리의 객체'라고 말했다. 그저 '살아 있는 물건' 정도로 권리의 객체 지위를 유지하겠다는 뜻이다.

　동물권을 옹호하는 많은 이들이 민법 개정안을 보며 '동물에게도 드디어 법인격이 부여되는 것인가'라는 기대를 품었을 것이다. 법인격은 법적으로 부여한 인격이며 법인격을 인정한다는 것은 권리의 주체가 될 수 있는 자격을 얻는다는 뜻이다. 동물의 법인격을 인정하는 것은 세계적으로 보아도 동물의 권리에 대한 상징이자 지표로 여겨진다. 보수적인 법에서 동물에게 권리능력 내지 권리주체성이 있음을 받아들인다는 것은 동물 권리 향상의 신호탄이 될 수 있기 때문이다. 그래서 민법 개정안이 당장 동물에게 법인격을 부여하는 것은 아니지만, 인간도 물건도 아닌 제3지대에서라도 동물이 일정한 권리의 주체로 자리매김하는 기회, 혹은 동물의 법적 지위를 단계적으로 끌어올 수 있는 디딤

돌이 되지 않을까 기대하는 것이다. 법무부 발표에 담긴 실망스러운 내용과 민법 개정안의 우려와 한계들을 끌어안고서라도, 동물의 비물건화가 동물권에 대한 관심이 커지고 급격한 변화를 추동할 계기가 되길 바라는 것은 이 때문이다.

자연물은 당사자 능력이 없다

이와 같은 이유로 국내에서도 동물에게 법인격을 인정해달라는 소송은 끊임없이 제기되었고, 주로 서식지 보존을 위한 맥락에서 이루어졌다. 통칭 '자연물 소송'이라고 하는데, 법을 바꾸는 것이 어렵다면 판례를 만들어서 돌파해보자는 시도라고 할 수 있다. 국내에서 자연물 소송으로 가장 유명했던 사건은 2003년 천성산 지역 터널 공사에 대한 공사착공금지가처분 재판일 것이다. 이 소송의 원고는 '도롱뇽과 친구들'이었는데, 대법원은 기각 판결을 내리며 "자연물인 도롱뇽 또는 그를 포함한 자연 그 자체로서는 이 사건을 수행할 당사자 능력을 인정할 수 없다"[19]고 하였다.

몇 년의 간격을 두고 비슷한 소송들이 연이어 제기되었지만 줄줄이 각하되었다. 황금박쥐, 관코박쥐, 수달, 고니, 장님굴옆새우, 안락꼽등이, 등줄굴노래기 7종의 동물 등이 충주 가금 – 칠금 도로 확장·포장 공사 구역 결정처분 등의 무효확인을 요구한 사건에서도 청주지법은 "설사 원고들의 당사자 능력을 인정하여도, 원고들이 주장하는 쇠꼬지 폐갱도 내에는 여러 개체의 황금박쥐 등이 서식하고 있는데 그중 어느 황금박쥐 등이 이 사건 소송을 제기하는 것인지 특정되지도 아니하고, 그 황금박쥐 등이 위 쇠꼬지 폐갱도 내의 황금박쥐 종 전부를 대표한다고 볼 근거도 없다"고 하였다. 다만 재판부는 "행정청의 처분으로 인하여 천연기념물이 멸종되는 경우에는 그러한 천연기념물이 스스로 소송을 제기할 수 없는 이상 누군가는 사법부에 처분의 위법 여부를 판단해 달라고 소송을 제기할 수 있어야" 한다면서 "누구에게 어떠한 조건 아래 이를 인정할 것인지는 입법적으로 해결하여야 한다"[20]라고 자연물이 소송을 제기할 수 있는 제도를 입법적으로 도입해보라는 조언을 하기도 하였다.

군산 지역 복합화력발전소 공사계획 인가처분에 대한 가처분취소 소송에도 검은머리물떼새가 원고로 등장하였으나, 서울행정법원은 "검은머리물떼새는 자연물이고, 비록 자연 내지 자연물에 대한 보호 필요성이 크지만 그 자체에 대해 당사자 능력을 인정하고 있는 현행 법률이 없으며, 이를 인정하는 관습법도 존재하지 않기 때문에 검은머리물떼새에게는 당사자 능력이 있다고 할 수 없다"[21]고 하였다. 입법의 공백, 관습법의 부재를 다시 짚어준 셈이다. 가장 최근에는 설악산에 오색케이블카를 설치하기 위한 천연보호구역의 현상변경을 허가하자, 국가지정문화재 현상변경허가처분 취소를 요구하기 위해 산양 28명이 후견인 박 모 씨와 함께 문화재청을 상대로 소송을 제기했다. 이전 소송과 달리 동물을 직접 원고로 인정해달라는 것이 아니라 동물의 의사 결정을 도울 수 있는 후견인을 지정하고, 후견인으로 하여금 동물의 이익을 대변하게 해달라는 청구였다. 그러나 법원은 마찬가지로 자연물인 동물이 소송당사자가 될 수 있는지 여부로 판단하였다. 서울행정법원은 "소송당사자가 자기 이름으로 재판을 청구하거나 소송상의 효과를 받을 수 있는 자격을 말하기 때문에 동물을 원고로 인정할 수 없다"[22]고 함으로써 산양의 피후견인으로서의 법적 지위를 부정하였다.

자연물의 법인격을 검토함에 있어 법원은 20년간 일관되게 현행법과 관습법에서만 근거를 찾고 있는데, 이것은 법의 오래되고 게으른 습관이다. 법의 판단의 근거는 그뿐만이 아니고 그뿐만이 되어서도 안 된다. 관습법, 조리 條理도 법원source of law*이 될 수 있으며, 외국의 입법례나

---

* 법의 연원, 법의 다양한 존재형식을 말한다. 국가마다 법제에 따라 다르지만 일반적으로 성문법으로 헌법·법률·조약·명령·조례·규칙 등이 있고, 불문법으로는 관습법·판례법·조리 등이 있다. 법전이 법의 전부인 것은 아니다.

판례 등을 참고할 수도 있다. 국제연합UN, 세계무역기구 WTO, 국제노동기구ILO 등 국제기구에서 맺은 수많은 조약, 협약, 협정들이 있고, 민법 제1조는 '법률에 규정이 없으면 관습법에 의하고 관습법이 없으면 조리에 의한다'고 명시하고 있다. 게다가 법원의 보수적인 해석과 달리 흥미로운 사례가 있다. 우리나라에는 부동산을 소유하는 나무가 존재한다. 경상북도 예천군에 사는 '석송령'이라는 소나무는 수령이 무려 600년이 넘는 천연기념물 제294호다. 1927년에 이 마을에 살았던 이수목이라는 사람이 이 소나무 주변의 토지 1,000여 평을 석송령 소유로 등기했는데 이것이 받아들여져 토지를 소유한 나무가 되었다. 이후 석송령은 지금까지 소유 부동산에 대한 종합토지세를 내는가 하면 이 토지에서 생기는 금전적 이익을 모아 장학금을 조성하여 학생들에게 나누어 주고 있다.

세계 동물의 삶과 법

해외에서는 동물의 법적 지위에 대한 논의가 더욱 첨예하다. 종교법이 지배하던 중세 유럽을 보면 동물에게 법인격이 부여되어 소송의 당사자로 참여했던 기록이 숱하게 남아 있다. 아이를 물어 죽인 돼지, 농작물을 훔쳐 먹은 쥐, 인간과 성교한 당나귀는 악마가 동물의 모습으로 현신한 것으로 여겨져 실제로 법정의 원고, 피고, 피고인, 증인의 자리에 섰다. 변호사의 조력을 받았으며, 사형, 파문, 무죄 등 법의 집행도 확실하게 이루어졌다.

중세시대가 막을 내리고 이성이 지배하는 근대에 들어서면서 동물재판은 사라졌지만, 계속 부활을 꿈꿔왔다. 미국에서 동물권 변호사로 명성이 높은 스티븐 와이즈Steven Wise는 제인 구달, 피터 싱어를 비롯해 철학자, 생물학자, 활동가 등 각계 전문가들을 모아 1996년에 비인간권리프로젝트Non-human Right Project를 발족했다. 이들은 대형 유인원, 코끼리, 아프리카회색앵무, 범고래와 같이 높은 지능뿐 아니라 자의식을 가지고 복합적인 의사소통 능력을 보이며, 마음이론Theory of Mind*의 일부 또는 모든 요소를 가지고 있는 동물들을 대변하였다. 법원으로부터 이들의 인격성personhood을 인정받기 위해 연구, 저술, 캠페인, 교육 등 다방면으로 활동하면서 동물의 권리능력에 대한 인식을 확산시켰다. 그리고 2013년, 침팬지 '허큘리스', '리오', '토

---

* 발달심리학 이론 중 하나로, 정서·생각·욕구·신념·의도·지각과 같이 자신과 타인의 마음, 그리고 정신적 상태에 대해 이해하는 능력에 대한 이론이다.

미', '키코'에 대해 인신보호영장habeas corpus**을 청구하였다. 이들은 침팬지가 얼마나 심한 학대를 당하고 부적절한 환경에서 지내는지에 집중하지 않았다. 침팬지가 법인격체이며 이들을 억류(감금)하는 것이 그들의 신체적 자유를 침해하는 행위라고 주장했다. 이를 입증하기 위해 코끼리, 범고래, 회색앵무, 침팬지 등이 인간에 필적하는 지능과 감정, 소통 능력을 가진 존재라는 내용을 담은 전 세계 과학자들의 진술을 제출하였다.

그들은 법원으로부터 침팬지들을 플로리다의 침팬지 보호 구역 세이브더침스save the chimps로 보내라는 명령을 얻고자 했지만, 모두 기각되었다. 범고래와 코끼리에 대한 청구 결과 역시 다르지 않았다. 개인의 소유물이었던 토미와 키코에 대해서는 '동물은 인신보호영장에 의한 구제를 목적으로 인격체로 여겨진 적이 없으며, 주법이나 연방법상에서 명확히 인격체나 권리능력의 주체로 여겨진 적이 없다. 침팬지에게는 권리에 수반되는 책임을 수행할 능력이

**　'당신에게는 신체가 있다that you may have the body'는 뜻의 라틴어이며 주로 인신보호영장으로 번역한다. 국내에도 이와 비슷한 인신보호제도가 있다. 인신보호법에 의하면 위법한 행정처분이나 개인에 의해 부당하게 수용시설에 갇혀 있는 개인 또는 그 법정대리인·후견인·배우자·직계혈족·형제자매·동거인·고용주, 수용시설 종사자 등은 피수용자를 수용하고 있는 시설의 장 또는 운영자를 상대로 법원에 인신구제청구를 할 수 있다. 소송에서 수용해제 결정을 받으면 즉시 수용시설에서 나올 수 있다.

없고, 침팬지를 포함한 동물들에게 어느 정도의 보호를 제공하는 다른 법 조항이 존재한다'는 이유로 기각되었다. 다만 침팬지를 위한 법적 보호를 강화하도록 입법부를 설득해보라고 조언하였다. 대학 실험실에 있던 허큘리스와 리오에 대한 청구도 마찬가지로 기각되었다. 그러나 이 사건을 다룬 영화 〈철장을 열고Unlocking the Cage〉(2016)가 반향을 일으켜 침팬지들을 풀어줘야 한다는 여론이 거세지자 허큘리스와 리오가 있던 연구소는 그들이 '보유'하고 있던 220명의 침팬지 모두를 조지아의 침팬지 보호 구역으로 이주시켰다.

아르헨티나에서도 비슷한 움직임이 있었다. 1993년 과학자와 활동가들이 대형유인원프로젝트Great Ape Project를 발족하고, 생명권과 자유권, 물리적 가학 행위를 당하지 않을 권리를 대형 영장류의 기본권으로 제시했다. 20년 뒤인 2013년에는 부에노스아이레스동물원에서 20년을 갇혀 지낸 오랑우탄 '샌드라'에 대해 인신보호영장을 청구했고, 재판관 전원은 '(샌드라가) 비인간인격체로서 일정한 기본권을 가지며, 그중에는 자유를 누릴 권리, 억류의 고통을 당하지 않을 권리가 포함된다'는 데 동의하고 샌드라를 보호 구역으로 이송해야 한다고 판시했다. 다만 이때의 권리는 '인간에 의해 잔혹 행위를 당했을 때로 한정한다'는 단서가 달렸다. 부에노스아이레스 동물원은 '이러한 억류 상황이 동물들에게 굴욕적'이라고 폐장을 선언한다. 3년 후인 2016년에는 멘도사동물원에서 20년을 갇혀 지낸 침팬지 '세실리아'에 대해 인신보호영장이 청구되었다. 이 소송에서 재판부는 '(세실리아를) 6개월 안에 침팬지 보호 구역을 옮길 것을 명령했고, 동물을 물건으로 분류하는 것은 옳은 기준이 아니'라면서 동물이 보편적인 차원에서 비인간인격체임을 확인하였다. 멘도사주 법원은 '이는 동물에게 인간과 동일한 권리를 부여하느냐의 문제가 아니라, 그들이 살아 있고, 지각하는 존재로서 법인격을 가진다는 사실, 그리고 그들이 각자의 종에 적합한 환경에서 나고 살고 자라고 죽을 기본적인 권리를 가진다는 사실을 확정적으로 수용하고 이해하느냐의 문제'라고 설시하였다.

인도에서는 황소를 학대하여 길들이는 인도 전통 행사인 '잘리카투JALLIKATTU'*의 위법성을 묻는 소송에서 인

---

* 잘리카투는 인도 타밀나두주에서 행해지는 투우 스포츠이다. 사람인 참가자들이 황소의 등을 맨손으로 잡고 매달리며, 황소는 벗어나려고 시도한다. 황소를 흥분시키기 위해 칼로 상처를 내거나 꼬리를 꺾고, 술을 먹이기도 한다. 황소의 등에 난 혹을 일정 시간 붙잡고 있으면 승리하게 된다. 잘리카투에서 참가한 사람과 동물 모두 부상당하거나 사망하는 사건이 발생하면서 인도동물복지위원회는 잘리카투 금지 소송을 제기했으며, 2014년 인도 대법원은 잘리카투를 전면 금지하라는 판결을 내렸다. 그러나 금지에 반대하는 사람들의 대규모 시위가 벌어졌고, 2017년 타밀나두주에서는 잘리카투를 계속할 수 있는 조례가 새로 제정되기도 했다. 연방법률과 주법률, 동물학대와 전통수호가 충돌하고, 집권당 교체에 무력시위까지 더해져 지금까지도 법과 정책이 엎치락뒤치락하고 있다.

도 헌법 제21조의 보호 대상을 모든 동물로 확대하는 판결이 내려졌다. 법원은 황소가 '건강하고 청결한 환경에서 살아가고, 인간에게 매 맞거나 차이거나 극심한 고통을 당하지 아니하고, 억지로 술을 마시거나 군중의 고함과 야유에 둘러싸인 채 좁은 구획 안에 서 있도록 강요받지 아니할 헌법상의 권리를 가진다'고 하였다. 이후 인도에서는 코끼리, 개, 닭, 말, 조류에 대한 소송이 차례로 제기되었다. 서커스 동물을 학대한 사건에서는 '동물에게 연민을 보이는 것뿐만 아니라, 그들의 권리를 인정하고 보호하는 것 역시 우리의 기본적 의무이다. 인간에게 기본권을 누릴 자격이 있다면 동물 역시 그러하다'고 판시하였다. 2013년에는 돌고래에 대해서도 '(돌고래는) 비인간인격체로서 그 고유한 권리를 누려야 하며, 오락을 위해 그들을 억류하는 행위는 도덕적으로 용납할 수 없다'면서 돌고래쇼 관행을 금지하였다.

권리능력, 당사자적격, 법인격, 그 무엇이라 부르든 동물, 자연물에게 그 권리를 부여하려는 노력은 계속되고 있으며, 세계적으로 법 영역에서의 반종차별 운동(동물법 운동)은 인종차별이나 성차별에 맞서는 운동만큼이나 뜨겁다. 다른 소수자 운동의 경우 서구에서 일어난 수십 년 전 역사를 더듬어가며 우리 사회에 대입하곤 하지만, 동물법 운동은 동시대에 벌어지고 있는 만큼 생동적인 현장을 목격하게 된다. 스위스 바젤 주에서는 국민발안으로 주 헌법에 '영장류의 생명과 육체·정신적 완전성에 대한 권리를 보장한다'는 내용(제11조 제2항)을 추가하는 개헌을 시도하였으며,[23] 철옹성 같았던 미국에서도 법원이 2021년 해외 소송의 이해관계인interested person으로서 하마들의 청구를 받아들이면서 동물의 법인격을 인정하는 첫발을 뗐다. 오하이오주 법원이 콜롬비아 마그달레나강 유역에 거주하는 하마들을 법적인격체legal person로 인정한 것이다. 이 하마들은 콜롬비아의 마약왕 파블로 에스코바르가 개인 동물원에 들여왔던 하마 4명의 후손으로, 에스코바르가 1993년에 사살된 후 동물원에서 탈출해 마그달레나강 유역에 정착하였다. 80여 명으로 늘어난 하마들로 인해 생태계 교란 등의 우려가 커지자 정부는 개체 수 조절 방안을 모색했고, 살처분을 막기 위해 콜롬비아의 하마들은 소송을 제기했다. 콜롬비아가 동물들의 법인격을 인정하고 있기에 가능한 일이었다. 하마들을 대리하는 변호인들은 미국 오하이오주 법원에 오하이오주에 거주하는 야생동물 전문가 2명의 진술 청취를 요구했다. 미국은 해외 소송의 이해관계인이 미국 내 진술 청취를 요구하는 것을 허용하고 있는데, 법원이 이를 받아들였다는 것은 하마를 법적 인격체로 인정한 것으로 해석할 수 있다.[24]

의인화라는 함정

세계(인)사에서 동물에게 법인격이 인정되는 것은 거스를 수 없는 시간의 문제인 듯하다. 그러나 법과 제도는 인간이 만들었으므로 동물은 법의 적용을 받는 자, 즉 수범자受範者가 될 수밖에 없고, 동물을 대리하거나 대변하는 것도 인간인 현실인 만큼 우리에게는 법인격을 부여하는 것보다 나아간 논의들이 필요하다. 법인격이 인정된다고 하여 절벽에 가깝도록 기울어진 운동장, 인간 중심으로 설계되어 인간이 의존할 것들로만 가득 찬 사회에서 동물은 자신의 의사/입장을 스스로 설명하고 설득하는 자력구제를 기대하기 어려운 상황을 마주하기 때문이다. 그럴 때는 누군가 대신 나설 수밖에 없고 그것은 인간의 경우도 마찬가지인데, 이때 나서는 것이 대표적으로 변호사다. 변호사는 먼저 의뢰인과 상담을 한다. 만나서 이야기를 듣고, 객관적 정황을 살피고, 의뢰인의 요구를 이룰 수 있는 방법을 고민하고, 실패하면 다시 대안을 모색하는 행위를 반복한다.

그런데 의뢰인의 의사를 파악하고 그가 처한 문제 상황을 해결하는 과정이 반드시 인간의 말과 글로 이루어져야 하는 건 아니다. 우리는 비언어적 표현으로도 상대의 감정과 의사를 충분히 읽어낼 수 있으며, 이는 동물에 대해서도 마찬가지다. 예를 들어 2018년 동물원에서 사살당한 퓨마를 대신해 국정감사에 벵갈고양이가 불려 나온 적이 있다. 벵갈고양이는 영문도 모른 채 케이지에 갇혀 원치 않는 주목을 받고 플래시 세례를 겪어야 했다. 일반적으로 고양이는 낯선 장소와 사람을, 갇히는 것을 싫어하므로 만약 벵갈고양이가 인간의 말을 한다면 "당장 여기서 꺼내줘. 안전한 곳으로 갈래"라고 말했을 것이라고 어렵지 않게 짐작할 수 있다. 그러나 그 '말'을 하지 않았다고 해서 우리는 벵갈고양이가 원하는 것을 알 수 없는 걸까. 사진에서 드러난 바짝 웅크린 자세, 삐죽 선 털, 쫑긋 세운 귀, 동그랗게 치켜뜬 눈, 힘없이 내린 꼬리는 보이지 않는 걸까. 사실 국정감사에 불려 나온 벵갈고양이는 다른 동물들에게 미안할 정도로 가벼운 예시다. 구제역을 명분으로 산 채로 매장되는 소와 돼지, 강제로 거세당하고 그 표시로 귀 끝이 잘린 고양이, 병뚜껑, 라이터, 칫솔로 위장이 가득 찬 어린 알바트로스, 비닐봉지를 삼키고 코에 빨대가 꽂힌 바다거북, 산 채로 쓸개즙까지 갖다 바쳐야 하는 곰, 동물원에서 사살된 퓨마가 무엇을 원하는지 우리는 정말 모른다고 말하며 치워버려도 되는 걸까.

이럴 때 곧바로 등장할 만한 것이 인간이 아닌 것을 인간의 속성에 빗대어 보는 방식인 의인화다. 내가 벵갈고양이의 심적 상태를 짐작한들, 그것을 '과학적으로' 증명하는 것은 여전히 쉽지 않다. 요즘에는 고양이나 돼지의 소리를 AI의 학습을 통해 인간의 언어로 번역해주는 애플리케이션도 있다지만, 그 결과가 누구에게나 신빙성 있게 받아들여지는 것은 아니다. 동물이 뭘 원하고 뭘 싫어하는지, 어떤 결정이 동물의 이익에 부합하고 반하는지를 알 수 없으며, 인간이라는 필터를 거쳐 조작된 것일 뿐이라고 받아들이는 사람들도 많다. 따라서 의인화는 동물을 대변한다고 할 때 쉽게 비판받는 방법이자 조심히 접근해야 할 문제로 지적되곤 한다. 동물이 원하는 바가 무엇인지, 무엇이 동물에게 최선의 이익인지 어떻게 알 수 있으며 인간이 아무리 동물의 입장에서 추측한다 한들 그 결론조차 인간중심적인 것이 아니냐는 문제 제기를 피할 수 없다.

그런데 엘리자베스 토머스Elizabeth Thomas의 책《개와 함께한 10만 시간》은 의인화에 대한 다른 시각을 보여준다. 인류학자인 토머스는 책 제목처럼 11명의 개들과 오랫동안 함께 살면서 개의 '의식'에 대해 기록했다. 책의 서문에서 그녀는 늘 인간이 아닌 존재의 의식으로 들어가고 싶었다고 고백한다. 개에게는 세상이 어떻게 보이며, 소리는 어떻게 들리고, 냄새는 어떻게 맡아지는지, 개의 마음속으로 들어가 무슨 생각을 하며 무엇을 느끼는지 알고 싶었고, 또 개가 나를 보며 자신과 다른 존재가 아닌 같은 존재로 보기를 원했다고 말한다. 동물과 생활하는 인간이 드물지 않게 하는 생각이지만, 그녀는 그것을 실행에 옮겼다. 개들의 삶을 기록하는 프로젝트를 시작하면서 그녀는 개들에게 어떤 '훈련'도 시키지 않았다. 집 안에서 생활하는 방법이나 이름을 불렀을 때 다가오게 하는 일을 자신이 따로 알려줄 필요가 없다고 생각했다. 그럼에도 어린 개들은 늙은 개들을 따라 했고, 집 안에서 생활하는 법을 완벽하게 익혔으며, 모든 개가 부르면 자연스럽게 다가왔다고 한다. 개들로 하여금 그녀가 무엇을 원하는지를 알게 하기보다는, 개들이 원하는 것 그대로를 보려고 했다고 밝힌다. 그러한 자세를 잃지 않고 개들과 함께한 일상, 여행, 삶, 죽음을 포함한 10만 시간의 여정을 담담히 그러나 집요하게 옮긴다.

토머스는 서문에서 의인화에 대해 언급한다. '동물의 의인화'는 비과학적·감상적이어서, 객관적인 학문을 하는 데 부적절하다는 사고가 팽배하던 시절이 있었다고. 동물권의 관점에서는 동물의 행동이나 감정을 묘사하거나 설명할 때 인간의 사고와 언어로 해석하고 표기하는 것이 너무도 인간중심적인 의미에서 의인화하는 것이 아니냐고 바꿔 물을 수도 있겠다. 토머스는 의인화한 관찰과 평가가 잘못되었다고 여겼던 것은 과학자들조차 과거에는 인간만이 생가가 감정이 있다고 믿었던 탓이며, 어떤 동물을 연구할 때 앞서 충분히 연구된 다른 동물, 즉 인간에 대한 연구를 활용하는 것은 매우 유용하다고 주장한다. 의인화의 문제는 인간만이 이성과 영혼이 있다고 믿던 시절에 인간과 동물을 거칠게 '동일시'하면서 발생했다는 것이다. 지금은 동물을 연구하는 어떤 이론가나 활동가도 인간과 동물을 함부로 동일시하지 않는다. 오히려 인간에 대한 경험과 연구를 토대로 더욱 섬세하게 접근하고 균형을 잃지 않으려 애쓴다.

생물학자인 버지니아 헤이슨Virginia Hayssen과 테리 오어Teri J. Orr도 인간이 많이 연구된 포유류이기 때문에 다른 포유류가 우리를 위한 모델계로서 훌륭한 것 이상으로, 인간은 다른 포유류를 이해하기 위한 훌륭한 모델계라고 말한다.[25] 동물행동학자 마크 베코프Marc Bekoff는 동물연구에 정해진 방법은 없다면서, 동물의 행동을 연구할 때 동물의 의인화란 인간이 아닌 동물들에게 인간의 특성으로 묘사되는 사고, 기쁨, 슬픔, 당황, 질투 같은 단어들을 사용하여 동물들을 설명하는 것이며, 이는 동물에 대한 정보를 인간이 이해할 수 있는 형태로 만드는 거의 유일한 번역 도구라고까지 말한다.[26] 불확실성을 인식하면서 그 동물의 생태와 습성과 감각기관을 연구하고 조심스럽게 과학적 주장을 펼쳐나가는 것을 그는 생태중심주의적 의인화라고 한다. 베코프는 의인화를 긍정하면서도 동물의 감정을 인간의 언어로 전달할 때 번역자로서 최선을 다해 감정의 주체는 동물이라는 관점을 유지할 것을 당부한다.

　이러한 관점은 동물권의 실천적 측면에서도 일견 수긍할 수 있다. 애초에 동물을 의인화하여 인식하지 않았다면, 자칫 철저히 타자화된 시선에서 동물권 운동이 촉발될 수도 있었을 것이다. 그렇지만 번역 과정에서 발생할 수 있는 오류의 가능성을 순진하게 배제하는 것은 아니며, 여전히 우려되는 지점도 많다. 번역자로서 최선을 다해 동물의 관점을 유지한다는 건 무엇일까. 인간이란 갑피에 갇혀 있는 한 인간의 사고와 감정을 넘어서는 어떤 것을 상상하기란 쉬운 일이 아니다. 상상에 의한 해석에 쉽게 정당성을 부여하기도 어렵다. 동물을 연구하는 인류학자 바버라 킹Barbara J. King은《동물은 어떻게 슬퍼하는가》에서 코끼리, 침팬지, 돌고래 외에도 닭, 개, 고양이, 거북, 새, 토끼, 돼지 등이 겪는 슬픔, 사랑, 우울, 애도와 같은 감정을 다룬다.[27] 그는 책의 서문에서 자신의 연구가 의인화적인 연구임을 부정하지 않으면서도 섣불리 의인화하지 않기 위해 주의를 기울였던 점들을 나열한다. 그리고 (인간과 동물이) 공통의 플랫폼, 즉 식물과 달리 이동하며 살아가고 외부에서 영양분을 섭취해야 하는 생물이라는 데에 기초한다고

는 해도 종 특이성 행동, 서로 다른 발달사, 개체별 성격 등
이 복잡다단하게 작용하므로 그 결과는 종에 따라, 그리고
종 내에서도 천차만별이라고 말한다.*

의인화의 해체

　이러한 관점을 더 밀고 나간 예도 있다. 인류학자 레
비스트로스Claude Lévi-Strauss는 만일 아메리카 선주민에
게 '신화'가 무엇인지를 묻는다면 인간과 동물이 아직 구별
되지 않았을 시대의 이야기라고 대답할 것이라 말한다. 인
류학자 에두아르두 카스트루Eduardo Viveiros de Castro는 신
화에서 동물과 인간은 아무런 제약 없이 서로의 모습으로
자유자재로 변신하고, 그것은 동물과 인간에게 다르지 않
은 인격이 있음을 보여준다고 한다. 따라서 신화들은 과거

　　*　킹은 동물의 슬픔을 동물의 사랑에 대한 강력한 지표로 해석한다. 동
시에 '사랑'이라는 용어를 동물 간의 관계에 거리낌 없이 적용하는 것은 커다란
실수가 될 수 있다고 경계한다. 동물을 과도하게 의인화하다가는 중요한 차이점
을 놓칠 수 있기 때문이다. 가령 침팬지 둘이 늘 함께 움직이고, 함께 쉬고, 서로
의 털을 골라주는 모습에서 우리는 사랑의 감정을 발견할 수도 있지만, 이를 습
관적인 어울림이나 자원 획득에 필요한 전략적 동조로 볼 수도 있고, 그 모든 것
의 복합으로 이해할 수도 있다. 그러나 만일 이들이 이별이나 죽음으로 떨어져야
할 때 슬픔의 징후를 포착할 수 있다면 이를 사랑으로 볼 수도 있다는 것이다.

에 동물에게 인격이 있었던 흔적이 되고, 그런 의미에서 인간이 과거에 동물이었던 것이 아니라 동물이 과거에는 인간이었고, 존재하는 모든 것에 인격을 부여함으로써 평등하게 바라보았다고 서술한다.[28] 예를 들어 퇴근 후 맥주를 마시는 인간을 보면서 재규어는 '사냥 후 신선한 피를 마시고 있군', 버섯구이를 먹는 인간을 보면서 검은 독수리는 '구더기를 참 맛있게도 먹는군'이라고 생각할지도 모른다. 종교학자이자 인류학자인 나카자와 신이치中沢新一도 신화를 통해 존재 간의 대칭성을 규명하려고 시도한다. 그는《대칭성 인류학》에서 인간과 자연, 인간과 신이 평등한 존재였던 시대를 대칭성 사회라 명명한다. 이 시대를 지배하던 야생의 사고(신화적 사고)를 인간의 무의식을 작동시키는 원리로 치환하고, 인간의 마음에는 현실 세계의 다양한 비대칭적 관계를 대칭적으로 만들려는 태도가 내재해 있다고 설명한다.

생물학자이자 철학자인 도나 해러웨이Donna Haraway는 또 다른 시각을 제시한다. 그는《반려종 선언》에서 개와 인간의 관계를 집중적으로 탐구하며, 서로 다른 배경과 양식, 특질을 가진 이질적인 존재자들이 '어떻게 함께 살 것인가'를 묻는다. 그는 반려견인 미즈 카이엔 페퍼와 딥키스를 나누며 수많은 세포를 공유하고 개의 장애물 경주인 어질리티Dog agility를 하며 함께 리듬을 만들어 나간다. 해러웨이가 제시하는 개념인 반려companion는 어원적으로 빵을 나누는 가까운 관계이자 소중한(중요한) 타자significant other라는 의미인데, 이때의 반려자는 혈족일 필요도, 동종이나 동류일 이유도 없다. 해러웨이의 반려종 개념은 생물학·철학·기호론·정신분석학적 의미를 가진다. 진화생물학적으로 개와 인간은 함께 공진화coevolution하였고, 철학적으로 차이를 상징해온 '종'은 어떤 것들과 반려할 수 없고 어떤 것들과 반려할 수 있는지를 나누는 기준이 되었다. 반려종 개념은 물질-기호론적으로 '밥'을 나누고 '몸'을 나누는 '물질성'을 포함하는 기호를 가지며, 정신분석학적으로 미국의 개 문화에서 반려종은 욕망과 상품, 혹은 불평등한 노동을 의미한다고 진단한다. 이런 의미에서 반려종은 동거, 공진화, 종의 경계를 넘어 구현되는 공생체이고,[29] 이처럼 개와 인간이 서로에게 반려종일 뿐이라면 굳이 다른 종에 대해 인간종에 빗대어 생각할 필요도 없다고 볼 수 있다.

　앞의 사유들을 조금 더 밀고 나가 나는 존재하는 것은 '괴-물'밖에 없다고 말하고 싶다. 우리가 흔히 괴물을 무섭다고 생각하는 이유는 힘이 세고 외형이 괴이해서가 아니라, 그것이 무엇인지 정의내릴 수 없고 무엇을 할지 알 수 없는 미지의 영역에 있기 때문이다. 길을 가다 소설《프랑켄슈타인》속 괴물을 맞닥뜨린다면 인간인지 기계인지 알 수 없는 외양에 혼비백산하여 달아날지도 모르지만, 그의 탄생 과정와 삶의 여정을 알게 되면, 즉 크리처creature[*]를 설명할 수 있게 되면 그것은 더 이상 괴물이 아니게 된다. 오히려 그를 측은하게 생각하며 다가가게 될지도 모른다. 마찬가지로 우리 생태계에도 규정할 수 없는 많은 존재가 있다. 일정한 때가 되면 뇌를 비롯한 운동기관들을 퇴화시키고 수생식물이 되는 척삭동물 우렁쉥이(멍게)는 식물과 동물이라는 규정 형식에서, 유어기-번식기-성장기에 따라 남성-여성-남성-여성으로 성을 변환하는 리본장어는 남성과 여성이라는 규정 형식에서 벗어나는 존재다. 이러한 존재들은 우리에게 혼란을 안겨준다. 동물인지 식물인지 알 수 없는 멍게와 남성인지 여성인지 알 수 없는 리본장어는 명쾌하게 정의 내릴 수 없고, 고정된 무엇으로 설명할 수 없다는 점에서 괴-물과 닮았다. 그래서일까, 우리가 표상하는 대부분의 괴물은 대개 인간을 포함하여 동물, 식물, 곤충, 미생물, 심해생물의 모습을 일부씩 차용하거나 성에 대한 여러 이미지를 동시에 가진 형상들이다.

　'중요한 것은 인간을 구성해내는 것이 아니라 해체하

---

　[*]　'프랑켄슈타인'은 소설《프랑켄슈타인》에 나오는 괴물의 이름이 아니라, 괴물을 창조한 과학자의 이름이다. 괴물은 이름이 없으며, 작품 내에서 '몬스터' 또는 '크리처'라고 불린다.

는 것'이라 했던 레비스트로스의 말을 생물학적으로 따라가 보면, 인간의 몸을 구성하고 있는 세포 중 인간 고유의 게놈은 극히 일부다. 인간과 침팬지의 게놈이 98.8%가 동일하다는 것은, 달리 말하면 1.2%를 제외하면 인간이라 할 만한 것이 없다는 의미다. 인간을 구성하는 것의 대부분은 박테리아, 바이러스, 균류이므로, 결국 '인간'의 실체는 세포 속 수십 조 개의 미생물들이 지지고 볶는 일상이다. 우리가 그동안 확고한 개체라 믿어온 동물, 식물, 곤충 중 미생물과 결합하지 않고, 혹은 실체를 공유하지 않고 살아갈 수 있는 존재자는 단언컨대 없다. 만일 그런 존재가 있다면 섭취하는 음식을 소화하거나 면역체계를 유지할 수 없다. 이러한 사실을 상기할 때 모든 유기체는 사실 우리가 인지하지 못했을 뿐 수많은 이질적인 존재자들과 부대끼고 있는 거대한 공생체라고 보아도 무방하다. 인간중심주의를 반성하고, 탈인간중심주의적 관점에서 비인간존재들과의 관계를 다시 성찰해야 한다는 포스트휴먼 담론보다는, 순수하고 고유한 어떤 것이 존재하는 것이 아니라 n개의 작고 이질적인 것들이 접속하고, 분리하고, 호혜하고, 적대하고, 유지하고, 변화하는 괴-물들이 세상을 이루고 있다는 것이 현실에 가깝지 않을까. 여기까지 도달하면 의인화에 대한 논의는 더 이상 무의미할지도 모른다.

'투명한 어둠'에 갇힌 동물

그러나 당장 수조에서 중노동하며 죽어가는 돌고래 쇼장 앞에서, 개식용 문제를 해결하기 위해 육견협회와 둘러앉은 회의장에서, 동물원이 망하자 산에 유기된 동물들을 앞세운 법정에서 의인화의 문제에서 출발해 혼종적 존재로서의 괴-물에 대한 논의에 이르는 이야기를 하고 있을 수만은 없다. 일상정치의 장에서 우리는 좋든 싫든 특정 동물을 대리해야 할 숙명적 위기에 당면한다.

그런 의미에서 두 번째 문제는 '능력'이다. 가야트리 스피박Gayatri Spivak의 그 유명한 〈서발턴은 말할 수 있는가?〉는 제목부터 매우 도전적이고 직관적인 질문을 던진다. 원래 군대 내의 하급 사관이나 낮은 서열에 있는 자를 가리키는 말인 서발턴subaltern은 안토니오 그람시Antonio Gramsci가 《옥중수고》에서 헤게모니hegemony*를 장악한 지배 세력을 제외한 노동자, 농민 등을 가리키는 하위계급subaltern classes을 지칭하는 용어로 사용하면서 널리 쓰이게 되었다. 이후 라나지트 구하Ranajit Guha 같은 인도 중심의 서발턴 학자들에 의해 서발턴의 범위가 확장되었고, 엘리트 계급을 제외

---

* 어떤 집단을 주도할 수 있는 권력이나 지위이자 어느 한 지배 집단이 다른 집단을 대상으로 행사하는 정치·경제·사상·문화적 영향력을 말한다.

한 나머지 인민, 민중을 의미하게 되었다.[30]

동물권을 이야기하기 위해 서발턴 개념을 가져온 것은, 스피박에 따르면 서발턴이라는 용어는 엄밀한 계급 분석에 빠져들지 않고 상황에 따라 유연하게 사용될 수 있는, 그런 의미에서 이론적 엄격성을 지니고 있지 않은 개념이기 때문이다. 그렇지만 동시에 서발턴 개념은 지극히 상황적인situational 것이어서, 각 서발턴이 등장하는 맥락과 차이와 상황들을 구체적으로 드러내야 설득력을 갖는다. 예컨대 서발턴은 누구이며 무엇인지, 그들이 어떤 맥락에서 서발턴이고 어떤 특성과 차이를 갖는지, 그들은 어떻게 정치적 주체로 설 수 있는지 등 복잡한 문제들을 해명해야 한다. 그럼에도 불구하고, 오히려 그렇기 때문에 나는 동물을 서발턴으로 명명하고 싶다.

서발턴은 지배계급의 헤게모니 문화와 언어에 종속되어 끊임없이 규정되고, 스스로 획득했다고 여겨지는 자율성마저 지배집단에 예속된다[31]는 그람시의 말을 들으면 눈앞에 동물들이 선연해진다. 또한 서발턴은 실재하지만 대체로 문해 능력이 낮았기 때문에 자신들의 역사를 기록하지 못했고, 그렇게 역사에 남지 못해 오랫동안 복원되지 못했다는 부분 역시 조심스럽지만 동물과 연결된다. 서발턴이 말과 글, 역사를 잃었다면 지금의 동물 서발턴은 어떨까. 스피박은 서발턴에 대해 훨씬 더 깊은 어둠이라 표현하지만, 나는 차라리 투명한 어둠이라 하겠다. 동물들이 갇혀 있는 어둠은 투명해서 어둠조차 인지되지 않는다. 스피박이 제기한 '서발턴은 말할 수 있는가'라는 물음은 그들의 문해 능력, 장애 여부를 묻는 것이 아니라 '그들에게 말할 권리가 있는가'를 묻는 것인데, 내게는 이러한 질문이 인간으로 하여금 동물에 대해 '들을 수 있는 능력이 있는가', '응답할 수 있는 능력이 있는가'를 묻는 것으로 다가왔다. 즉 우리가 동물은 말할 수 있는가를 물을 때, 인간은 들을 수 있는가를 함께 물어야 한다.

스피박은 서발턴에 이어 외부의 어떤 것이 다른 것을 '대리하기'를 의미하는 대리representation 개념을 제시한다. 제3세계 여성 서발턴이 '대리될 수 있는가'를 묻는다면 모든 해방의 정치와 사상의 기저에는 '대리하기'의 문제가 남는다. 서발턴을 복원하는 과정에서조차 대리의 주체와 대상은 나뉘고, 대리의 주체에 의해 대상의 서사는 왜곡되고 은폐되기 십상이다. '동물은 누구이고 무엇인가, 동물은 어떤 맥락에서 서발턴인가, 동물은 어떤 특성을 갖는가, 동물은 재현될 수 있는가, 동물은 어떻게 기록될 수 있는가, 동물에게 권리가 있는가, 동물은 정치적 주체로 설 수 있는가'라는 일련의 질문들은 모두 대리의 문제를 내포하고 있다. 게다가 개 서발턴이라 하더라도 반려동물인 개와 실험동물인 개, '고기'로 길러진 개는 각기 다른 서사를 가진다. 반려동물 개에 의해 '고기'로 길러진 개가 온전히 재현되기 힘들뿐더러, 실험실에서 가정으로 입양되었다가 개 농장으로 팔려 간 중첩적 경험을 한 개를 재현하고 기록하는 일이 가능하긴 할까. 그래서 스피박은 서발턴 개념이 유연하다고 하면서도 포괄적이거나 범박하게 쓰이는 것을 경계한다. 하위적 혹은 교차적으로 수없이 분열된 서발턴들이 처한 다양한 사회적·역사적·문화적 구조와 이데올로기적 맥락, 최대한 덜 오염된 재현 가능성 등에 대해 세심하게 들여다볼 것을 주문하며, 그 방편으로 객체보다 주체의 자리에 놓인 단어를 바꿔볼 것을 제안한다. 스피박은 서발턴의 자리에 중층적으로 억압된 제3세계 여성을 세웠지만 나는 실험실에서 가정으로 입양되었다가 개 농장으로 팔려 간 중첩적 경험을 한 개에게 서발턴의 자리를 내어줄 것이다.

대리의 조건들

그렇다면 서발턴이 해방의 주체, 정치의 주체가 되는 것은 어떻게 가능할까. 만일 내게 그들을 대리하는 역할이

주어진다면 어떻게 대리할 수 있을까. 해러웨이 역시 스피박처럼 대리의 정치가 갖는 위험성을 매우 우려한다. 해러웨이에게 대리의 정치란 '말 없는' 자연물에 대한 대리자를 전문가에게 맡기는 것을 뜻하며, 이때의 대리자는 대개 그 이슈와 무관한 자들이다. 편파적인 판단에서 자유롭다는, 즉 객관적이고 공정하리라는 기대로 마치 합당한 것처럼 보이지만 이해와 무관하다는 것은 그 문제에 가장 무심할 수도 있음을 의미하므로 그들에게 대리를 맡기는 것은 커다란 리스크를 감수해야 하는 일이 된다. 특히나 '말 없는' 또는 '말할 권리가 없는' 존재를 대리할 때 대리자가 그에게 얼마나 많은 힘을 쏟을지 의심하는 것은 지극히 합리적이다. 해러웨이는 그래서 대리의 정치와 구분하여 절합 articulation의 정치를 제안한다. 대리는 이해당사자를 배제하고 객관성을 내세우지만, 절합은 그와 반대로 특정한 연결을 표방한다. 뼈들이 관절로 연결된 형상을 생각하면 쉬운데, 여기서 무엇과 연결되느냐가 명료한 차이를 만든다.[32] 따라서 같은 전문가라 하더라도 때에 따라 대리의 정치가 될 수도, 절합의 정치가 될 수도 있다.

스피박과 해러웨이가 대리의 위험성을 경계한다고 해서 모든 대리를 부정하는 것은 아닐 것이다. 스피박은 대타자로 허술하게 묶어버리는 방식으로는 서발턴이 온전히 대리될 수 없음을 지적하는 것이고, 해러웨이도 당사자의 문제에 이해관계가 없는 사무적인 전문가에 의한 대리를 우려하는 것이겠다. 그렇지 않으면 당사자의 지위에 서야만 문제에 개입할 수 있고 오로지 당사자만이 말할 수 있다고 해야 하는데, 그런 당사자주의는 불가능하고 타당하지 않으며, 존재하지도 않는다고 감히 말할 수 있다. 주인의 대리 없이 노예가, 남성의 대리 없이 여성이, 어른의 대리 없이 아동이, 비장애인의 대리 없이 장애인이, 오로지 그들의 목소리와 힘만으로 권리 투쟁이 가능했을까. 그렇지 않다는 것을 인정한다면, 우리는 주체와 대상이 반전될 수 있는, 여러 층위에서 연대의 의미를 갖는 대리를 상정할 수 있다. 물론 그 과정은 어김없이 논쟁을 수반할 것이다. 그러나 그것을 두려워해서 지식인이 재현하는 서발턴, 전문가가 대리하는 서발턴에 의지한다면 드러나야 할 많은 것들을 가리는 결과를 초래하고 말 것이다.

그렇다면 피할 수 없는 대리에 어떻게 최대한 덜 오염된 방식으로 참여할 수 있을까? 대리하는 일이 직업인 나로서는 실존의 문제이기도 하다. 여기서 1장에서 소개한, 인간만이 유일하게 모든 생명체의 책임자가 될 수 있고 동물과 인간 모두를 위한 정의는 인간에 의해서만 발의(발화)될 수 있다는 펠뤼송의 주장을 대리의 정치에 가져오고 싶지는 않다. 대신 내 나름대로 대리의 조건들을 정리해보고 싶다.

첫째, 동물재판이 성행하던 중세로 돌아가든 동물의 마음을 읽는 번역기가 발명되든, 가능한 대리라는 것은 인간의 언어(문자만을 의미하는 것이 아니라 이미지, 음성, 영상, 행위, 캠페인, 과학기술을 이용한 다양한 매체들을 포함한다)를 이용하는 형태가 될 것이다. 이것이 동물의 문제를 인간사회의 문제로 환원하려는 것으로 보일 수도 있으나, 이렇게 상정하는 가장 큰 이유는 인간의 언어를 사용해야 주요 이해관계자인 인간 상대방을 설득할 수 있기 때문이다. 법에서의 대리代理란 본인이 아닌 제3자가 본인을 위하여 대신 법률행위를 하는 것을 말한다. 특히 민법에서의 대리란 대리자가 본인의 이름으로 의사표시를 하거나 받음으로써 그로부터 발생하는 권리의무가 모두 본인에게 귀속되는 것이다. 나는 법의 언어를 쓰는 것을 선호하는 편은 아니지만, 이를 언급하는 이유는 '본인을 위한'이라는 문구 때문이다.* 이 문구는 다양하게 해석될 수 있는데, 본인에게 권리의무의 효과가 귀속됨을 의미하기도 한다. 이는 동기도 없고 과정도 생략된, 정확히 해러웨이가 말한 전문가에 의한 대리의 관점이다. 그렇지만 대리의 변론이 아닌 대리의 정치라고 한다면 '본

* 민법 제114조(대리행위의 효력) ① 대리인이 그 권한 내에서 본인을 위한 것임을 표시한 의사표시는 직접 본인에게 대하여 효력이 생긴다.

인을 위한'이라는 문구는 조금 다르게 보이기 시작한다. 옹호자advocate로서의 의미에 더 힘이 실리게 되고, a가 단순히 a로 전달되는 것이 아니라 대리 행위에 의해 a' 또는 a+로 이행할 여지를 열어주기도 한다. 이것은 또한 레건이 말했던 선호이익과 복지이익에 관한 이야기이기도 하다.

둘째, 일반적으로 사람은 기질과 경험의 한계로 인해 한 가지 관점을 가지기 쉽기 때문에 한 사람에 의한 대리는 적절하다고 보기 어렵다. 요즘은 행정기관에서도 지역에 개입해야 할 사안이 발생하면 솔루션 회의라는 걸 열어서 담당 사례관리사, 경찰, 사회복지사, 공무원, 의료인, 법률가 등이 모여 이른바 다학제적 접근을 시도한다. 물론 여기에 당사자를 대변할 옹호자가 있는지는 다른 문제이지만, 다양한 관점이 필요하다는 점은 동의하는 셈이다. 해러웨이가 말한 절합의 정치에서, 펠뤼숑의 자연과 생명체의 의회나 과학기술학 연구자이자 철학자인 브뤼노 라투르Bruno Latour의 사물의 의회Parliament of Things*에서 단수의 절합, 단수의 의회를 상상하기는 어렵다. 단순히 숫자만의 문제가 아니다. 다양한 층위의 다양한 이해를 가진 자들이 둘러 모인 정치의 장에서 기계적인 중립, 보편적 기준

---

* 그동안 늘 객체였던 비인간nonhumans, 준객체quasi-objects, 혼종hybrids들이 권리를 주장하고, 동맹과 협력을 고민하는 공론장을 말한다.

을 말하는 것은 사태나 문제를 어설프게 봉합하거나 그 본질을 가리게 되는 경우가 많다. 다른 소수자 운동도 마찬가지지만 동물의 정치 역시 수많은 정체성과 연대하는 능력, 내 편으로 만드는 능력을 필요로 하고, 이는 필연적으로 한쪽에 치우친 행위, 편파적인 행위가 될 수밖에 없다. 그것은 인간, 비인간을 불문한다. 당사자성을 공유하는 수많은 정체성들과 동맹을 맺고 영향력을 넓히는 힘이야말로 정치라고 한다면, 정치에 참여하는 이들에게 중요한 것은 내가 누구의 편을 드는지를 분명히 하는 것이고, 왜 이 편을 들었는지를 설명할 수 있는 것이다. 우리는 단독으로 존재하지도 않고, 그렇게 살아갈 수도 없다는 점에서 대리는 피할 수 없다. 대리 없는 말하기, 대리 없는 정치가 가능하다는 주장은 사기에 가깝다. 대신 대리의 불충분성과 불완전성을 인지하면서 지금 누구를 대리하고 누구를 말하지 못하게 하는 것인지를 분명히 해야 한다. 해러웨이는 이것을 책임accountability이라고 명명한다.

셋째, '너의 해방이 곧 나의 해방'이라는 흔한 슬로건이 지닌 구조적인 함의를 생각해볼 때, 너의 해방이 나의 해방이 되기 위해선 너의 구속/억압과 나의 구속/억압이 연결되어 있어야 하고, 같은 사회 구조 안에 있어야 한다. 누구/무엇을 대리한다는 것은 부담스러운 일이다. 내 일이 아니라 남의 일이라고 생각했을 때, 남의 일이 내게 맡겨졌을 때 더 그렇다. 그러나 앞서 말한 과학자, 철학자, 인류학자의 말처럼 나의 일이 된다면 대리는 질적인 차원에서 완전히 달라질지 모른다. 이때의 대리자란 이해공동체의 입이 된다. 대리자가 당사자가 될 수는 없지만, 오히려 제3자, 타자이면서 동시에 이해공동체의 일원이기 때문에, 다른 정체성과 신체성이라는 '차이'를 통해 동물이, 강이 말할 수 없는 것을 대리자가 더 잘 말할 수 있다고 볼 수도 있지 않을까. 단순히 입장을 수용하고 전달하는 자에서 그치는 것이 아니라, 이질적 부분들을 공감·번역하고 공생하는 자, 주체와 객체의 자리를 바꾸는 것처럼 새로운 배치를 만들어내는 이행의 선을 그리는 자가 될 수도 있을 것이다. 그 과정은 서로를 긴밀하게 연결해주고, 서로를 더 유능하게 만들어주며, 서로의 세계를 확장하거나 다른 세계로 이행하는 일이 될 것이다. 오히려 그렇기 때문에 우리는 더욱 적극적으로 대리를 요청할 필요가 있다고도 말해보고 싶다.

마지막으로 강조하고 싶은 것은 좋은 대리는 확신에 찬 대리, 절대불변한 대리와는 거리가 멀다는 것이다. 스피박이 말했듯 대타자를 설정하는 것만으로는 서발턴을 재현할 수 없으며, 대리 개념 자체가 불완전성을 갖는다. 예를 들어 동물원을 폐쇄하라고 할 때 그곳이 아니면 살아갈 수 없는 동물들, 개농장이 불법이라고 할 때 그곳에 남겨질 동물들이 지워져서는 안 된다. 확신에 찬 대리, 절대불변한 대리는 이러한 미세한 결들을 놓치게 만든다. 따라서 대리자들에게는 항상 주저하고 돌아보는 공백/틈이 필요하다. 대리의 정치에서의 대리인이 아닌 절합의 정치에서의 대리자는 이런 조건들을 통해 당사자와 연합하고 못 보던 것들을 볼 수 있게 해준다. 이런 대리의 조건들이 충족될 때, (동물) 서발턴이 말할 수 있고, (동물에 대한) 응답의 능력이 확장되며, 비로소 (동물에 대한) 대리를 긍정할 수 있을 것이다.

대리의 정치들

법학자이자 환경학자인 크리스토퍼 스톤Christopher D. Stone은 일찍이《법정에 선 나무들》을 통해 나무와 돌 같은 자연물, 나아가 전체로서의 자연환경에도 법적인 권리를 부여해야 한다고 주장했다.[33] 법원이 법적 무능력자에게 보호자conservator 혹은 수임자committee를 임명하여 그의 법적 문제를 처리할 권한을 부여하는 것처럼, 자연물이 위험에 당면할 경우 그의 안전과 이익에 관심 있는 사람이 후견인 등이 될 수 있는 제도적 장치가 있어야 한다는 것이다. 비인간인 자연에게 권리를 부여하고, 자연을 대리하는 후견인 기관을 통해 법정에서 직접 소송을 하여 그 법정 판결의 수혜자가 되도록 하고, 판결에 따른 배상금은 자연 복원·보존을 위한 기금으로 쓰자고 제안한다.[34] 법학자이자 생태학자인 클라우스 보셀만Klaus Bosselmann 역시 《법에 갇힌 자연 vs 정치에 갇힌 인간》에서 생태법치국가를 주장하며 비인간 생명체가 그들만의 이익을 위해 발전할 수 있는 권리를 존중해야 한다고 보았다.[35] 또한 환경변호사이자 유엔 인권환경 특별보고관인 데이비드 보이드David Boyd는 인간에 대한 쓸모와 무관하게 자연에 본원적인 가치가 있다는 생각은 지구적으로 빠르게 확산되고 있으며, 국제 조약 및 100여 개 국가의 국내법에 반영되어 있다고 밝혔다. 세계 대부분의 법체계가 여전히 자연(개별 동물로부터 전 생태계에 이르기까지)을 재산으로 취급하고 있으나 최근에는 이러한 법의 낡은 접근법에 균열이 생겨나고 있다는 것이다.

이와 같은 논의들에서 착안하여 실제로 법을 제정한 사례도 있다. 2017년 뉴질랜드 의회는 환가누이강분쟁해결법Te Awa Tupua [Whanganui River Claims Settlement] Act을 제정하면서 환가누이강에 법인격을 부여하였다. 환가누이강은 뉴질랜드 북섬에 있는 강으로 세계에서 세 번째로 길다. 강 주변에 사는 마오리족 공동체의 전통에 따르면 땅을 법적인 개념으로 소유하는 것은 불가능하다. 인간이 땅에 속한 것이지 땅이 인간에게 속할 수는 없기 때문이다. 마오리 언어로 'Ko au te awa, ko te awa ko au'는 '내가 강이고, 강이 곧 나다'라는 뜻이며, 'Kai tia titan ga'는 인간으로 하여금 환경의 대리인이 될 것을 요구하는 개념이다. 또한 '테 아와 투푸아Te Awa Tupua'라는 개념은 단순한 강을 의미하는 것이 아니라 '산에서 바다에 이르는 환가누이강을 이루면서 거기에 속한 모든 물리적, 형이상학적 요소들을 아우르고 분리될 수 없는 살아있는 전체'를 의미한다. 여기에는 그곳에서 태어나고 자란 사람들도 물론 포함된다. 하지만 19세기에 '신대륙'을 찾아온 유럽인들은 이들의 삶을 금세 엉망으로 만들었다. 영국 정부는 1840년대에 선주민들에게 통치권과 독점적인 토지 매입권을 행사하는 것을 보장받고 선주민들은 영국인으로서 권리를 보장받는다는 내용의 '식민지 조약'을 맺었으나, 그것은 예상하다시피 선주민들과 삶의 터전의 관계를 고려하지 않는 방식으로 이루어졌으며 제대로 지켜지지도 않았다.

억울하게 약탈당한 그들의 삶의 터전, 즉 환가누이강에 대한 권리를 지키기 위해 1870년대부터 마오리족의 집단적 투쟁은 계속되었다. 설상가상으로 뉴질랜드 정부는 1982년 강 상류에 수력 발전소 가동을 강행하였고, 강이 직선화되면서 수량은 질반으로 줄어들었다. 그 결과 땅의 침식과 함께 많은 동식물이 멸종위기에 몰렸으며 일부는 멸종에 이르렀다. 여전히 정부는 선주민들의 자연법을 무시하였고, 자원을 포기할 생각도 없었던 것 같다. 선주민들에게는 자신들과 불가분적인 관계를 맺고 있는 강과 강을 둘러싼 살아 있는 유기체인 환가누이강을 정부는 개발 가치가 있는 자원으로 보았으니 시각차가 워낙 컸을 것이다. 오랜 교착상태 중에 뉴질랜드 정부는 '물의 양을 두 배로 늘리는 것으로 충분한지', '엄청난 비용이 투입되더라도 본래의 생태계로 회복해야만 하는지'를 결정하기 위한 특별중재재판부를 설치했다. 그리고 놀랍게도 수력 발전소를 위해 이미 지출한 비용과 앞으로 기대되는 수익이 있음에도 본래의 생태계를 회복하라는 결정을 내렸다.*

인간중심적 시각에서 본다면 환가누이강은 반드시 생태계를 복원해야 할 만큼 경제적 가치가 큰 곳이 아니다. 강을 복원하기 위해 수천만 달러의 비용을 쓴다니. 결국

---

* 이는 강바닥 퇴적토를 준설하고 매립하고 나면 다시 되돌리기 어렵고, 강을 복원하려면 그보다 많은 시간과 비용이 든다는 비판에도 불구하고 22조 원을 들여 4대강정비사업을 강행한 한국과 정반대의 모습이다. '녹조라떼'로 상징되는 강의 오염은 계속 심각한데도 이후 정권에서조차 감사만 반복하면서 이렇다할 결정을 내리지 못하고 있다. 거기에는 아마 한 번 잘못된 선택을 내린 후 감당할 수 없을 만큼 발생한 비용 탓도 클 것이다.

'전기를 생산하면서 얻을 수 있는 이익'과 '강의 흐를 권리'가 맞서게 되었다고 볼 수 있다. 물론 일련의 과정에는 강과 불가분적인 전체를 이루고 있는 마오리족과 그 안의 수많은 생명들, 심지어 비생명들까지 말 그대로 거대한 공생체인 테 아와 투푸아와 동맹자들의 적극적 대리와 정치가 있었다. 그들은 전쟁을 했고, 뉴질랜드가 독립한 이후에는 의회에 들어갔으며, 협상을 했고, 춤을 추었다.** 결국 2017년, 마오리족이 승리하며 환가누이강은 150년 만에 권리와 의무, 책임 등에서 인간과 동일한 법적인 지위를 갖게 되었으며, 마오리족은 강의 흐를 권리와 주민들의 건강과 자신들의 전통을 지킬 수 있게 됐다. 권리의 객체가 권리의 주체로 이행하는, 혹은 통합되는 과정을 잘 보여주는 보여준 사례라 할 것이다. 이렇게 제정된 환가누이강분쟁해결

***   마오리족의 전통춤이자 의식인 하카Haka는 마오리인의 출전 의식의 춤이며 도전의 춤이기도 하다. 마오리 전설에 따르면 하카는 생명에 대한 찬양에서 기원한다. 보통 군무로 추었고, 부족의 자부심과 용맹, 단결력을 과시한다. 춤에는 우렁찬 구호에 맞춰 힘차게 발 구르기, 혀 내밀기, 리듬에 맞춰 몸 치기 등의 동작이 있다. 하카의 가사는 흔히 조상과 부족의 역사에 대한 시적인 묘사로 이루어진다. 주로 전장에서 전사들이 전투를 앞두고 정신적·신체적인 준비 태세를 갖출 때 췄지만, 동시에 평화의 메시지를 담고 있다. 하카를 본 상대방이 항복하면 전쟁으로 번지지 않았기 때문이다. 나는 전쟁과 의회 정치만큼이나 이들의 춤이 적극적 정치라고 생각한다. 자신들의 테 아와 투푸아로서의 정체성을 알리고, 먼저 손을 내밀고, 때로는 단호하게 적대하기도 하는 수단으로서 말이다. 하카에 대한 정보는 뉴질랜드관광청 한국어 사이트(https://www.newzealand.com/kr/feature/haka/)를 참조했다.

법의 주요 내용은 다음과 같다.

7 해석

본 법에서는 문맥상 달리 요구하지 않는 한, 환가누이강과 관련된 강유역은 다음과 같다. ⒜ 환가누이강은 둑을 넘기지 않고 물의 흐름을 최대한 덮고 있는 땅의 공간을 의미한다. ⒝ 해저, 물가에 부착된 식물, 물위의 공역, 점유된 공간을 포함한다.

12 테 아와 투푸아(Te Awa Tupua) 정의

테 아와 투푸아는 산에서 바다에 이르는 환가누이강을 이루면서 거기에 속한 모든 물리적, 형이상학적 요소들을 아우르고 분리될 수 없는 살아 있는 전체이다.

14 테 아와 투푸아(Te Awa Tupua)의 법적 지위

⑴ 테 아와 투푸아(환가누이강)는 법적 인간(legal person)으로, 법적 인간의 모든 권리, 권한, 의무, 그리고 부채를 갖는다.

⑵ 테 푸우 투푸아(Te Pou Tupua)는 테 아와 투푸아(환가누이강)의 이름으로, 테 아와 투푸아의 권리, 권한 및 의무를 행사하거나 수행하고, 본 파트와 규정된 방법으로 그

것의 부채에 대해 책임져야 한다.

18 테 푸우 투푸아(Te Pou Tupua)의 설립, 목적, 권한

⑴ 테 푸우 투푸아의 사무실이 설치된다.

⑵ 테 푸우 투푸아의 목적은 테 아와 투푸아(환가누이
강)의 인간적 모습이며, 테 아와 투푸아(환가누이강)의 이름
으로 행동하는 것이다.

⑶ 테 푸우 투푸아는 이 법에 따라 그 목적을 달성하
고, 기능, 권한 및 의무를 수행하고 행사하는 데 합리적으
로 필요한 모든 권한을 가지고 있다.[36]

환가누이강 사례는, 점잖게는 선주민과 유럽인과의 사
회 통합을 내세우지만 내심으로는 개발이익을 포기할 수
없었던 정부의 타협책이었다고 보기도 한다. 실제로도 여
러 이해관계가 있었겠으나 제도권에서 마오리족의 세계관,
즉 환가누이강과 강을 터전으로 살아온 부족을 둘러싼 전
체 생태계의 상호연결성을 법적으로 인정했다는 데 의미
가 있다. 이것만으로도 획기적인 전환이지만 사실 강에 법
인격을 부여했다고 해서 그것으로 문제가 전부 해결되는
것은 아니다. 이후 법인을 누가, 얼마나, 어떻게 대변하느
냐가 그 이상으로 중요하다. 새롭게 제정된 법에 따라 환가

누이강의 권리를 구체적으로 보장하고 대리하기 위한 법적 장치로서 일종의 후견인으로 테 푸우 투푸아가 설치되었고, 마오리족 공동체가 임명한 대표자와 정부가 임명한 대리인이 공동으로 테 아와 투푸아를 대변하게 되었다. 대리인은 3년마다 바뀌는데 이들은 테 푸우 투푸아를 테 아와 투푸아의 인간적 형상이라고 부른다. 또한 테 푸우 투푸아는 3명의 위원으로 구성된 자문위원회인 테 카레와오 Te Karewao의 지원을 받게 되며, 자문위원은 환가누이 부족, 환가누이강과 이해관계가 있는 다른 부족, 지방 당국이 각각 임명한다. 뿐만 아니라 8개 부족과 지방 및 중앙 정부, 환경단체 등 환가누이강 유역에 관심이 있는 사람과 단체로 구성된 전략 그룹인 테 코푸카Te Kōpuka도 운영한다. 이러한 거버넌스 체계 안에서 테 푸우 투푸아는 테 아와 투푸아의 얼굴과 목소리로 다양한 활동을 수행한다. 다시 강을 파헤치려 하는 정부나 이익을 위해 개발하려 드는 기업이 있다면 이를 막아서는 소송을 제기하는 등의 활동은 물론, 강 생태계를 복원하고 활성화하기 위해 강기슭, 강둑, 습지 등을 탐험하면서 약 50만 개 종자를 수집해 다시 심기도 하고, 2020 두바이 엑스포 같은 국제 행사에서는 테 아와 투푸아와 환가누이강, 그리고 마오리족의 관계를 바탕으로 사람과 장소에 대한 이야기를 선보이기도 하며 더 많은 동

맹자들을 모으고 있다.[37]

뉴질랜드의 유의미한 사례는 다른 국가에도 영향을 미치고 있다. 콜롬비아에서는 뉴질랜드가 환가누이강에 법인격을 부여하고 후견인을 지정한 사례를 제시하면서 아트라토강Atrato river 유역을 대표하는 공동후견인을 두라는 명령을 내렸다. 콜롬비아 헌법재판소는 아트라토강 유역과 지류, 그 분지가 '보호·보존·유지·회복권'을 가지고 있다고 결정했는데, 이 결정에 영향을 받는 지역은 콜롬비아 전체 면적의 4%에 달한다. 이곳은 지구상에서 생물 다양성이 가장 높은 지역 중 하나이며 아프리카계 및 토착민 공동체가 대대로 정착해 살고 있다. 그런데 90년대 말부터 대규모로 이루어진 불법 채광 과정에서 수은, 시안화물 및 기타 독성 화학물질이 강에 투기되었고, 강물을 식수로 사용하는 지역 공동체의 생명과 건강에 극단적인 영향을 미쳤다. 이에 지역 토착민 중심의 신성한 대지Tierra Digna라는 환경단체가 대통령과 정부를 상대로 2번의 행정소송을 제기하였으나 기각되었고, 집단 헌법소송을 제기하기에 이르렀다.[38] 헌법재판소는 '아트라토강은 권리의 주체이며, 그 의미는 보호, 보존, 유지 및 구체적인 경우에, 회복권을 의미한다'고 선언하고, 강 유역에 거주하는 지역사회의 생물문화적 권리 derecho biocultural, biocultural rights가 있음을 확인했다. 이에 따라 콜롬비아에서는 구체적인 사건에서 자연 또는 자연물이 권리능력을 인정받을 수 있게 되었고, 그 권리에는 소송 당사자 능력이 포함되어 해당 자연물과 밀접한 관련이 있는 개인이나 단체들이 소송대리인으로 나설 수 있게 되었다.[39]

동맹과 책임으로서의 자연-권

현재 제주에서는 환가누이강 사례를 모델로 하여 제주 남방큰돌고래를 생태법인Eco Legal Person으로 지정하여 법인격을 부여하고, 이들을 대변할 수 있는 제도를 도입하려는 움직임이 한창이다. 생태법인이란 인간 외에 생태적 가치가 있는 자연(물)이 법인으로서 권리·의무의 주체가 됨을 의미한다. 이러한 움직임은 환가누이강 사례에서 촉발하여 제주대학교 진희종 교수가 「생태민주주의를 위한 '생태법인' 제도의 필요성」이라는 논문을 발표하면서 시작되었다. 제돌이 등 여덟 개체의 수족관 남방큰돌고래들을 고향 제주 바다로 돌려보내는 데 중심 역할을 하고 돌고래 보호구역 지정, 선박 관광 감시 등의 활동을 하고 있는 해양 환경단체 '핫핑크돌핀스'와 생물학자, 법학자, 언론인, 변호사 등이 적극 합세하면서 공론화하였다.[40] 제주 출신인 오영훈 제주도지사도 국회의원 시절부터 생태법인을 지지하였는데, 제주도지사가 된 후 멸종위기종인 제주 남방큰돌고래 보호를 위해 생태법인 제도를 도입하겠다고 공식적으로 선언하고 '생태법인 제도화 워킹그룹'을 출범했다. 제주도의회도 매우 협조적으로 생태법인 제도 도입에 찬성하고 있다.

이러한 생태법인을 둘러싼 찬성과 반대 속에도 다양한 욕망들이 존재할 것이다. 제주를 생태와 평화의 도시로 거듭나게 하고 싶은 욕망, 인간에 의해 다치고 죽어가는 돌고래들을 두고 볼 수 없다는 욕망, 기후위기와 생태위기 시대에 문명의 전환이 필요하다는 욕망, 새로운 제도의 도입으로 '관광 먹거리'를 찾겠다는 욕망, 혹은 생계유지나 각종 개발이 어려워질 것으로 예상해 제도 도입을 막으려는 욕망, 정치인으로서, 학자로서, 업자로서 입지를 넓히고자 하는 욕망 등등도 있을 것이다. 나는 여기에 제주 연안에 정착하여 살아가는 제주 남방큰돌고래들이 난개발과 해양쓰레기로부터 자신들의 집을 지키고, 돌고래 무리 반경 50m 이내에 접근하지 못하도록 하는 해양보호생물 관찰 규정을 위반하면서까지 바짝 붙어 괴롭히는 관광 선박의 스토킹으로부터 벗어나고, 선박의 모터에 지느러미나 몸이 잘리거나 부러지거나 상처 입지 않고 건강하게 살고 싶은 욕망도 함께

한다고 믿는다. 이런 욕망들이 테이블에 둘러앉아 생태법인 도입을 위한 구체적인 실현 방안을 마련하고 있으며, 지금 으로선 특정 종이나 특정 생태계를 생태법인으로 지정할 수 있도록 열어두어 생태법인을 일종의 플랫폼처럼 규정하는 방안과 제주 남방큰돌고래만을 특정하여 법인격을 부여하는 방안이 유력하다.

3, 4년 남짓이라는 짧은 기간이지만 급속도로 논의가 이루어지면서 국제 행사나 학술 대회에도 많이 소개되고 있어, 생태법인은 제도화되기 전이지만 공론화만으로도 이미 어느 정도 성과를 보이고 있다. 대표적인 성과로는 제주 남방큰돌고래의 주요 서식지인 대정읍 앞바다에 해상풍력 발전단지를 개발하는 계획이 추진되었는데, 제주도의회가 '대정해상풍력발전 시범지구 지정 동의안'을 부결시킨 것이 있다. 대정읍 앞바다는 돌고래들의 서식지 한가운데이므로 돌고래들의 '평화적 생존권'에 심각한 악영향을 끼칠 것이 명백했기 때문이다.

초기부터 생태법인 논의에 참여했던 입장에서는 생각보다 빠르게 진행되고 있는 모습에 벌써부터 가슴이 뛰기도 하고, 아직 넘어야 할 산들을 생각하며 마음을 다잡기도 한다. 당장 동물을 물건으로 취급하는 민법부터 생태법인 제도화에 걸림돌이 될 것이기 때문이다. 한편으론 국가나

지자체에 생태법인의 생존과 건강, 삶터 보전을 위한 적극적 조치를 요구하거나, 생태법인의 서식지나 생태계를 파괴하는 국가나 기업의 개발 행위를 저지하는 소송을 제기하는 모습을 상상하기도 한다. 어떤 모습이건 생태법인은 법의 공고한 주체-객체 이분법과 인간중심주의의 틈을 비집고 들어가 균열을 낼 수 있는 송곳이 되어줄 것이다.

최근 제주 남방큰돌고래는 헌법소원의 청구인으로 나서기도 했다. 내가 속한 '민주사회를 위한 변호사 모임'에서 일본의 후쿠시마 방사성 오염수 해양 투기에 대응하기 위해 헌법소원을 제기하였고, 나는 이 소송에서 해녀, 어민, 해양 스포츠 관련 종사자 등 외에 '고래'도 해양생태계 대표로서 청구인으로 참여할 것을 제안하였다. 어느 모로 보나 일차적으로 생존권, 건강권, 행복추구권과 같은 권리를 침해당할 존재는 바다에 사는 물살이들이고, 고래는 가장 상징성 있는 물살이 중 하나라고 생각했기 때문이다. 하지만 지구상의 모든 고래를 청구인으로 삼을 수 없으니 헌법소원 청구에 적합한 고래들을 추려야 했는데, 동해와 남해, 후쿠시마 앞바다를 오가며 서식하는 밍크고래와 큰돌고래, 그리고 제주 앞바다에 서식하는 제주 남방큰돌고래가 낙점되었다.

이 중 제주 남방큰돌고래를 포함한 것에는 실리적인 이유도 있었다. 앞서 황금박쥐 등이 제기한 소송에서 법원이

'어느 황금박쥐 등이 이 사건 소송을 제기하는 것인지 특정되지' 않았다는 점을 들면서 황금박쥐 등의 청구를 각하했기 때문에 청구인을 특정하는 것이 중요했다. 이를 위해 국립수산과학원 고래연구센터에서 정보공개청구를 하면서 여러 경로로 자문을 구했지만, 밍크고래와 큰돌고래의 경우 개체를 특정하는 데 한계가 있었다. 결국 일정한 시기에 특정 지역에서 육안 또는 드론으로 관찰된 특정 종으로 한정하고 그 종과 개체 수를 청구인으로 정했다. 그러나 제주 남방큰돌고래는 제주 연안에 정착해 살아가는 종으로 개체 특정이 훨씬 용이했다. 해양동물의 생태연구 및 보전을 목적으로 하는 민간 연구단체인 해양동물생태보전연구소Marine Animal Research & Conservation에서 약 110~120여 개체로 추정되는 돌고래들의 등지느러미 식별을 통해 이미 개체 구분을 해놓은 상태였고, 그중 상당수는 식별 코드 외에 카프카, 스테이플러, 한라봉, 담, 산이와 같은 이름도 가지고 있었다. 여기에는 수족관에서 방류된 제돌, 춘삼, 삼팔, 복순, 태산도 포함되어 있다. 해양동물생태보전연구소에 따르면, 돌고래의 개체 식별에는 몸, 가슴지느러미, 꼬리지느러미, 등지느러미, 두부의 형태나 상처 등 돌고래의 다양한 외형적 특징이 주로 사용된다. 다만 포유류인 돌고래가 숨을 쉬기 위해 물 위로 올라오면 몸의 다른 부분은 보이지 않더라도 등지느러미는 항상 수면 밖으로 드러나기 때문에 등지느러미의 형태나 상처 등의 특징이 개체 식별에 가장 많이 활용된다고 한다.[41] 다행히 큰 산을 하나 넘은 셈이었다.

또 하나의 산은 돌고래에게 청구인적격이 있다는 점을 입증하는 것이었다. 고래가 특정된다 하더라도 그에게 소송을 제기할 수 있는 자격이 없다면 말짱 도루묵이었다. 우리 민법과 민사소송법은 권리능력이 있는 자연인과 법인에게 소송능력을 인정한다. 그런데 돌고래는 자연인도 법인도 아니므로 원칙적으로 소송을 할 수 없다. 그러니 만일 좀 더 일찍 돌고래들에게 생태법인으로서 법인격이 인정되었다면 훨씬 쉬운 싸움이었을 것이다. 게다가 대한민국 헌법은 대부분의 기본권을 '국민'의 권리로 본다. 국적 개념까지 붙다니 첩첩산중이다. 따라서 헌법상의 어떤 조항을 근거로 돌고래들에게 소송능력이 인정될 수 있고, 돌고래들이 헌법상의 어떤 기본권을 침해당하는지를 증명해야 했다. 우리 헌법은 볼리비아나 에콰도르처럼 동물이나 자연의 권리를 명시하고 있지는 않지만, 불행 중 다행으로 헌법재판소는 기본권 주체를 넓게 인정하는 편이다. '국민'이라는 문언에 따라야 한다는 학계의 요지부동한 견해에도 불구하고 기본권 주체의 범위를 '국민'에 한정하지 않고 있었다. 외국인이나 법인, 심지어 법인이 아닌 사단이나 재단이라 하더라도 실체가 있고, 기본권의 성격과 보호 영역에 따라 필요성이 인정되면 청구인으로 받아들인 판례들을 찾아다 붙였다.

다음으로 헌법재판의 성질에 반하지 않는 한 민사소송법을 준용한다는 조항*을 해체하기 시작했다. 권리능력이 있는 자연인과 법인에게 소송능력을 인정한다는 것이 민사소송법과 민법에 의한 것이므로 이 헌법소원이 헌법재판의 성질에 반한다는 점이 확인되면 굳이 민사소송법 등에 제약받지 않을 수 있는 여지가 생기는 것이었다. 우리는 헌법이 한 나라의 철학과 가치를 담고 있는 만큼 헌법재판은 헌법정신이 현실 사회에서 충실히 구현되는 것을 담보하기 위한 제도인 점, 이를 위해 헌법은 다른 법과 달리 현시대 상황에 맞게 채우고 보충하는 개방적인 성격을 가지고 있는 점, 헌법재판은 기본권을 보장하는 기능 외에 헌법 질서를 수호하고 소수자를 보호하는 기능도 수행하고 있는 점 등을 들어 전 지구적으로 기후위기, 생태위기를 살고 있는 변화된 시대 상황에 맞는 전향적인 헌법해석을 헌법재판소

---

* 제40조(준용규정) ① 헌법재판소의 심판절차에 관하여는 이 법에 특별한 규정이 있는 경우를 제외하고는 헌법재판의 성질에 반하지 아니하는 한도에서 민사소송에 관한 법령을 준용한다. 이 경우 탄핵심판의 경우에는 형사소송에 관한 법령을 준용하고, 권한쟁의심판 및 헌법소원심판의 경우에는 행정소송법을 함께 준용한다.

에 요청했다. 구체적으로 헌법의 어느 조항을 근거로 청구권을 인정할 것이냐에 관해서는, 우리 헌법은 동물이나 자연의 권리를 명문으로 규정하지 않기 때문에 해석으로 메워야 했고 지구법학**의 관점으로 헌법을 해석하는 방법에 도움을 많이 받았다. 여기에 국제법인 생물다양성에 관한 협약***과 국내법인 야생생물 보호 및 관리에 관한 법률도 근거로 추가했다.

이러한 지구법학적 관점에 따라 헌법을 해석해보면, 헌법 전문은 '우리들의 자손의 안전과 자유와 행복을 영원히 확보할 것'을 천명하고 있는데 '우리들의 자손', 즉 미래세대의 안전·자유·행복은 특히 기후위기 시대에 인간만 보이는 세계관으로는 담보할 수 없으므로 비인간존재까지 확장한 세계관을 가져야 한다는 점, 헌법 제5조는 국제평화의 유지에 노력해야 한다는 것인데 국가와 인종, 민족에 머

** 지구법학은 자연을 경제적 효용가치를 지닌 무상 자원으로 취급하는 인간중심주의 법체계를 비판하는 담론으로, 인간이 자연을 지배하고 배타적으로 사용·수익할 수 있다는 통념에서 벗어나 자연의 모든 존재자에게 권리를 인정해야 한다는 관점을 담지하고 있어 보수적인 법학 대신 기후생태 위기 시대를 극복할 대안으로 주목받고 있다.

*** 생물다양성 보호를 주된 목적으로 하는 다자간 협약으로, 1992년 6월 유엔환경개발회의에서 158개국 정부 대표가 서명함에 따라 채택되고, 1993년 12월 29일에 국제적으로 발효되었다. 우리나라는 1994년 10월 3일에 가입하였으며 1995년 1월 1일부터 발효되었다.

무르지 않고 인간과 다른 생명체 나아가 모든 존재의 평화를 추구해야 한다는 점, 헌법 제10조는 인간의 존엄과 가치를 가진다고 하나 인류의 역사는 모든 인간이 존엄함을 확인하는 과정이자 확장과 보편화의 과정이었고, 모든 존재의 존엄과 가치를 존중하는 것이야말로 인간의 존엄과 가치를 존중하고 실현하는 것이라는 점, 헌법 제35조 제1항은 건강하고 쾌적한 환경에서 생활할 권리와 책무를 규정하고 있는데 환경권은 기본권이자 동시에 국가와 국민에게 환경 보전 의무를 부여하는 조항이므로 동물 등에 청구인 자격을 부여하는 것을 의무의 일환으로 볼 수 있다는 점, 헌법 제120조 및 제122조는 국토와 자원이 국가의 보호를 받으며, 국토의 효율적이고 균형 있는 이용·개발과 보전을 위하여 필요한 제한과 의무를 부과할 수 있다고 하는데 국토와 자연은 결국 우리 삶의 터전인 지구를 의미하고, 국토의 보전과 보호는 지구에 사는 모든 존재의 생활의 기반에 대하여 대한민국이 그 일부분을 책임지겠다는 헌법적 책무를 확인한 것으로 볼 수 있다는 점 등을 들어 헌법상 자연(물)에게도 헌법재판의 청구권을 인정할 수 있음을 논증하였다.[42]

나는 이런 시도 혹은 싸움들이 앞서 말한 책임 있는 대리이자 정치의 모습이라 생각하고, 이를 관철하기 위한 수단으로서 자연-권nature-rights을 명명하고 싶다. 기존의 자연권natural right 사상은 자연법 사상에서 연유하며, 자연법 사상에서 말하는 인간의 천부인권이 자연권이었다. 이는 인간으로 태어나면 당연히 주어지는 보편적이고 선험적인 권리다. 그런데 이러한 인간의 생래적 권리 앞에 왜 '자연自然'이 붙었을까. 자연이란 동서고금을 막론하고 인간의 힘이 더해짐 없이 스스로 존재하거나 우주에서 저절로 이루어지는 모든 존재나 상태를 말한다. 지구상에 인간의 힘이 더해지지 않은 것이 과연 존재하느냐는 반론은 잠시 접어두고, 애초에 자연이 인간의 권리를 수식할 이유가 전혀 없다. 오히려 인간의 권리에 자연을 갖다 붙인 것이 모순적이다. 차라리 자연이라는 본래적 개념으로 돌아가 동물, 식물, 곤충, 미생물 등의 권리, 혹은 이질적인 것들이 동맹을 맺고 살아가는 공생체, 괴-물의 권리를 자연-권이라고 부르는 것이 합당하게 느껴진다. 이때 자연-권이란 '공생체인 괴-물들이 공생하는 다양한 양상들 속에서 발생하는 권리'이다. 여기서 '권리'라는 개념도 조금 수정하고자 한다. 자연-권은 공생의 권리이자 동맹의 권리이기도 하지만, 그것은 동시에 공생의 책임이자 동맹의 책임이기도 하다. 일방적 착취 관계가 아닌 다음에야 대개 권리는 책임과 짝을 이룬다. 그리고 그 책임은 의도하지 않았더라도 예상되는 결과에 대해서는 져야만 하는 것이다. 그리하여 자연-권이란 인간만이 아니라 누구든 동맹을 맺을 권리가 있고, 서로 간의 책임을 다해야 하고, 그것이 착취 관계가 되거나 일방적인 포식 관계가 되었을 때는 저항할 수도 있다는 의미에서 인간을 넘어선 모든 '자연의 존재'들이 참여하는 개념이다.[*] 다시 말해, 자연권을 규정한 헌법이 인간만이 주체의 자리에 서서 행사하는 권리를 강조한 것이라면, 자연-권는 근대적 인간중심주의를 비판하면서, 공생체인 괴-물들이 공생하는 다양한 관계 속에서 발생하는 권리이다. 자연-권에 의거해 고래와 인간, 그밖에 무수한 존재들은 동맹을 맺고, 서로 간의 책임을 다하기 위해 노력하고, 필요할 때는 소송이든, 입법이든, 직접행동이든 공생체로서 서로를 대리하며 저항한다.

[*]   여기에 사물이나 기계, AI와 같은 것들이 빠진다고는 생각하지 않는다. 인간과 분리된 자연과 인간이 만들어낸 문화는 관념적으로는 그럴 듯하게 분리된 것처럼 보이나 현실에는 존재하지 않는다. 애초에 분리될 수 없는 것을 분리하면서 인간중심주의가 잉태되었고 인류세가 시작되었다. 이처럼 자연과 문화, 자연과 인간의 이원론을 깨기 위해 해러웨이는 '자연문화'라는 개념을 만들기도 했다. 자연문화 안에는 동물, 식물, 곤충, 미생물, 사물, 기계, AI 등이 복수종으로서 동맹자들을 찾아 서로 포식하고, 취하고, 의존하며 존재한다.

제3장 일하는 동물: 《자본론》 다시 쓰기

내가 개 한 명을 소유한다면 그 개도 인간 한 명을 소유하는 거야.

If I have a dog, my dog has a human.[43]

도나 해러웨이, 《반려종 선언》

책임과 호혜를 묻다

침팬지 토미와 키코에게 책임을 지지 않으니 권리도 인정할 수 없다고 했던 미국연방대법원의 판결, 동물은 의무를 지지 않는 존재이므로 동물에 대하여 인간이 져야 할 의무는 없다고 말했던 칸트*, 동물과 더불어 살려면 호혜성에 기반하는 사회에서 동물도 뭔가를 해야 하지 않냐는 직장 상사의 질문까지 동물권을 비판적으로 바라보는 다양한

---

* 생태 철학자 한스 요나스Hans Jonas에 따르면 책임은 권한과 밀접한 관계가 있다. 칸트식의 의무윤리가 보편적이고 원칙적인 의도나 당위를 강조한다면, 요나스의 책임윤리는 구체적인 행위에 대해 결과를 예견하고 설령 의도하지 않았더라도 그 결과에 대한 책임을 강조한다. 그는 오늘날 과학기술의 발달로 인간의 힘이 커졌고, 그에 상응하여 책임의 범위도 미래 세대, 자연생태계까지 확장되어야 한다는 현실 인식 안에서 권리도 제한될 수 있다고 본다. 나는 권리에 따라 책임이 부여된다기보다는 얼마만큼 책임을 지느냐에 따라 권리가 주어진다는 그의 순서가 더 타당하다고 생각된다. 따라서 여기서는 일반적으로 쓰는 관용구를 제외하고는 의무보다는 책임이라는 용어를 사용하고자 한다. (한스 요나스, 《책임의 원칙-기술 시대의 생태학적 윤리》, 이진우 옮김, 서광사, 1994 참조)

관점이 있다. 물론 이러한 물음에 싱어나 레건처럼, 동물에게 책임을 요구하려면 가장자리사례의 아동이나 (중증)장애인, 치매인에게도 똑같이 책임을 요구해야 한다고 대답할 수도 있지만, 권한과 책임이 거울쌍은 아니라고 대답하기에는 어쩐지 개운하지 않다. 내가 보기에는 동물은 이미 사회 각계각층에서 책임을 지고 있기 때문이다. 그렇다면 동물은 어떤 책임을 다하고 있는가. 편의상 국민국가에서 국민에게 지워진 헌법상의 대표적 의무인 국방의 의무, 납세의 의무, 노동의 의무를 상정하고, 이를 수행하고 있는 수많은 동물을 소개하려고 한다. 이들 동물의 삶은 착취, 수탈, 학대, 억압 등의 어휘로 설명되는 것이 마땅하나, 여기서는 주제의 특성상 의도적으로 가치중립적 표현을 사용하려 한다.

먼저 납세의 의무를 지는 동물들이다. 사회에는 국가, 지자체, 회사, 학교, 종교, 복지와 관련된 다양한 법인들이 있다. 그중 세금을 받는 공법인인 국가와 지자체를 제외하고는 많든 적든 법인세, 종부세, 부가세, 지방세(등록세, 취득세, 재산세, 교육세), 교통·에너지·환경세 등의 세금을 내야 한다. 그중 회사가 영업이익을 벌어들여 구간에 따라 법인세를 낸다고 할 때, 이는 회사가 번 돈에 대한 세금을 대표자와 주주들이 회사의 이름으로 내는 것이며, 그 일은 회계 담당자의 몫이 될 것이다. 이것과 동물을 통해 소득을 올리고 세금을 내는 기업은 과연 다를까? 동물원과 수족관에서, 농장에서, 실험실에서, 동물을 출연자로 하는 미디어에서 돈을 벌어들일 때 인간의 노동이 동반되지만, 그보다 더 중요한 역할을 하는 것은 동물이다. 그들의 탁월한 능력과 절대적인 협력이 없다면 그 사업은 유지될 수 없다. 농장에서 낸 수익에 대한 모든 세금도 인간과 동물이 함께 내는 세금으로 보아야 한다. 심지어 거기에는 가축 분뇨 처리나 폐기물 관련 세금도 포함된다는 점을 감안하면 특히 그렇다. 동물이 등장하는 유튜브 채널의 운영자가 내는 세금, 동물실험으로 이익을 얻는 제약 회사들이 내는 세금 모두 마찬가지다. 앞장에서 소개한 석송령은 실제로 토지를 소유하고 있어서 그의 이름으로 매년 종부세를 내고 있기도 하다. 게다가 최근에 논의되는 탄소중립을 위한 탄소세, 동물복지를 위한 육류세, 반려인의 책임감을 높이고 무분별한 입양 줄일 수 있다는 찬성 측과 오히려 유기동물이 늘어날 것이라는 반대 측의 논쟁이 뜨거운 반려동물 보유세 등이 논의되고 있는 상황이니, 동물이 납세의 의무를 다하고 있다는 사실을 더 증명할 필요가 있을까.

국방의 의무를 지는 동물들도 있다. 우리는 흔히 동물이 전쟁에 투입되었다고 하면 훈장을 받거나 동상이 세워진 몇몇 '전쟁영웅'의 일화를 떠올리며 해외토픽쯤으로 여기곤 한다. 아니면 십자군 전쟁에서 벌어진 기마전 따위를 떠올리며 현대전에서는 사라진 지 오래인 것으로 치부한다. 완전히 틀린 말은 아니지만, 전적으로 맞는 말도 아니다. 우선 수천 년 동안 동물은 전쟁의 필수 행위자였다. 소, 말, 개, 코끼리를 비롯해 낙타, 비둘기 등의 동물들이 군에 징집되어 훈련을 받고 전투에 투입되었다. 기계화된 운송수단이 개발되기 전까지 신체 능력이 출중한 동물을 이용하지 않고서는 제한된 지역에서 소규모 접전밖에 치를 수 없었기 때문에, 대대적인 군사작전을 감행하려면 식량, 전투 장비, 병사를 나르기 위한 동물이 필요했다. 즉, 동물을 징집하지 않고는 전쟁을 치를 수조차 없었다.

동물은 보급품 운송이나 인간 병력의 기동수단뿐만 아니라 통신사, 무기, 의료 훈련용, 무기 실험용 등 다양한 보직에 배치되었다. 가령 제1차 세계대전 때 소련은 독일 탱크를 폭파할 때 개를 이용했다. 소련군은 탱크 밑에 음식을 두고 개에게 찾아서 먹게 하는 훈련을 시켰다. 그런 다음 개를 굶기고 폭발물을 짊어지운 채로 전쟁터에 풀어놓으면 개는 음식을 찾아 독일 탱크 밑으로 들어갔고, 그때 폭발물을 터뜨렸다.[44] 이후에도 개, 고양이, 당나귀, 낙타 등이 각종 전쟁에서 비슷한 방식으로 투입되었다. 제1차 세계대전이 끝날 무렵부터는 동물의 역할이 기계로 완전히 대체됐을 거라고 짐작하겠지만, 그렇지 않다. 과학기술의 발달로 장거리 살상이 가능해지면서 동물에게 수송과 노역을 의존하는 비율은 줄어들었지만, 여전히 동물은 다양한 방식으로 전쟁에 투입되었다. 미국은 베트남 전쟁, 이라크 전쟁 때에도 상대가 심어놓은 폭발물을 찾기 위해 개 수천 명을 투입했다. 산호를 인공 잔해와 구별할 줄 아는 돌고래에게 음파탐지능력을 이용해 바닷속 금속, 특히 기뢰를 찾아내는 일을 맡겼다. 제1·2차 세계대전 때 매설된 기뢰가 각각 23만 5,000개, 60만 개에 달하는데, 이를 돌고래와 바다사자가 탐지하고 있다. 러시아는 오랫동안 돌고래와 벨루가를 훈련해왔고, 최근 우크라이나-러시아 전쟁에서도 기지 방어 훈련을 받은 돌고래를 배치했다는 것이 알려졌다.[45]

한국에도 국방의 의무에 동원되는 군견이 있다. 탐지, 추적, 수색, 공격을 하는 경찰견은 30~40명 정도인 데 비해 '네 발의 전우'로 불린다는 군견은 탐지, 경비, 수색, 정찰 등의 영역에서 1,300여 명이 복무 중이다. 2~3살부터 약 8살에 은퇴할 때까지 훈련소에서 쉬는 날 없이 훈련을 받고 작전에 투입된다. 매년 춘천 군견훈련소에서 태어나는 130여 명 중 오직 30%만이 정예 군견으로 선발되어 대테러 부대나 경찰특공대에서 폭발물과 함정을 찾기 위해 투입되거나, 작전 지역에서 적의 침입을 감지하고 흔적을 추적하는 등 거의 모든 작전에서 전방에 배치된다.[46] 이외에 119 구조견, 수색 탐지견, 마약 및 폭발물 탐지견, 검역 탐지견 등 다양한 특수목적견들이 있다.

인간의 노동에 가려진 동물의 노동

그리고 노동하는 동물이 있다. 노동하는 동물이라고 할 때 직관적으로 연상되는 동물은 밭을 가는 소, 짐을 나르는 노새일 것이다. 그러나 현대에는 코코넛을 따는 태국의 원숭이들이 있다. 태국에는 원숭이에게 코코넛 따는 기술을 가르치는 원숭이 학교, 원숭이가 코코넛을 따는 농장이 있으며 코코넛 수확 경연 대회도 열린다. 원숭이 학교에서는 길지 않은 장대에 코코넛을 묶어놓고 따오는 연습을 시키다가 차츰 고도를 높인다. 3~5개월 정도 수업을 마치고 졸업한 원숭이는 노동 현장에 투입된다. 돼지꼬리원숭이는 야자나무에 올라가 코코넛을 잘라 아래로 떨어뜨린다. 원숭이의 노동 생산성은 '코코넛 머신'이라고 불릴 정도로 높다. 사람은 기껏해야 하루 80개를 따지만, 원숭이 남성은 하루 최대 1,600개, 여성은 800개까지 딴다. 그들은 도망치지 못하도록 목에 쇠줄이 걸려 있고, 쇠줄은 폐타이

어에 묶인 채 살아가고 있다.[47]

　대학, 병원, 농장, 제약 회사와 화장품 회사 등 다양한 곳의 실험실에도 많은 동물이 있다. 실험동물 문제는 오랫동안 치열한 논쟁을 야기해온 분야다. 동물실험을 거쳤다고 해서 효과성이나 안전성이 검증되는 것은 아니며, 최근에는 동물실험을 대체할 수 있는 실험법이 얼마든지 있으므로 동물실험을 금지해야 한다는 입장이 있는 반면, 지난 의학과 과학의 발전은 동물실험 없이는 불가능했으며, 만일 동물실험이 금지되어 인간으로 실험을 해야 한다면 더 큰 도덕적 문제가 되므로 최소한의 이용은 불가피하다는 입장도 여전하다. 실험동물로는 비글, 토끼, 쥐, 초파리 등이 대표적이고, 원숭이나 영장류도 실험과 연구에 참여하고 있다. 연구 결과물과 참여 동물이 감수해야 할 고통의 크기를 비교하기 전에, 의약품 연구나 기술 개발에 동물이 주요 행위자이고 그에 따라 어떤 형태로든 가치가 창출된다는 점에는 이론이 없을 것이다. 과연 이러한 동물들을 노동하는 것으로 묘사하는 것이 적절한지에 대해서는 많은 고민이 들지만, 산업혁명 시대의 여성, 아동 노동과 겹쳐 보이기도 하면서 '사육' 과정을 포함해 태어나서 죽을 때까지 극단적인 형태의 노동을 보여준다고도 볼 수 있을 것이다.

　그런데 오래전부터 수많은 동물이 노동 현장에서 노동

력을 수탈당했다면 왜 그동안 동물의 노동은 주목받지 못한 걸까. 이를 설명하기 위해서는 먼저 근대적인 노동 패러다임이 인간중심적인 사고와 어떤 관계를 맺으며 발전했는가를 짚어봐야 한다. 전통적인 노동가치론에서 노동은 '임금노동'을 의미하고 가치는 '인간(삶, 존재)에 대해 가지는 유의미성'을 의미한다. 즉, 임금이라는 화폐를 주고받는 것도 인간뿐이고, 가치 역시 인간에게 미치는 영향(그것이 다른 상품으로 매겨지든, 노동시간으로 매겨지든)을 기준으로 삼기에 노동은 철저하게 인간의 전유물로 여겨졌다. 이러한 관점에서는 인간만이 노동력을 제공할 수 있고, 비인간 존재들은 노동의 대상 또는 수단이 될 뿐이다. 오로지 인간의 노동만이 모든 가치를 창출하며 이윤의 원천이 되었으니 애덤 스미스Adam Smith, 데이비드 리카도David Ricardo, 칼 마르크스Karl Heinrich Marx, 어느 누구에게도 동물과 노동과 권리는 애초에 맺어지지 않는 조합이었을 것이다. 그 결과 오랫동안 비인간존재들의 노동은 휴머니즘 또는 인본주의 안에서 보이지 않는 상태로, 그래서 마치 존재하지 않는 것처럼 방치되었다.

그러나 노동가치론 안에서도 인간의 노동력 바깥에서 가치나 이윤이 창출되는 지점을 찾아볼 수 있는데, 지대론이 대표적이다. 여기서 지대란 땅의 대가로서 토지라는 자연력이 제공한 추가적 가치를 자연력의 소유자가 취득하는 것이다. 여기서 차액지대가 발생하는데, 차액지대란 자연력의 이용으로 인해, '인간의 노동 없이 생산할 수 있는 가치'에 의해 추가되는 초과이윤을 뜻한다.[48] 차액지대 이론에 따르면 투입되는 노동력과 생산수단이 동일하다고 가정할 때, 다른 것은 토지의 비옥도뿐이다. 인간의 노동력과 트랙터라는 생산수단이 아니라 토지의 비옥도가 추가적인 가치의 원천이 되는 것이다. 토지의 비옥도뿐만 아니라, 폭포의 수력이나 풍력 같은 자연력, 교통의 접근성 같은 입지 요건 등은 인간의 노동력과는 전혀 관계가 없다. 그럼에도 가치를 생산한다고 마르크스도 밝히고 있다. 즉, 토지라는 자연이 노동 못지않게 가치를 생산하며, 지대론은 이로써 노동만이 가치를 생산하는 유일한 원천이라는 노동가치론의 공리에 틈을 내준다.[49]

에코 페미니스트 마리아 미즈Maria Mies는 그 틈에 자리 잡은 것이 여성, 식민지, 자연으로부터 수탈한 부불노동이었다고 콕 집어 말한다. 자본주의에서 가장 생산적이고 근간이 되는 노동으로 여겨진 임금노동은 전체 노동 중에 빙산의 일각일 뿐이며, 오히려 여성의 가사노동, 아시아, 아프리카, 중남미 아메리카 사람들의 노동과 식민지 자연에 대한 약탈이 만들어낸 생산이 자본주의 경제라는 빙산의 수면 아래 잠겨 있는 거대한 부분이라는 것이다. 그녀는 지난 수백 년간 비가시화되었던 여성, 자연, 식민지의 부불노동이 자본 축적 과정에서 보이지 않는 기반이었음을 밝히는 데서 그치지 않고, 그것이 단순히 비가시화된 것이 아니라 '폭력'에 의해 의도적으로 은폐되었으며, 바로 그 폭력이 가부장제와 엮여 근대 자본주의 체제를 지속가능하게 한 열쇠라고 분석한다.[50] 여성의 돌봄노동과 몸(성)을 착취하면서, 제국주의가 도장 깨기를 하듯 약탈국들을 식민화하면서, 자연과 문명을 위계지어 문명이 자연을 마음대로 착취하는 것을 정당화하면서 매 순간 작동하는 것이 바로 '폭력'이라는 것이다. 미즈가 《가부장제와 자본주의》를 쓴 것은 1986년이지만, 오늘날까지 이런 폭력과 '자본의 원시적 축적'이 계속되고 있다는 주장은 여전히 유효해 보인다.

여성, 식민지, 자연에 대한 부불노동의 범위를 확장하고, 피착취대상을 세분화하여 근대적 임금노동이나 노동가치의 개념을 보다 직접적으로 파고든 이는 제이슨 무어 Jason W. Moore다. 환경사학자이자 지리학자인 무어는 마르크스주의 모형에서 임금노동이라는 용어가 프롤레타리아, 즉 임금노동자만을 가정하고 설계되었다고 진단한다. 그도 미즈와 같이 기본적으로 자본주의의 발전은 노동생산성을 높이기 위해 임금을 삭감(고정)하고 기술력을 향상하는 것 외에, 과거 비가치적이라고 여겨졌던 여성과 자연, 식민지를 독차지함으로써 가능했다고 말한다. 그는 이처럼 자본화되지 않은 자연을 노동생산성의 토대로 전용하는 것을 '저렴한 자연 프로젝트'라 명명하면서, 자본주의의 역사는 임금노동과 여성, 자연, 식민지에서 착취한 노동, 자본 축적이 만들어냈다고 말한다.[51] 이러한 관점에서 본다면 근대 '노예제', 여성들의 '돌봄노동', '노르웨이의 숲'이라 일컬어지는 산림의 자비 없는 파괴, '농장동물'에게서 더 많은 '고기'를 착취하기 위한 '품종 개량'과 사육 방식, 독성화학물질·방사성오염수·전자폐기물 등의 문제가 끊이지 않는 광물 채굴 등 거의 모든 영역에서 자본주의는 '저렴한 자연 프로젝트'에 기생해 작동하고 확장해왔다고 해도 과언이 아니다.

여성과 식민지를 자연화했다고 한 미즈, 자본·권력·자연이 돌고 돌며 세계생태계world-ecoloy를 이루었다고 한 무어 모두 사실상 넓은 의미의 '자연'으로 귀결하고 있다. 자연, 노동, 돌봄, 식량, 에너지 같은 것들을 더 싸게, 더 쉽게, 더 빠르게 소비할 수 있게 하고, 그것이 어떻게 가능했는지를 외면하게 만든 것이 지금까지 자본주의가 살아남은 전략이었음을 부정할 수는 없다. 당장 우리의 일상을 돌아봐도 '메이드 인 차이나' 제품 없이 살기란 불가능에 가깝고, 미국에서 주문한 영양제가 일주일이면 집 앞에 도착하고, 마음의 짐을 이긴 게으름이 새벽배송을 클릭한다. 이런 점에서 무어는 지금 우리가 살고 있는 시대를 인류세Anthropocene가 아니라 자본세Capitalocene라고 규정한다. 닭의 뼈와 플라스틱으로 뒤덮인다는 인류세는 단순히 인간이 많아서 생겨난 문제가 아니라 자본주의 체제와 자본가들에 의해 야기된 문제인데, '인류'세라고 표현하면 '저렴한 자연 프로젝트'가 한계치에 달해 날아든 기후위기, 식량위기, 금융위기, 부의 양극화 같은 청구서들에 대해 마치 인류 전체가 연대책임을 져야 할 것처럼 들린다. 인류가 책임에서 자유롭다는 것은 아니지만, 자본세라는 명명은 문제의 좌표를 보다 정확하게 짚고 있다는 생각이다.

여기에 현대의 임금노동 사회가 변화하고 있다는 점도 고려해야 한다. 노동의 가치와 상품의 가격은 투입되는 노동시간을 기준으로 한다는 원칙이 최저임금, 최저시급 등에서 그 명맥을 유지하고는 있지만, 예외가 너무 많아졌다. 주류 경제학에서 말하는 한계효용이 아니더라도 세계산업노동자연맹Industrial Workers of the World조차 임금노동제에 반대하고 있다. 주식, 펀드, 코인 같은 금융자본의 몸집이 전에 없이 커지고, 부동산과 같은 비노동자본이 가장 가치로운 것이 되었다. IT업계에서는 시간 대신 성과로 임금이 정해지는 곳이 대부분이다. 게다가 수년 전부터 실험되고 있는 보편적 기본소득, 복지국가에서 확장되고 있는 각종 수당과 연금, 과학기술의 발달로 머지않아 없어질 직업의 리스트가 끊임없이 회자된다. 인간에게도 임금을 전제로 한 노동 개념이 얼마나 더 유효할지 알 수 없고, 포스트노동사회로 진입하는 현시점에 동물노동을 논하는 것이 적절한지 의문이 드는 것도 사실이다. 기존의 노동 사회에서 보이는 극심한 실업률, 노동하는 자와 노동하지 않는 자 간의 지위격차 내지 빈부격차, 사회적으로 강요되는 근면과 절제의 노동 윤리 같은 문제들을 생각하면 말이다. 그러나 그동안 가려져 있던 동물의 '노동'을 어떤 방식으로든 드러낸 후에야 포스트노동사회에서의 동물의 지위나 동물노동의 전환, 나아가 동물노동의 해방까지 이야기를 전개해볼 수 있지 않을까.

왜 하필 노동인가

세금 내는 동물, 국방의 의무를 지는 동물, 노동하는 동물 등으로 편의상 구분해서 말했지만, 여전히 찝찝한 것이 사실이다. 동물을 노동자로 보는 관점 자체가 동물복지를 향상시키자는 정도의 논의로 흐를 수 있기 때문이다. 동물을 극단적으로 의인화하거나 동물학대나 착취를 노동으로 어설프게 둔갑시키는 노동워싱labour washing을 자행하고 있는 것은 아닌가라는 고민도 따라붙는다. 동물이 직접 행동으로 정치를 한다는 말이 인간중심주의 사회에서 받아들여지지 않는 것만큼이나, 이러한 논의가 동물권 진영에서 수용되는 것도 어려울지 모른다. 그럼에도 불구하고 이런 논쟁적인 논의를 꺼내는 것에는 어떤 의미가 있을까? 노예제의 역사에서 노예를 단순히 개인의 재산으로 간주하는 동안에도 그 안에는 누군가의 노동이 있었으며, 노동의 언어를 쓰지 않으면 사회가 동물을 인간 활동의 수단으로 쓰는 것을 당연하게 여긴다는 사실을 발견하는 것일 수도 있겠다. 혹은 노동의 언어를 쓰면 극단적 노동의 모습이 덧씌워지면서 부조리와 부당함이 눈에 보일 수 있을지도 모른다는 기대나, 도살장으로 끌려가는 트럭에서 뛰어내리는 돼지, 송아지를 빼앗기지 않으려는 어미 소, 마장마술경기에서 점프를 거부하는 말, 동물원에서 탈출하는 코끼리를 동물노동자의 저항으로 본다면 노동자들의 저항이 그들의 권리 확장으로 이어진 노동의 역사를 참고할 수 있겠다는 희망이 있었을지도 모른다.

　　그러한 고민 끝에 우선 노동의 개념부터 다시 정의해

야겠다는 생각이 들었다. 먼저 노동이 자발적이고 신성한 어떤 것이라는 표상을 걷어내고 노동을 자본주의 시스템에 가치를 더하는 활동의 일종이라고 한다면, 산업혁명 시대 비참한 노동자의 삶, 즉 대부분 가난한 여성들과 어린이들이 하루에 16시간씩 더럽고 냄새나는 환경에서 혹사당하다 스무 살이 되기 전에 사망에 이르렀던 삶을 그들이 스스로 원했을 리 없다는 점을 상기해보면, 그것을 노동이라 부르든 활동이라 부르든 행위라 부르든 전쟁터에서, 실험실에서, 농장에서, 동물원과 수족관에서 동물들도 일을 하고 있다고 볼 수 있지 않을까. 다소 논쟁적이고 분명하지 못한 개념일지라도 동물들의 삶에 긍정적인 변화를 가져올 수 있다면, 중간 단계로서 '노동'이라는 개념을 선택하되 거기서 멈추지 않고 더 밀고 나가보려 한다.

동물을 노동자로 본다는 아이디어를 준 것은 해러웨이였다. 해러웨이는 동물을 바라볼 때 항구적으로 의존적인 존재('뒤떨어진 인간'), 전적인 타자('비인간'), 혹은 동일자('털옷을 입은 인간')라는 카테고리를 사용하는 것으로는 멀리까지 도달할 수 없다고 하면서, 동물의 노동을 포함한 자본론을 다시 쓸 것을 주문한다. 그 말에 솔깃하여 바로 고민을 시작했지만, 그 과정은 상당한 고난이었다.

먼저 다양한 질문을 던져보며 호기롭게 시작했다. 동

물도 노동을 할까. 동물을 착취하지 않고 일하는 것이 가능할까. 동물들은 일을 통해 힘(역량 강화, 기쁨, 보람 등)을 얻을 수 있을까. 노동하는 동물에게 권리가 필요할까. 동물이 노동에 저항한다면 어떻게 반응해야 할까. 동물의 노동권을 어떻게 실현할 수 있을까. 그러다가도 조금만 방심하면 금세 동물을 피해자, 피학대자, 피착취자로 보는 내가 있었다. 군대에서 벌어지는 동물실험들, 농장과 도축장에서 벌어지는 살육의 현장을 두고 '노동'을 이야기하는 것이 그저 말장난처럼 느껴지기도 했다. 오히려 그런 접근이 사회적·법적으로 고발해야 마땅할 끔찍한 행위들을 가리고 있다는 생각이 들었다. 그러나 한편으로 해러웨이가 동물을 노동자의 지위에 세우면서 드러내고 싶어 하는 것도 알 것 같았고, 그것 역시 필요하고 의미 있는 일이었다.

해러웨이는 조셉이라는 동물 관리인이 아프리카 수면병을 연구하는 실험실에서 기니피그, 체체파리(아프리카 흡혈성 파리), 트리파노좀(독), 소와 반려종으로 지내는 소설 속 일화를 소개한다. 일화에서 기니피그는 소를 대신해 실험대에 올려진다. 체체파리에 의해 아프리카 수면병에 전염되어 죽어가는 소를 살리기 위한 실험이다. 실험대 위 기니피그의 피부에는 체체파리를 박멸할 수 있는 독물이 칠해져 있고, 체체파리는 기니피그의 피부에 붙어 피를 빨고 있었다. 이때 조셉은 실험은 잔혹한 일이지만, 여기서 연구하는 것 덕분에 언젠가는 가축(소)이 죽는 것을 막을 수 있을 것이라 생각하면서 체체파리의 케이지에 자신의 팔을 넣는다. 그러자 체체파리는 그의 살갗에 달라붙어 피를 빤다. 그는 이러한 행위를 통해 기니피그들의 고통을 알고자 했으며, 고통을 야기하는 자신의 실험 행위에 이미 악의가 있지만 그 고통을 나눈다면 신이 자신을 용서해줄지도 모른다고 생각한다.[52] 조셉이 옆에서 체체파리에게 물린다고 기니피그가 고통받지 않는다거나 고통이 경감될 리는 없지만, 내게는 조셉의 행동이 최소한 자신의 자리에서 이 연결망, 현실, 부조리, 위험을 외면하지 않고 연대를 표명하는 방식으로 보였다. 해러웨이는 조셉이 자신을 실험대에 올리는 영웅적 행위를 한 것이 아니라고 말했지만, 나는 그 행위가 동물 대신 나를 실험대에 올릴 수 있다는 각오 위에서라야 이런 실험을 수용할 수 있다는 것으로도 읽혔다.

하지만 모든 실험이 이런 맥락을 공유할 수는 없다. 군대 내 실험실에는 잔혹하고 끔찍한 사례들이 즐비하다. 1990년대 초 미국에서 고양이 700명을 마취시키고 기계로 고정시킨 채 총으로 머리를 쏴 죽이는 '실험'을 한 것이 밝혀졌는데, 전투 중 뇌 손상을 입은 군인들을 치료하는 데 필요하다는 명목이었다. 사회적 비판 여론에 의해 그 실험을 할 수 없게 되자 이제는 군인이 외상을 당했을 때 어떻게 응급조치를 해야 하는지를 훈련하는 데 필요하다며 생체 조직 훈련live tissue training이라는 이름으로 염소와 돼지에게 똑같은 짓을 했다. 그렇게 염소와 돼지들은 총에 맞고, 불에 타고, 사지가 절단되고, 죽어갔다. 오직 생체 조직 훈련에만 사용되고 죽는 돼지와 염소의 숫자가 매년 9천 명에 육박한다. 군대는 군인들의 공격적인 정신 상태를 촉진하는 데도 동물을 이용한다. 동물을 잔인하게 학대하게 함으로써 인간을 공격하는 데 가책을 덜 느끼는 유능한 살인자로 길러내는 것이다. 유명 영화에서도 다루었듯 나치는 친위대 대원들을 독일 셰퍼드 종과 한 명씩 짝을 지어줬다. 대원들은 12주 동안 개들과 친밀하게 호흡을 맞춘 뒤 상관 앞에서 개의 목을 부러뜨려 자신이 정예 대원으로서 꼭 필요한 복종의 자질이 있음을 증명해야 했다. 볼리비아 군대의 군인들이 수업 시간에 의식이 또렷한 채로 울부짖는 개들의 가슴을 칼로 가르고 심장을 도려내는 영상을 보면 웃음을 터뜨리며 환호하기도 하고 소극적인 군인들을 조롱하고 놀리기도 한다. 지휘관은 막 꺼낸 개의 심장을 들고 장병들의 얼굴에 피를 바르기도 했다. 이 모습이 내게는 이스라엘이 팔레스타인에 쏘는 미사일을 지켜보며 마치 불꽃놀이를 관람하듯 환호성을 질렀던 사람들의 모습과 오버

랩되었다.

　모든 실험실을 긍정할 수는 없다. 이런 실험실은 폐쇄되어야 마땅하고, 해러웨이도 같은 생각이리라 믿는다. 저 사례들에서 우리가 배울 수 있는 것은 동물도 총에 맞고 불에 타고 사지가 잘리고 심장이 도려내지면 고통스러워하고 죽는다는 사실뿐이다. 물론 저곳에서도 정치는 필요하지만, 해러웨이가 말하고자 하는 것은 잔혹함을 최소화하는 것만으로는 충분하지 않다는 것이리라. 이제 잔혹함을 최소화하는 것 그 이상의 책임에 대해 말해보려 한다.

응답하는 힘: 죽여도 되는 존재로 만들지 말라

　동물들이 지는 책임은 앞에서 이야기했으니 이제는 인간이 응답할 차례다. 자크 데리다Jacques Derrida도 지적했듯 책임을 뜻하는 'reponsibility'는 응답을 뜻하는 'reponse'와 능력을 뜻하는 'ability'의 합성어이다. 즉, 책임은 응답하는 능력을 뜻한다. 윤리학자 리처드 니버Richard Niebuhr 역시 응답성에 주목한다. 니버는 '좋음'을 앞세우는 목적론이나 '옳음'을 기준으로 하는 의무론과 달리 적합한 응답 행위를 윤리의 근본으로 삼는다. 우리의 삶은 응답 관계 속에 있으며,[53] 응답 능력의 결여는 무책임이 된다. 이것을 동물문제에 대입하면, 중요한 것은 동물이 말할 수 있는지가 아니라 우리(듣는 이)가 응답할 수 있는지, 그 응답이 무엇을 의미하는지, 응답에 또는 응답으로 책임을 질 수 있는지가 될 것이다. 스피박의 이야기와도 자연스럽게 이어지는 지점이다.

해러웨이는 '죽이지 말지어다Thou shalt not kill'라는 계율에서 손을 떼고 죽여도 되는 존재로 만들지 말지어다Thou shalt not make killable라고 고쳐 써야 한다고 말한다. 얼마 전 KBS 드라마 〈태종 이방원〉에서 낙마 촬영 후 사망하여 논란이 된 말 '까미'를 다룬 기사의 헤드라인은 '죽어도 되는 말은 없다'였다. 해러웨이의 이러한 경구는 우리가 절멸에 이르게 되는 것은 죽이기 때문이 아니라, 죽여도 되게 만들기 때문이라고 경고한다. 조셉은 기니피그들이 죽여도 되는 존재가 아님을 이해하고 있었다는 점에서 응답의 책임을 졌다. 죽여도 되는 존재를 줄여나가는 것이야말로 응답하는 힘이 아닐까. 라투르는 이것을 생산시스템system of production과 생성시스템system of engendering으로 설명하기도 한다.[54] 전자는 인간에게 중심적 역할을 부여하고 자유를 중시하는 반면, 후자는 인간에게 여러 분산된 역할 중 하나를 부여하고 상호의존을 주요 원칙으로 한다. 해러웨이도 '스스로 만든다'는 뜻의 오토포이에시스autopoiesis에서 '함께 만든다'는 심포이에시스sympoiesis로의 인식의 전환이 필요하다고 강조한다. 누구도 혼자 만들지 않고 어떤 것도 홀로 만들어지지 않는다[55]는 사실을 우리는 너무 자주 잊어버린다. 이러한 인식과 시스템의 전환으로의 노력이 지금 우리에게 요구되는 응답으로서의 책임이 아닐까 한다.

그런 의미에서 동물노동자에 대한 응답의 책임을 거칠지만 우리에게 친숙한 노동3권과 사회보험을 경유해 찾아보려고 한다(상상하는 것에 가까울지도 모르지만 성의를 다해보겠다). 노동3권은 노동자의 인간다운 생활을 보장하기 위해 헌법에서 정한 단결권, 단체교섭권, 단체행동권이다. 마르크스가 만국의 노동자들에게 단결하라고 외쳤다면, 만국의 동물노동자들은 아마도 대리를 통해 단결하고, 교섭하고, 행동할 것이다. 하지만 꼭 그렇지만은 않은 장면을 보여주는 영화가 있다.

〈화이트 갓White God〉(2014)은 실제로 순종이 아닌 믹스견에게는 무거운 세금을 부과하는 정책으로 유기되는 개들이 많아지자 사회적으로 문제가 되었던 헝가리를 배경으로 한다. 아버지에 의해 집에서 쫓겨난 '하겐'과 그를 찾아 헤매는 소녀 '릴리'가 주인공이다. 길에서 떠돌던 하겐은 보호소에서 학대와 안락사의 위험에 치했다가 도망치지만,

도망친 곳에서 만난 보호자에 의해 다시 학대받고 약물을 투여당해 투견으로 훈련된다. 그렇게 인간을 적대하게 된 하겐은 비슷한 사정으로 단결한 유기견들의 우두머리가 되어 여태껏 자신들을 학대했던 인간들을 해치기 시작한다. 영화 후반부에 하겐을 찾아다니던 릴리는 결국 유기견들의 우두머리가 된 하겐과 마주하게 된다. 릴리는 하겐과 그의 동료들 앞에서 사과의 표현으로 트럼펫으로 '헝가리 랩소디'를 연주한다. 사과를 받아들이듯 하겐이 몸을 낮추자, 릴리도 땅바닥에 몸을 붙여 하겐을 마주한다. 몸을 낮추어 다른 종족과 눈높이를 맞추고 땅과 나란해진 인간과 동물의 이미지는 인간이 다른 지구 구성원들과 동등해질 때 서로의 응답이 시작될 수 있음을 보여주는 것 같았다. 게다가 총 250여 명의 개들이 촬영에 참여한 이 영화는 촬영 기간 내내 동물 처우에 관한 지침을 준수하고 동물들이 최대한 안전하고 편안하게 촬영에 임할 수 있도록 최선을 다했다고 한다. 영화에 등장하는 개들은 모두 보호소에서 데려왔는데, 촬영이 끝난 후에 전부 입양되었다. 연기 노동을 한 동물 배우들에 대한 최소한의 존중이랄까.

다시 돌아와서, 우리가 '동물복지'라 일컫는 대부분의 것들은 동물노동자의 단체교섭으로 설명할 수 있다. 동물해방으로 이행하는 과도기의 모습들, 가령 동물복지농장

인증 제도 도입은 낮은 수준의 단체교섭으로, 동물실험을 동물대체실험으로 전환하는 것은 그보다 높은 수준의 단체교섭으로 이해할 수 있을 것이다.

다음으로 사회보험은 질병, 상해, 실업, 노령 같은 사회적 위험을 보험의 형식으로 대처함으로써 국민의 건강, 소득, 노후를 보장하는 제도이다. 그중에서도 4대보험인 국민연금, 건강보험, 산재보험, 고용보험은 많은 노동자가 필수로 가입하게 되는 보험이고, 고용보험에는 실업급여, 육아휴직급여, 상병수당/유급병가 등이 포함된다. 이 중 산재보험은 부상의 위험이 잦은 동물에게 필수적이다. 앞서 말했던 드라마 촬영 후 사망하여 논란이 된 사건의 말 '까미'는 은퇴한 경주마로 알려져 있다. 국내 경주마는 외국에서 수입되거나 제주 등지에서 태어나 2살 즈음 경주를 시작하고 2~5년 남짓 경기를 뛰다가 성적이 떨어지면 퇴역한다. 은퇴한 말의 약 41%(764명)가 '용도 미정'이고, 승용으로 전환된 말은 약 31%(581명)다. 승용 말 가운데 특히 사람에게 순종적인 말은 까미처럼 대여 업체를 통해 하루 40~50만 원의 대여비를 받고 촬영에 참여하기도한다.

경주마가 능력을 잃었을 때 퇴역 여부나, 퇴역 후 처리는 오로지 마주에게 달렸다. 마주들이 경주를 뛰지 못하는 말을 퇴역시키는 이유는 상금을 벌어오지도 못하는데 한

달에 100~200만 원씩 관리비가 들기 때문이다. 마사회에서는 해마다 이런 '승용 부적합마'를 관리하기 위해 경주퇴역마 용도다각화 지원 사업을 진행한다. 물론 그 자원 사업이라는 게 사료용, 모피 및 부산물 가공용, 렌더링 처리용, 생축 수출용으로 용도 전환한 경우, 마사회에서 한 명당 100만~200만 원까지 지원해준다는 것이어서 입에 담기에도 민망한 수준이지만. 마사회는 2022년에 '경주 퇴역마 복지 가이드라인'을 발표하기도 했다. 퇴역 경주마가 새 역할을 수행하면서 적정한 관리를 받고 복지 수준을 유지할 수 있도록 말 관계자가 지원해야 한다거나 퇴역 경주마가 언제나 이력 추적이 가능한 상태가 되도록 노력해야 한다는 등의 내용을 담고 있지만, 전부 권고일 뿐이다. 경주마는 운동선수나 마찬가지고 부상의 위험이 높다. 애초에 과도하게 경주마를 양산하지 않고, 경주마로서 적절한 훈련을 보장하고, 약물 사용도 규제해야겠지만, 산재보험과 같은 제도를 통해 퇴역 후 치료 및 휴양 시스템을 강화하고, 보호시설을 마련하는 등 부상이나 질병을 겪더라도 여생을 안전하고 편안하게 지낼 수 있는 장치를 고안하는 것도 생각해볼 만하다.

고용보험에서 보장하는 출산후휴가제도와 육아휴직제도는 자녀를 출산하고 양육하는 노동자의 노동 의무를 면제하고 불이익 없이 휴식을 보장받도록 하는 제도이다. 흔히 '젖소'라고 불리는 홀스타인 종의 얼룩소는 굳이 따지자면 착유노동자라고 할 수 있다. 너무나 당연한 얘기지만 자녀에게 젖을 먹이는 포유류는 자녀를 배고 낳았을 때만 젖이 나온다. 즉 우유를 짜내는 얼룩소는 늘 임신과 출산의 과정을 끝없이 반복한다는 뜻이다. 사람처럼 10개월 임신하는 얼룩소는 출산 후 착유를 하고 60일 동안 젖을 말린 뒤 다시 인공수정을 통해 임신한다. 그런데 포유류 여성은 출산을 하고 나면 몸이 급격히 약해진다. 그렇게 얼룩소는 몸이 망가져 더는 우유를 생산할 수 없을 때까지 임신, 출산, 착유를 반복하면서 면역력, 근골격계가 약화되는 등 건강이 계속해서 악화된다. 얼룩소의 평균 수명은 약 30년이지만, 우유 생산에 동원되는 얼룩소들은 7~10년밖에 살지 못한다. 자녀와도 5~7일 만에 젖을 뗀 뒤 생이별해야 한다. 이들에게 출산후휴가제도와 육아휴직제도와 같은 제도를 통해 최소한의 건강을 회복할 시간, 자녀에게 충분히 젖을 물리고 자녀와 교감할 시간을 보장하는 것도 가능해보인다.

　동물노동자의 권리에 대한 내용을 쓰면서도 처음에는 이게 말이 될까, 과연 설득력이 있을까 의심스러웠다. 그러나 갈수록 너무 말이 된다고, 단순한 의인화가 아니라 노동하는 동물들에게 정말 필요한 발상이라는 믿음이 생겨났다. 우리는 흔히 동물에게는 동물이 사는 고유한 방식이 있

고, 그 습성을 최대한 존중하는 방향으로 나아가야 한다고
말한다. 그러나 이미 인간의 생활과 너무 밀착되어 인간과
동일한 사회 구조에서 '유사인간'으로 살고 있는 동물들에
게 당장 필요한 세계는 인간의 현실과 비슷한 모습을 하고
있을지 모른다. 이런 환경을 지속하자거나 동물복지를 증
진하면서 지금과 같은 관계를 유지하자는 것은 결코 아니
다. 경마는 물론이고 낙농업과 축산업은 모두 종식되어야
한다. 다만 앞에서 보았듯 의인화는 다른 종의 경험을 이해
하기 위해 인간이라는 종의 경험을 활용하는 유용한 도구
라는 점과, 인간이라는 종은 많이 연구되었으므로 다른 동
물을 이해하기 위한 좋은 모델임을 상기하면, 이런 의문이
든다. 왜 우리는 동물이 해방되고 동물권이 향상될수록 인
간이 해방되고 인권이 향상될 거라고 이야기하면서, 200여
년에 걸쳐 연구하고 발전시켜온 인권의 유익함을 동물에게
적용하는 것을 주저할까? 생각해보면 지금의 현실도 전부
상상의 산물이었는데 말이다.

다시, 만국의 노동자들이여, 단결하라

이러한 응답하는 힘은 인간노동자와 비인간노동자들

의 연대 속에서 극대화될 수 있다. 영화 〈도미니언dominion〉 (2018)이나 〈카우스피라시cowspiracy〉(2014)를 보면 도살장의 인간노동자들은 자신이 맞추어야 하는 회전 속도와 할당량 때문에 동물노동자들을 때리고, 목 조르고, 끓는 물에 집어넣고, 신체를 절단하곤 했으며, 이러한 폭력이 자신의 삶에도 외상후스트레스장애 등의 부정적 영향을 미쳤음을 고백한다. 이는 구제역, 조류인플루엔자 같은 전염병이 발생했을 때 이른바 '예방적 살처분'을 했던 인간들에게도 동일하게 나타나는 증상이다. 이들은 주로 집단 내에서 국적·인종적으로 소수/비주류이며, 대부분 소득잠재력이 낮다. 이처럼 사회의 가장 어둡고 위험한 자리로 내몰린 자들은 다수/주류로부터 '동물 취급을 당했다'고 서슴없이 말하곤 한다. 원양어선에 탔던 외국인 선원들이 '물리적·언어적 폭력에 시달렸다', '맨밥에 바닷물을 먹어야 했다', '그러다 죽으면 바닷물에 던져졌다'라고 이야기하며 '동물 취급'을 당했다고 증언하는 것도 맥을 같이한다.

일차적으로 '동물 취급'이라는 표현은 불편함을 야기한다. 하지만 이들이 고백하는 비인간적인 취급이 동물을 경유해 표현된다는 것은 인간노동자들에게 가해진 폭력과 착취가, 동물노동자들에게 가해져온 폭력과 착취와 만나 문제가 표면에 함께 드러날 수 있음을 보여준다고 생각할 수도 있다. 우리는 동물노동자의 노동을 말할 때 인간노동자의 무게를 지우지 않으면서 인간노동자들이 함께 일하는 제약·의료 분야와 동물원과 수족관 같은 동물-산업복합체의 구조를 종합적으로 살펴봐야 한다. 또한 도살장에서 인간노동자와 동물노동자에게 가해지는 폭력에 대한 고발은 이러한 폭력을 만들어내는 시스템에 대한 구조적 비판과 함께 제기되어야 한다. '동물 같은' 대우를 받으면서 도축장, 사육 농장, 원양어선, 가공 공장에서 일한다는 것은 바로 그 지점에서 동물노동자와 인간노동자가 연대의 파트너로, 동등한 눈높이로 만날 수 있음을 의미하기도 할 테니 말이다.

동물노동자들이 속한 곳 중에서도 특히 대학 실험실은 기관의 특수한 성격 때문에 사고가 많이 발생하는 곳이다. 예컨대 수의대에서는 실험 실습을 위해 불법 개 농장이나 건강원에서 실험견을 공급받아 실험하고, 실험에서 건강이 악화된 개들을 방치하여 죽음에 이르게 했으며, 실험을 마친 개들을 학생들에게 떠넘기듯 강제로 입양시킨 사건이 있다. 심지어 해부실습용 동물을 직접 학생들에게 구해오라고 지시한 곳도 있었다. 해부 실습을 원하면 안락사가 예정된 개를 개인적으로 데려오라면서, 학교에서는 안락사 이전의 실습 과정만 지원하겠다는 것이었다. 물론 대학은 교육기관이어서 다른 곳(의료 기관, 민간 기업 등)에 비해 외부로 알려질 만한 기제나 유인들이 많을 수도 있겠지만, 반대로 법의 사각지대에 놓여 있기도 하다. 실험동물법에서는 동물실험을 할 때 등록된 실험동물 공급 기관을 통해서만 동물을 공급받도록 정하고 있지만, 대학 등 교육기관은 이 법의 적용에서 제외되었기 때문이다. 대학은 예산이 부족하여 실험동물 공급 기관 동물들의 '가격'을 감당할 수 없다는 입장이고, 이를 감안해 법에서도 빠져나갈 구멍을 만들어준 것이다. 그 결과로 실험실에서 가장 약자인 동물과 학생에게 폭력과 피해가 전가된다.

그렇다면 재정을 더 확보해 실험동물 공급 기관에서 동물을 데려오면 문제가 해결될까? 당연히 그렇지 않다. 이탈리아는 동물실험 연구에 참여하지 않을 양심적 거부권을 인정하고, 이를 이유로 불이익을 주는 것을 금지하고 있다. 위 사건들이 알려진 배경에는 동물노동자와 연대한 수의대 학생들의 고발이 있었다. 동물실험을 하는 전공의 학생들은 동물실험을 거부하고 대안실험 선택권을 요구함으로써 책임을 행사하기 시작했다. 이들은 실험동물을 시료가 아닌 생명으로, 다른 식으로 표현하자면 시료가 아닌 실험실의 노동자로 보아야 한다고 말한다. 그들이 죽여도 되는 존재가 아니라고 선언함으로써 응답하고 있는 것이다. 이것은 또한 실험실 노동자들이 단결권, 단체행동권을 행사한 것으로 이해될 수 있다.

경주마들에게 응답하는 이들도 있다. 한국마사회가 운영하는 경마장인 렛츠런파크 부산·경남에서 2년 사이에 말관리사와 기수가 잇달아 자살하는 사건이 있었다. 2005년 개장 이래 그러한 비극적 죽음은 7번이나 있었다. 그중 모기수가 남긴 유서에는 일부 조교사의 부당한 지시로 기수라는 직업에 한계를 느끼고, 조교사가 되기 위해 자격증까지 땄지만 불공정한 벽에 부딪쳐 심한 모욕감을 느낀 경험들이 빼곡하게 적혀 있었다. 마사회 마방(마사·경주마 관리 시설)에는 마주와 조교사, 말 관리사, 기수가 있다. 마주는 말의 소유주이고, 조교사는 마주로부터 경주마를 수탁받아 관리하는 개인사업자다. 조교사는 이를테면 말 관리사를 고용하고 기수와 계약해 운용하는 감독으로 비유할 수 있는데, 이 조교사 사업자 허가권은 마사회에서 가지고 있다. 이런 구조 때문에 조교사는 마사회에 종속될 수밖에 없고 다시 말 관리사와 기수는 조교사에 종속될 수밖에 없다. 기수도 개인사업자지만 성적이 하위권인 선수는 더 많은 출전권을 확보하기 위해 조교사의 지시를 어기기가 쉽지 않다. 이렇듯 철저하게 위계적인 구조 안에서 실제로 노동을 하는 말, 기수, 말 관리사가 놓인 구조는 다르지 않다. 당장 현실에서 경마를 없애라는 것과 말에 대한 처우를 개선하는 것이 택일의 문제가 될 수 없듯 기수와 말 관리사에 대한 처우와 환경이 개선되지 않는 한 말에 대한 처우와 환경이 나아지길 기대할 수 없다. 이런 구조를 바꾸려면 기수와 말 관리사와 말은 서로 연대해야 한다. 유명을 달리한 기수와 그 가족들, 또 그들과 연대하는 이들의 정치적 행동으로 기수, 말 관리사의 처우를 개선하자는 합의는 조금씩 이루어지고 있다. 노조가 설립되어 최저임금 보장, 조교사의 부당 지시 금지 등을 요구하고, 동시에 현역 및 퇴역 경주마에 대한 처우 개선 방안도 함께 제시되고 있다. 말들이 벌어들인 상금의 3%를 퇴역 경주마를 위해 사용하고, 말 이력제를 의무화하고, 말의 복지에 관한 법을 제정하자는 것이다. 이런 이야기들이 같은 입에서 발화될 때, 인간노동자와 동물노동자의 단체행동이 동물에 의한 정치적 행동으로 전환될 수 있지 않을까.

제4장 동물원, 복지원, 보호소

이 법이 한 일은 몇 가지 확고한 원칙을 세운 것이다. 정신보건 환자가 사람으로 인정되어, 이들에게 권리(투표권, 자신의 치료에 대한 통제권, 바깥세상에서 살 권리)를 (돌려)주었다. (…) 정신질환자 보호소는 없어진다는 점을 분명히 했다. 새 환자를 수용할 수 없었다. (…) 장기적으로 더 중요한 것은 새 정신병원을 세울 수 없다는 사실이었다.[56]

존 풋, 《정신병원을 폐쇄한 사람》

갇힌 존재들

어린 시절 가족, 친구, 연인과 함께 찾던 동물원은 포근한 노란빛 봄과 닮았었다. 나와 다른 얼굴로 다른 몸짓을 하고, 독특한 소리를 내는 동물들은 그 자체로 호기심의 대상이었다. 철창과 유리장 밖 혹은 견고한 버스 안에 있는 나에게 그들은 위협이 될 수 없었고, 신기함, 귀여움, 놀라움 같은 자극적인 감각은 다른 감각들, 조금만 집중했다면 이들의 표정, 소리, 몸짓으로 보고 듣고 느낄 수 있었던, 그리하여 이들이 어디서 어떻게 왔을까를 되짚어 보게 했을 감각들을 쉽게 가려버렸다. 그런 동물원 이미지가 을씨년스러운 회색빛 겨울로 변하게 된 건 10여 년 만에 동물원을 찾은 2010년 즈음이었던 것 같다. 닿지 않아도 손끝이 시린 쇠창살, 축 늘어진 동물들의 생기 없는 눈빛을 보는 것이 내내 불편했다.

그날을 마지막으로 다시는 동물원을 찾지 않았다. 아니, 찾지 않았다고 생각했다. 그러다 어느 순간 불현듯 내가 꾸준히 '동물원'에 갔다는 사실을 깨달았다. 최근 10년간 시설조사, 실태조사라는 명목으로 장애인 거주시설, 정신병원, 정신요양시설, 노숙인 보호시설, 요양병원에 발을 들일 때마다 느꼈던 불편한 기시감. 이들은 '감금' 혹은 '격리'라는 공통의 팻말을 들고 가장자리에 서 있었다. 동물이 정치·경제적 의무와 책임을 다하지 않았다는 이유로 가장자리 사례와 비교되었다면, 그들에게는 사회·문화적 측면에서 공동체가 기대하는 역할을 수행할 수 없는 결핍된 존재, 나아가 함께할 수 없는 위험한 존재라는 주홍글씨가 찍혀 있었다.

그들이 끝없이 오버랩되는 이유에 대한 궁금증에서 고민이 시작되었다. 창살 너머로 마주했던 동물, 시설 속 장애인, 외국인, 정신질환자가 건넨 물음은 무엇이었을까. 장애인/노숙인(구 부랑인) 거주시설, 외국인보호소, 정신병원, 거기에 동물원과 수족관까지 그 역사를 살펴보면 각각의 시설이 탄생한 시기와 배경은 조금씩 다르지만 작동 방식은 놀랍도록 유사하다. 그리고 시설 속 존재들은 일제히 동물원 폐지, 탈시설, 보호소 폐쇄, 강제입원 금지를, 시설 밖에서 존엄하게 살아갈 권리를 요구하고 있다. 우리도 이러한 외침에 조금씩 익숙해지고 있지만, 현실은 아이러니하게도 동물원도 거주시설도 오히려 늘어나고 있다. 동물원, 복지원, 보호소는 어떤 점에서 닮았고, 그 안에서 살아가는 존재들의 구호 앞에 우리에게는 어떤 응답의 준비가 되어 있을까.

동물원, 수족관이라는 시설

2013년 개장한 어느 수족관에는 큰돌고래 16명, 벨루가(흰고래) 4명이 있었다. 돌고래들은 매일같이 수족관 수조에서 야외 공연(3회)과 수중 공연(1회)을 했고, 이용객들이 돌고래와 직접적인 신체 접촉을 할 수 있는 이른바 '체험형 프로그램'에 동원되었다. 그런데 바다에 사는 돌고래는 하루에 100~116km를 이동하고 수심 500m 이하(벨루가는 최대 900m)까지 잠수하지만, 이들은 면적 240~525㎡, 깊이 4~6m의 수조에 갇혀 있었다. 감금된 상태로 매일같이 중노동에 시달렸다. 게다가 돌고래는 평균 지능지수가 80에 달하는 고지능 동물로, 자의식이 있는지를 확인하는 거울실험을 통과하였으며 수십 명에서 수천 명까지 무리생활을 한다. 돌고래는 무리 안에서 서로에게 이름을 지어주고 헤어진 지 20년이 지나도 이를 잊지 않을 만큼 기억력이 뛰어나고, 모성애, 우울증, 집단 따돌림, 집단 환각 등을 감각하는 복잡한 감정 체계를 갖고 있다. 또한 야생에서 인간에게 포획되었다가 다시 방류되어 무리로 돌아가더라도 적응할 확률이 높다.[*] 이러한 습성과 지능을 지닌 돌고래가 자신이 감금되었다는 사실을 모른 채 사육사들의 돌봄 아래 행복하게 지낼 것이라는 생각은 억측에 가깝다. 돌고래들은 자신이 어제도 갇혀 있었고, 오늘도 갇혀 있으며, 내일도 갇혀 있을 것임을 알고 있다.

[*] 제주 큰남방돌고래 제돌은 2009년 5월 불법 포획되어 돌고래쇼 공연 업체에 팔려 갔다가 서울대공원으로 옮겨져 돌고래쇼에 동원되었다. 이후 돌고래들을 불법 포획한 업체가 기소되고, 돌고래쇼에 대한 부정적 인식이 확산되는 분위기 속에서 '제돌이 방류 시민위원회'가 구성되었고, 제돌은 삼팔, 춘삼과 함께 약 4년 만인 2013년 7월 야생 적응훈련을 거쳐 다시 바다로 돌아가게 되었다. 일각에서는 방류에 큰돈을 들이는 것에 대해, 또한 야생에 적응하지 못하고 도태될 것이라며 방류 자체에 대해 부정적 시각을 보이기도 했지만, 제주 바다로 돌아온 제돌, 삼팔, 춘삼은 야생 방류 후 만 10년이 지난 지금까지도 돌고래 무리에서 건강하게 살아가면서 간간이 안부를 전하고 있다.이후 2015년에 태산과 복순, 2017년에 금등과 대포가 추가로 방류되었는데 여성인 삼팔, 춘삼, 복순은 출산하여 자녀와 유영하는 모습을 보여주기도 한다. 삼팔은 최근 셋째를 출산하기도 하였다. 안타깝게도 금등, 대포는 생사가 확인되지 않지만, 방류 준비를 더 신중하고 철저하게 해야 한다는 반성이 필요한 것이지 방류 자체를 부정해서는 안 될 것이다.

이처럼 동물원은 동물을 본래 살던 서식지와 너무나 다른, 즉 습성에 적합하지 않은 환경에 감금한다. 수족관은 '돌고래들의 감옥'이라 불리며, 그곳에서의 삶이 어떤 악영향을 주는지 돌고래들의 행동에서 분명하게 드러난다.

돌고래는 드넓은 바다에서 수백 미터까지 뻗는 빠른 초음파를 쏘며 다양한 외부 정보를 습득하고 자신의 위치를 파악하여 이동 경로를 결정한다. 그런데 비좁은 수족관은 콘크리트나 유리로 만든 벽에 둘러싸여 있어 초음파를 쏘기에 적합하지 않다. 돌고래가 쏜 초음파는 사방의 벽에 몇 번이나 반사되어 돌고래에게 돌아온다. 그 짧은 음파들의 공전 때문에 돌고래는 거리와 방향을 판별하지 못하고, 하루 종일 극심한 이명에 시달리는 것과 다름없는 고통을 겪는다. 또한 돌고래는 바다에서 최대 시속 60km로 헤엄칠 수 있는데, 수족관 수조에서는 조금만 속도를 내도 벽에 가로막힌다. 비좁고 비위생적인 수조, 지나치게 높은 수온**, 하루 종일 들리는 소음, 소음과 음파 공전에 따른 극심한 이명과 강한 조명, 쇼에 동원되는 피로감으로 돌고래는 수조 안을 맴돌거나 반복적으로 뛰어오르거나 계속해서 벽에 머리를 찧거나 물

** 벨루가는 온열대 지역에 사는 큰돌고래와 달리 북극해 지역에 서식하기 때문에 수온이 15도 안팎으로 유지되어야 건강하게 생활할 수 있다. 그러나 여름철 실외 온도가 30도를 넘는 날에도 큰돌고래들과 같은 수조에서 방치되고 있다. 열대 지역 동물원의 북극곰과 마찬가지로 늘 폭염 속에 살고 있는 것이다.

위에 둥둥 뜨거나 아예 바닥에 잠겨 올라오지 않는 등의 정형행동을 보인다.

돌고래는 신체적·정신적 고통을 '괴롭다', '아프다'라는 사람의 언어로 표현하지 않는다. 그러나 사람의 말로 표현해야만 그들이 괴로움과 아픔을 겪고 있음을 알 수 있는 건 아니다. 이는 오히려 인간의 지능과 교감능력을 얕보는 태도다. 공리주의 학자들이 고통에 천착한 것도 동물과 인간을 막론하고 가장 알기 쉽게 드러나는 감정이 고통이라고 보았기 때문이다. 돌고래의 정형행동을 보고도 돌고래의 고통을 알 수 없다고 한다면, 그것은 알 수 없다기보다 알고 싶지 않은 게 아닐까.

2014년 개장한 어느 수족관에서는 20명의 돌고래 중 절반인 10명의 돌고래가 사망했다. 그중 2015년에서 2017년 사이 사망한 5명의 돌고래는 수족관에서 평균 661일을 살았다. 돌고래의 평균 수명이 40년 정도이고 수족관에 오는 돌고래 대부분이 어리다는 점을 고려하면(어릴수록 수족관 생활과 적응하거나 쇼 훈련을 시키기에 용이하기 때문이다), 극히 짧은 생존 기간이다. 사망 원인은 주로 폐렴과 패혈증으로, 다른 수족관도 사정은 이와 비슷하다. 전문가들은 돌고래가 바다와 달리 비좁고 열악한 수조에서 받는 스트레스로 인해 면역력이 약화되어 폐렴이나 패혈증에 쉽게 감염된다고 말한다. 게다가 돌고래들은 스트레스로 인해 서로를 물어뜯기도 하는데, 이로 인해 미생물에 감염되면 면역력이 낮아진 탓에 회복하지 못하고 사망에 이르는 것으로 추정한다.

동물을 가두어 목숨까지 잃게 만드는 이런 시설들은 어쩌다 생겨났을까. 고대 그리스, 로마 시대에도 알렉산더가 전리품으로 스승 아리스토텔레스에게 피지배국의 동물들을 선물하여 아리스토텔레스가 이를 계기로 동물 연구에 큰 업적을 남겼다는 이야기나, 로마가 세계 각지에서 대규모로 동물을 데려와 훈련시켜 죽음의 시합에 동원한 이야기 등 다양한 기록이 남아 있다. 근대 서구권에서 만들어진 동물원 역시 별반 다르지 않은 배경을 가지고 있다. 동물은 제국의 권력자(왕족, 귀족)들이나 자본가들이 부와 권력 혹은 명성을 과시하는 데 이용되었다. 그들이 자국에서 보기 힘든 아프리카, 아시아 대륙의 동물들을 자신의 군사나 탐험가를 시켜 잡아 와 한곳에 가두어 전시하고는 흐뭇해하며 자랑한 데서 동물원의 기원을 찾을 수 있다. 그러다 동물 보호의 선봉에 있던 영국의 런던동물학회Zoological Society of London에서 1828년에 동물학 연구에 필요한 표본 수집을 위해 조성했던 공간을 1847년 대중에게 개방한 것이 근대적 동물원의 시작이었다. 서커스나 살육전, 힘을 과시하기 위한 오락이나 유희가 아니라 점잖게 연구라는 목적으로 전문가들에 의해 만들어진 곳이라는 명분을 내세웠다. 런던동물원은 세계 동물원의 모델이 되었으며, 지금도 약 1,000종 이상 2만 개체가 넘는 동물들이 전시되어 있다. 수족관도 1853년 런던동물원에서 피시하우스fish house란 이름으로 처음 생겨났다.

동물 매매가 성행하기 시작한 시기인 1907년에는 동물원의 역사에서 중요한 전기가 찾아온다. 동물원의 역사에서 양가적인 평가를 받으며 꼭 등장하는 인물, 독일의 칼 하겐베크Carl Hagenbeck와 하겐베크 일가가 그 시기 변화의 주역이다. 그는 이전과는 다른 형태의 동물원을 선보인다. 런던동물원이 설립 목적대로 연구를 위한 표본을 전시하듯 동물들을 좁은 우리에 한 개체씩 가두었다면, 하겐베크 동물원은 동물들의 본래 서식지와 유사한 환경(아프리카 정글, 미국 대평원, 북극 등)을 조성하여 그 환경에 살던 동물들을 생물학적 분류와 상관없이 전시하였다. 런던동물원이 '동물'을 옮겨왔다면, 하겐베크는 '동물이 살던 공간'을 통째로 옮겨 온 것이다. 동물원의 역사에서는 이를 '하겐베크 혁명'이라고까지 부르며, 현대의 모든 동물원은 하겐베크의 방식을 바탕으로 한다.

하지만 하겐베크가 '동물이 살던 공간'을 옮겨 온 것은 동물을 위한 일이 아니었다. 하겐베크는 동물 매매를 비롯해 동물 산업을 부흥시킨 사업가에 가깝다. 한국 최초의 동물원으로 알려진 창경원에 코끼리를 판 것도 하겐베크라고 전해진다. 그는 전 세계를 돌며 돈이 될 만한 동물을 사고팔았고, '하겐베크 혁명' 역시 관람객에게 훨씬 매력적일 것이라는 판단에서 나온 상술이었다. 물론 런던동물원에 비하면 하겐베크 동물원에 사는 동물이 삶의 질은 상대적으로 좋을 수 있다. 그러나 하겐베크는 동물원을 성행하게 만들었고, 그만큼 고통을 호소하는 동물의 수는 기하급수적으로 증가했다.

하겐베크는 '사업 아이템'으로 인간(주로 아프키라 토착민들)도 동물원에 전시했다. 동물이 살던 환경을 통째로 옮겨 오는 과정에서 아프리카 토착민까지 잡아왔다는 사실은, 당시 토착민들을 바라보는 서구인의 시선을 적나라하게 보여준다. 사람들은 전시된 토착민들을 구경하면서 신기하다는 듯 만지거나 찔러댔다. 과학 연구라는 명목으로 연구자들은 원주민들의 나체 사진을 공유했고, 이들이 사용하던 동굴, 움막, 살림살이, 사냥 도구 같은 것까지 몽땅 들고 와서 박물관 수준의 전시를 하기에 이른다. 그 중심에도 당연히 하겐베크 일가가 있었다. 그들의 동물원 사업은 유럽 전역에서 선풍적인 인기를 구가한다.

이 동물원 사업의 피해자인 콩고 피그미족 남성 오타 벵가Ota Benga의 이야기는 널리 알려져 있다. 벵가는 1904년 콩고에서 전쟁으로 가족을 잃고, 노예상에 의해 미국으로 팔려 온다. 뉴욕 브롱크스동물원은 '인간이 영장류로부터 진화했다'는 중간 가설을 입증하는 증거라며 1906년에 벵가를 원숭이 '우리'에 '전시'한다. 그는 오랑우탄, 원숭이 등에게 식사를 제공하는 일을 했으며, '우리' 한쪽에 마련된 그물침대에서 그들과 함께 잤다. 당시 동물원 전시 안내문에는 벵가의 신장, 체중, 출신지 등의 정보가 적혀 있었다. 당시에도 이 전시가 인종차별적이라는 비판에 쏟아졌고, 비판 여론이 거세지자 동물원은 벵가를 풀어준다. 그러나 그 모멸감과 트라우마는 평생 벵가를 따라다녔던 것 같다. 몇 년 지나지 않아 그는 권총 자살로 삶을 마감했으니.

'보호'라는 이름의 정치

현대의 '시설'은 장애인, 홈리스, 노인, 아동 등 사회적 약자를 지역사회에서 분리해 수용하는 집단 거주공간을 가리키며, 장애인 거주시설, 정신요양시설, 정신병원, 요양원, 그룹홈, 쉼터 등 다양한 형태와 이름이 있다. 공통적으로 프라이버시를 통제하고 자기결정권을 제약하는 공간들이다. 이러한 시설의 역사를 이해하려면 푸코의 저작 《광기의 역사》를 빼놓을 수 없는데, 책에 등장하는 구빈원救貧院은 현대 '시설'의 원형에 가까우며, 시설과 정신'병원'이 같은 선상에 놓이는 이유를 알려주기 때문이다.

중세시대에는 광기를 인간의 본성 중 하나로 여겼고 일부 광인은 신탁을 전달하는 영매로 대우받기도 했다. 르네상스 시대에는 광기 자체를 부정했다기보다는 광인을 두려운 존재로 인식해 이들을 배에 태워 추방하는 관습이 만들어졌다. 그런데 데카르트의 유명한 명제인 '나는 생각한다, 고로 존재한다'로 대표되는 이성주의가 주류를 이루면서, 광기는 이성/정상rasion과 대비되는 비이성/비정상draison으로 취급된다. 즉, 광인은 이성적 사고를 하지 못하기 때문에 인간의 조건을 갖추지 못한 존재, 비이성의 상징이 되어버린다. 이때 루이 14세는 칙령을 내려 모든 무질서의 원천으로서 구걸과 무위도식을 막는 것을 목표로 파리에 종합병원hospital general을 설치하는데, 이름은 병원이지만 사실상 감호소였다. 의료 기관이나 자선 기관으로 기능하는 것이 아니라, 노동 활동에 참여하지 않는 사람들을 수용해 처벌했다. 당시 경찰의 몽둥이를 맞고 끌려가 구빈원에 수용된 인원은 파리 시민의 약 1%에 달하는 6,000여 명이었고, 유럽 각지에 이와 유사한 구빈원이 창궐하게 된다. 이를 대감호大監護, le grand renfermement 시설이라고 하는데, 이곳에 감금된 사람들은 광인 외에도 부랑인, 장애인, 연고 없는 노인, 장기 실업자, 사기꾼, 무신론자, 정치범 등이 있었다. 이러한 대감호 시대에 대감호 시설은 노동하지 않거나 노동할 능력이 없는 사람을 사회에서 격리해 처벌하는 수단으로 기능하였다.

프랑스 혁명 이후 절대군주가 인민을 감금하여 억압하는 것이 부당하다는 고발이 쏟아졌고, 수용소에 갇힌 사람들은 풀려나게 된다. 그런데 이때 광인만은 풀려나지 못하고, 끝까지 남은 광인들이 처한 처참한 현실을 본 의사 필리프 피넬Philippe Pinel과 사뮈엘 투크Samuel Tuke는 충격을 받고 수용소 개혁을 시작한다. 바로 이들을 정신질환자로 분류하기 시작한 것이다. 이때부터 광기는 정신'병'으로 분류되었고, 광인은 정신'병원'에서 치료받아야 할 대상으로 규정된다. 이러한 푸코의 설명을 통해 정신질환 환자들이 살게 된 정신병원의 본류는 시설이며 최초의 보호소는 병원이라는 명칭을 썼음을 알 수 있다. 국내법에서도 정신병원을 '정신건강증진시설'로 분류하며, 환자를 폐쇄된 공간에 강제로 수용하여 장기간 살아가게 하는 정신병원의 메커니즘과 시설에서의 삶의 양식이 다르지 않다는 점에서 시설과 정신병원은 함께 묶일 수 있다.

게다가 동물원 동물과 유사하게, 광인은 사람들 앞에 전시되기도 했다. 대감호 시대의 런던 베들레햄병원이나 파리 비세트르병원 등 유명한 병원에서는 그곳에 수용된 광인을 보기 위해 주말마다 수많은 관람객이 몰렸다. 이들은 기꺼이 돈을 내고 '인간 동물원'을 찾아와, 정신을 이성으로 통제하지 않으면 광기에 사로잡혀 '인간이 아니게 된다'는 '교훈'을 얻고 돌아갔다.

현대에도 아동, 노인, 외국인, 장애인, 유기동물 등 그들이 머무는 곳에 보호소라는 이름이 붙은 곳들은 참 많다. 보호소의 사전적 의미는 '위험이나 곤란 따위가 미치지 않도록 보호하려고 만든 곳'이다. 사전적 의미만 보면 보호소는 거주자의 삶의 질을 증진하기 위해 설치된 것처럼 보인다.

그러나 시설은 근현대국가의 통치 원리가 응집되어 작동하는 공간이다. 예나 지금이나 국가에게 국민은 국력(일하고, 세금을 내고, 전쟁을 치르는)으로서 중요한 자산이었다. 과거에는 왕에게 생사여탈권이 있어 마음대로 백성들을 죽이고 살릴 수 있었다. 말하자면 '죽게 만들고', '살게 내버려두는' 권력이었으며, 푸코는 이를 규율권력disciplinary power이라 말한다. 그러다 시민혁명과 산업혁명을 기점으로 국가는 슬쩍 빠지고 그 자리에 규율과 정보, 통계 같은 것들이 들어선다. 공간의 통제, 서열을 두어 개인의 신체를 감시하고, 훈련하고, 처벌함으로써 예속적 신체, 즉 자본주의 체제에 순응적인 신체로 길들인다. 학교, 공장, 군대, 감옥 같은 공간의 기능과 그곳에서 일어나는 일들이 바로 그 예이다. 이에 더해 권력의 관심이 점점 인간의 신체에서 인간 종으로 넓어진다. 이제는 인간을 각각의 개체로 보는 것이 아니라 전체 인구로서 보게 되고, 인구를 적절히 통제하고 관리하기 위해 건강, 위생, 출생률, 사망률, 수명 등의 지표를 적정한 수준으로 유지하는 데 국가가 보다 적극적으로 나서게 된다.[57] 가령 1970년대만 하더라도 중국처럼 산아제한을 했던 한국은 이제 각종 수당까지 쥐여주며 출산 장려 정책에 나선다. 전염병이 발생하면 예방, 치료, 연구, 대응 등 전방위적으로 정책을 펼쳐 관리한다. 우리는 '국가가 해야 할 일이란 게 당연히 그런 거지'라고 생각하지만, 어찌 보면 국가 권력이 규율보다 생명이라는 더 내밀한 개인의 영역까지 침투하게 된 것으로도 볼 수 있다. 여기서 권력은 국가의 관리에 따르면 '살게 만들고', 따르지 않으면 '죽게 내버려두는' 권력이며, 푸코는 이를 **생명권력**biopower이라 말한다. 국가의 통치 목적은 정규분포곡선의 중앙이 유지될 수 있도록 관리하는 것이며, 정규분포곡선 양 끝단의 존재에 대해서는 묵인하거나 내버려져도 어쩔 수 없다고 본다.

보호소는 바로 이러한 권력의 작동 방식들을 응집시켜 놓은 공간이다. 보호소의 입소 대상은 주로 각자도생, 무한 경쟁의 신자유주의 사회에 적응하여 경제·사회 활동을 하지 못하는 존재, 혹은 이러한 질서에 저항하는 존재다. 즉 신자유주의 사회가 기대하는 역할을 수행하는 이들은 사회 안에서 '살게 만들고' 이에 적응하지 못하거나 거부하는 존재는 사회 바깥인 보호소에서 '죽게 내버려둔다'는 점에서, 보호소는 생명권력이 작동하는 공간이라고 할 수 있다. 이런 공간들은 몇 가지 공통점이 있다. 개인이 지워진 채 마치 상품의 부품처럼 단체의 일부로서만 존재하게 되고, 데이터에 의해 삶과 죽음이 기록되고 관리되며, 자본의 논리에 복속하는 모습을 취한다. 그리고 거의 모든 장면에는 동물이 함께 등장한다.

'나'를 말살하는 공간

장애와인권발바닥행동에서 기획한 《나를 위한다고 말하지 마》는 탈시설한 장애당사자들의 생생한 이야기를 담은 책이다. 책에는 한 시설에서 함께 지내는 이들의 사랑에 관한 일화가 실려 있는데, 이 이야기를 읽으며 삶에서 빼놓을 수 없는 것이 사랑임에도 그 당연한 사랑을 처음에는 신선하다고 느꼈다가 곧 그것이 내 안의 편견임을 깨달은 적이 있어 기억에 담아두고 있었다. 사랑 고백을 한 이는 서로의 마음을 확인하고 결혼까지 마음먹었다. 그러나 외출을 신청해 나온 그는 부모님이 살고 있는 집에 가서 결혼하겠다고 선언한 뒤 시설로 돌아오지 못했다. 그의 부모가 장애인들끼리 연애하는 것을 막지 못한 시설 원장에게 항의했기 때문이다. 폐쇄적인 관리와 통치의 공간에서 사랑 같은 사사로운 감정은 당사자가 아닌 이들에게 귀찮고 불편한 문제가 된다. 사랑도 죄가 되는 공간인 것이다.

이들은 결국 시설을 탈출해 결혼하지만, 그건 책에 실릴 정도로 이례적인 일이다. 그 시설은 하나님만 사랑해야하고 하나님하고만 결혼할 수 있는 공간으로, 노들장애학연구소 연구원인 고병권은 그곳을 '나'의 절멸수용소라고 부른다. 시설은 많은 방이 있지만 나의 방이 없고, 한 이불을 덮는 사람은 많지만 나의 가족과 연인은 없는 공간이다. 시설은 '모두의 시간'을 중심으로 매일이 흘러간다. 모두가 모두의 시간에 자서 모두의 시간에 일어나며, 모두의 시간에 밥을 먹고, 약을 복용하고, 옷을 갈아입고, 씻는다. 이런 생활을 한 달, 1년, 10년을 하다 보면 나의 기억조차 모두의 기억이 되어버린다. 시설 속 사람들은 똑같은 일만 경험하기 때문이다.[58] 그래서 시설은 '나'를 죽이는 곳, 즉 절멸수용소가 된다.

내가 나일 수 있게 하는 개성, 그것은 필요가 아닌 '선호'로 이루어진다. 무엇이 내 입맛에 맞는지, 무엇이 내게 어울리는 헤어스타일과 의상인지, 무엇이 나를 못 견디게 즐겁게 또는 불쾌하게 만드는지, 그런 것들이 모여 '나'를 이루지만, 시설의 단체 생활에서 그 모든 건 사치다. 밤 9시 넘어 텔레비전을 보고, 머리를 기르고, 짜장면을 시켜 먹는 일은 파격이 된다.[59] 탈시설한 이들은 길거리에서 맛있는 걸 사 먹고, 훌쩍 여행을 떠나고, 친구를 집에 초대하고, 마음껏 사랑하고, 밤늦도록 텔레비전도 보고, 실패한 요리를 먹고 배탈이 나는 경험을 유리병 안에서 나와 "땅 딛는 기쁨"[60]이라고 표현한다.

푸코는 근대 복지국가와 생명권력이 이러한 자유의 박탈과 신상 보호를 합리화한다고 분석한다. 미국 장애인 탈시설 운동의 이정표가 된 사건이 발생한 펜허스트 주립학교병원Pennhurst State School and Hospital은 1908년 '정신박약자와 간질환자 보호소'라는 이름으로 설립됐다. 설립 목적은 정신박약자와 백치를 위한 구금 돌봄과 훈련이었다. 1924년 펜허스트 주립학교병원으로 개명하였지만, 이름과 달리 피수용인들은 학교에서 방치와 학대 속에 살다가 병원에서 죽어 나갔다.[61] 펜허스트 주립학교병원의 참상은 1968년에야 언론의 폭로에 의해 세상에 알려졌는데, 당시 취재했던 기자의 증언에 따르면 영유아들은 철창 안에서 단체로 침대에 묶여 수일간 자기 배설물 속에 누워 있었고, 수척한 성인들은 옷을 입지 않은 채 몸을 앞뒤로 흔들거나 웅크리고 앉아 있었다고 한다.[62] 수천 명의 수용인을 각각 10명 내외의 의사와 교사(아무도 특수교육 훈련을 받지 않았다)가 감당해야 했고, 통제되지 않는 수용인에게는 향정신성 약물을 주사하였다. 돌봄과 치료가 제대로 이루어졌을 리 만무했고, 고발이 이루어지고 10여 년의 법적 공방 끝에 1977년 법원은 피수용인의 손을 들어주었다. 법원은 주 정부에 지역사회 내에 시설 거주자들을 위한 인프라와 활동 기반을 마련하라고 명령했고, 1987년 펜허스트 주립학교 병원은 결국 문을 닫았다(지금은 공포체험을 하는 관광지로 운영되고 있다). 이곳에서 탈시설한 이들이 어떻게 살아가는지를 30년간 종단 추적한 제임스 콘로이James Conroy는 지적 능력, 인지 능력, 사회성을 비롯해 조사한 모든 항목에서 장애인들의 상태가 시설에 있을 때와는 비교할 수 없이 향상되었다고 발표했다. 피수용인들은 대부분 발달장애인이었는데, 이들의 장애는 선천적인 결함이므로 개선될 수 없으니 사회에서 추방해야 한다는 '논리'가 무너지는 순간이었다.[63]

　장애인 탈시설에 대한 편견은 제주 앞바다에서 불법으로 포획되어 돌고래쇼에 동원됐다가 고향으로 돌아간 남방큰돌고래 제돌이 야생에 적응하지 못해 도태될 것이라는, 그래서 방류에 신중해야 한다는 목소리와 정확히 겹친다. 마찬가지로 동물원의 수많은 동물에 대해서도 동물원에서 태어나 자랐으므로 야생으로 돌아가면 살아남을 수 없을 것이라고 말한다. 그러나 야생 적응 훈련을 받고 방류된 돌고래 제돌, 춘삼, 삼팔, 복순, 태산 모두가 제주 앞바다에서 돌고래 무리에 잘 적응하여 가끔씩 안부를 전해주는 것을 보면, 그 걱정은 한마디로 '오만과 편견'이다. 한편 비교적 최근에 방류된, 마지막으로 수족관에 감금되어 있던 제주 남방큰돌고래 비봉이 제주 앞바다에서 모습을 보이지 않아 방류에 부적합한 개체를 유기한 것이 아니냐는 비판도 있었다. 이는 시설보호론자들의 주장과 똑 닮았다. 물론 방류를 준비하는 과정에 아쉬움이 없는 것은 아니다. 야생 적응 기간을 더 확보했다면, 예상되었던 악천후에 더 철저히 대비했다면, 애초에 바다쉼터를 마련해 그곳에 살게 했다면 어땠을까. 하지만 완벽하게 준비하지 못했다고 해서 비봉을 수족관에 그대로 두거나 다른 수족관으로 옮기는 것이 최선이었을까. 그것이 정녕 인간이 책임을 다하는 모습일까. 각자의 대답은 다를 수 있지만, 자유란 태생적으로 위험과 동전의 양면 관계이며, 분명한 것은 수족관에 갇힌 비봉이 시름시름 야위어가고 있었다는 것이다.

은신처가 없는 공간

탈시설을 외치는 사람들은 '문제 시설'이 아니라 '시설 문제'를 고민해야 한다고 말한다. 전자의 관점에서는 특정 시설(주로 시설 관리자)이 문제인 것이므로, 해당 시설(사람)의 문제만 해결하면 된다. 하지만 후자는 '시설'이라는 구조 자체를 문제 삼는다. 공통적으로 이러한 시설에는 자기만의 방이 없다. 안정실, 격리실, 계호실이란 이름의 독방은 있지만, 이곳은 스스로 원해서 들어가는 곳이 아니다. 위급한 자·타해 위험이 있거나 이른바 '질서'에서 벗어나는 행동을 한다고 판단되는 사람을 특별한 감시와 처벌을 위해 머물게 하는 공간이다. 제3자에 의해 갇히고 심지어는 묶이거나 기저귀를 찬 채 대소변을 봐야 하는 곳에서 존엄성을 논할 수 있을까. '나'라는 개인이 아닌 단체로서 먹고, 자고, 생활하며, 효율적인 단체 생활을 위해 규율과 관리인이 존재하는 구조를 지닌 한 시설은 문제적이다. 폭력과 학대, 비위는 개인의 비도덕성이나 특정 시설의 잘못으로 발생하는 것이 아니다. 시설이라는 시스템 속에 언제든 발아할 수 있는 폭력, 학대, 비위의 씨앗이 심어져 있는 것이다.

동물원과 수족관은 어떨까. 동물원 동물을 지칭하는 'captive animal'의 'captive'에는 이미 감금, 억류, 포획의 뜻이 내포되어 있다. 이들에게 갇혀서 산다는 건 어떤 의미일까. 우선 원하는 곳에 서식할 자유, 원하는 곳으로 이동할 자유가 제한된다. 또한 야생동물에게는 천적으로부터 도망치거나 자녀를 출산하고 양육할 수 있는, 안심하고 휴식을 취할 수 있는 은신처가 필요한데, 동물원에는 은신처가 없다. 동물원과 수족관 동물은 천적으로부터 도망칠 일은 없으니 괜찮다고 생각할지 모르겠으나, 쉴 새 없이 찾아오는 낯선 관광객들에게서, 소음과 냄새에서 벗어나려면 야생동물과 마찬가지로 은신처가 있어야 한다. 숨을 공간이 없을 때 동물들은 불안과 스트레스로 괴로워하고 심지어 자해를 하며, 다른 동물이나 사육사에게 거칠어진다. 또하나, 동물원과 수족관에 갇힌 동물들은 인간에게 전적으로 의존해야 한다. 이들의 삶은 동물원(수족관) 소유주, 관리자, 사육사들에 의해 결정된다. 얼마나 깊게 헤엄칠지, 얼마나 높게 날지, 얼마나 멀리 걸을지, 무엇을 언제 먹을지, 심지어 누구와 친구가 되고 누구와 짝을 맺을지를 결정하는 것도 그들이다.[64]

'절대적 침묵'에 가두는 공간

축사를 개조해 만든 복지시설에 영문도 모른 채 끌려가 강제 노역에 시달리고, 학교라 이름 붙인 곳에서 교장과 교사들에 의해 성폭행과 성학대를 당하고, 그러다 죽으면 제대로 된 기록조차 없이 암매장되어 존재가 지워지는 일들은 그저 굴곡진 역사 속 과거사이며, 요즘 세상에는 상상도 할 수 없는 일이라고 말할지도 모르겠다. 그러나 병원에서 사지가 묶인 채 방치되어 탈수증세로 숨지고, 보호사와 사회복지사에게 폭행당해 목숨을 잃고, 시설 내에서 적절한 치료를 받지 못해 사망에 이르는 일들은 요즘 세상에도 여러 시설에서 버젓이 벌어지고 있다.

당연히 이런 일들은 근절되어야 한다. 그런데 이런 일어나지 말아야 하는 일들만 일어나지 않는다면, 시설은 최소한의 생존을 위한 복지를 제공해주는 공간으로 정당화될 수 있을까. 우리는 시설에서의 삶을 존엄하고 행복한 삶이라 부를 수 있을까. 간혹 장애인이나 노숙인 시설에 시설조사를 하러 가면, 짧게는 6개월에서 길게는 30년 이상을 한 시설 혹은 여러 시설을 전전하며 살아온 분들에게 '시설을 나가고 싶지 않으시냐'는 질문을 꼭 건넨다. 놀랍게도 내가 만난 수백 명 중에 나가고 싶다고 말한 사람든 다섯 손가락 안에 꼽았다. 외출을 자유롭게 하고 싶다고 말한 사람은 그보다는 많았지만 열 손가락을 넘지 않았던 것 같다. 하지만 조금만 더 자세히 들어보면 알 수 있다. 그들은 시설 밖으로 나가지 않고 싶은 게 아니라 나가기를 포기했다는 것을. "이 나이에 나가서 어떻게 살아, 나 무서워", "옛날엔 가족들이 명절 때 한 번씩 왔는데 이제 그런 것도 없어. 살았는지 죽었는지도 몰라", "외출 나가봐야 볼 사람도 없는데 뭘. 여기서 티비나 보는 게 낫지." 나이에 맞는 경험이 부족해서, 삶을 받쳐줄 지지체계가 없어서, 지역사회와 연결된 끈이 없어서 이들은 탈시설, 아니 외출마저 포기하고야 만다. 반대로 이들에게 경험과 지지체계와 끈이 있었다면 어땠을까. 이러한 모습을 보고 자발적으로 포기한 거라고, 시설에 남기를 선택한 거라고 말할 수 있을까. 시설에는 분명 복지가 있지만, 복지가 전부인 삶은 이렇게나 앙상하다.

　　이러한 상태는 흔히 '시설병'이라고 말하는 수용화증후군Institutional syndrom이다. 사회와 격리되어 정해진 일정에 따라 생활하면서 무기력해지고, 자발성이 고갈되며, 바깥 사회와의 접촉에 대해 두려움을 갖게 되는 상태다. 시설 속 사람들에게는 말할 자격이 없다. 어떤 발화나 행동도 증상이나 도전(이상)행동이 되고, 말로 인식되지도 않기 때문이다. 결국 거주자는 시설이라는 물리적 공간뿐 아니라 아무리 목소리를 내도 타인에게 전달되지는 않는 '절대적 침묵' 속에 갇힌다. 수년, 수개월을 외국인보호소에서 기약 없는 구금 생활을 하는 이들이 처음엔 이곳에 갇혔다는 사실이 무섭고 빨리 나가고 싶었지만 이제는 갈 곳도 없고 난민 인정도 기대하지 않는다며 무기력과 우울감에 빠지는 것도,

동물원과 수족관의 동물들이 무의미하게 정형행동을 반복하며 무기력과 우울감에 빠지는 것도 모두 '시설병'이다. 나아가 시설이 존치하는 사회, 시설이 없더라도 누군가의 삶을 통째로 격리하고 배제하는 사회, 다른 삶을 꿈꿀 수 없도록 포기하게 만드는 사회라면 그 역시 '시설병'을 앓고 있는 사회인 것은 아닐까.

'데이터'에 삶이 좌우되는 공간

현대의 복지원과 보호소, 정신병원의 운영에도 생명권력이 작용한다. 가령 정신병원은 입원신고제에 따라 비자의입원을 하는 모든 인구를 국립정신건강센터에 신고하고, 이들의 입·퇴원기록을 관리하면서 적정한 치료 기간을 준수해야 한다. 이른바 '회전문'식 입원*을 단속하겠다는 취지로 도입되었다. 국가에서는 전체 시설 수, 시설의 종류, 인구 대비 거주 인원, 시설 내 처우 등을 파악한다. 그 안에서 거주인들의 상태를 건강, 위생, 재활 등으로 항목을 나눠 계량화한다. 그리하여 입원자수는 '적정'하게 유지되고, 국가와 병원과 국민은 '안심'한다. 복지원 역시 마찬가지다. 매년 법인과 시설을 평가하여 좋은 시설을 인증하고, 순위

---

*   의료급여기관들이 '환자'들을 단기간씩 입원시켰다가 연계·전원시키는 방법으로, 부당진료 및 급여청구의 의심을 피하는 수단이 된다.

를 매겨 인센티브를 준다. 정량적 기준을 충족하지 못하면 다음 위탁에서 탈락시키기도 한다. 모두 작위적인 데이터에 기반한 통치의 일종이다.

현대 동물원 동물 역시 데이터에 기반한 통치 아래 놓여 있다. 법학·지리학 겸임 교수이자 동물을 연구하는 아이러스 브래버먼Irus Braverman은 지난 30년간 동물원 동물에 대한 통치의 양상이 어떻게 바뀌었는가를 분석한다.[65] 브래버먼에 따르면 북미의 동물원 동물에 대한 통치는 처음에는 동물원 동물 개체의 제어에 초점이 있었다. 그러다 1970년대를 기점으로 통치의 양상이 컴퓨터 데이터베이스 프로그램을 이용해 여러 국가의 동물원을 포괄하여 관리하는 '집합적 관리'로 바뀌었다고 분석한다. 이 둘을 구분하기 위해 전자의 통치를 기초적인 통치elementary surveillance, 후자를 데이터감시dataveillance라고 부른다. 기초적인 통치하에서 동물원 동물들은 전시를 위한 대상으로 간주된다. 이를 위해 각 지역 동물원에서는 동물을 '친숙한 이름+동물원 내에서의 숫자+표준화된 접근 번호+학명'으로 조합하여 명명했다. 그러나 개체 수가 점차 늘어나면서 이런 주먹구구식 관리는 한계에 부딪히고, 이를 극복하기 위해 1974년 국제종정보시스템International Species Information System이 발족되고, 동물원에 동물기록보관시스템Animal Records Keeping System이라는 데이터베이스 프로그램이 보급된다. 동물기록보관시스템을 이용하면 큰뿔양이 북미 동물원 전체에 몇 명이나 있는지 수 초 만에 알아낼 수 있었다. 이러한 중앙집중적인 자동화 프로그램에 의해 데이터감시가 가능해졌다. 최근에는 국제 종정보시스템을 사용하던 기관들이 동물기록보관시스템에서 새로운 데이터베이스인 동물원정보관리시스템Zoological Information Management System으로 옮겨감으로써 지역 동물원 차원에서 관리되던 동물원 동물은 이제 세계적인 차원에서 관리된다. 동물원정보관리시스템에 기록된 정보를 바탕으로 북미동물원수족관협회Association of Zoos and Aquariums에서는 유전적 다양성, 종적 분포, 건강의 지속가능성을 기준으로 어떤 동물을 늘리고, 유지하고, 줄일지 결정한다. 규율권력과 생명권력이 세계적인 차원에서 작동하고 있는 것이다.

자본이 잠식하는 공간

한국 복지시설의 기원은 외국의 선교사들이 국내에 들어와 자선단체를 만들고 구호 사업을 시작했던 때로 거슬러 올라간다. 지금까지 종교 단체가 운영하는 복지시설이 상당한 비율을 차지하는 이유도 그 영향이 크다. 그런데 복지시설은 본래 국가에서 설립하고 운영해야 한다. 그러나 국가는 복지에 대한 전문성도 없고, 계속되는 로테이션 속에 실무자가 지속성을 갖기도 어렵다 보니 전문기관에 위탁하는 경우가 많다. 대체로 국가나 지자체가 복지사업을 맡을 사회복지법인에 보조금을 주고, 해당 법인에서 복지사업을 수행하면 국가는 사업을 잘 수행하는지 관리·감독하는 식으로 역할 분담이 이루어진다. 이런 구조 탓에 과거에는 입소인 개개인에게 주어지는 기초생활급여를 시설에서 착복하는 일이 많았다. 입소인 대부분이 기초생활수급자이기 때문에 수급비를 관리해주겠다는 명목이었다. 형제복지원 사건 수사 중에 원장의 개인금고를 열었을 때도 현금 20여억 원이 나왔다고 한다.

이에 더해 재활이라는 명목으로, 혹은 어떠한 명목도 없이 입소인들을 동원해 각종 시설 공사 및 수리, 반복 작업에 기반한 사업을 벌여 돈을 벌기도 했다. 건물 내장재, 시설에 필요한 물품을 구매하면서 리베이트를 받고, 개인적으로 쓸 물품까지 여기 얹어 구매하여 시설의 돈을 유용했다. 심지어 법인 재산을 개인 재산처럼 허가 없이 처분하거나 임대해 수익을 얻었다. 그래서 법인의 이사, 시설장, 직원들은 믿을 만한 가족들이어야 했다. 하는 일 없이 이름만 올려놓고 급여를 횡령하는 일도 빠트리지 않았다. 비리가 밝혀져 벌금을 물거나 형사처벌을 받아도 형을 받고 나와 이름만 살짝 바꿔서 또 복지시설을 운영했다. 워낙 돈을 많이 벌어 일가가 뛰어들어 대를 이어 '복지기업'을 하는 곳들이 수두룩했고 지금까지도 이어지고 있다.

국내 정신병원도 90% 이상을 민간에서 운영한다. 병원이 임대료, 인건비 등을 지출하려면 진료 이외의 부분에서 나오는 수익이 필요한데, 외래진료의 수가만으로는 운영이 어렵기 때문이다. 이런 병원의 어려움을 해소해주는 것은 국가와 가족이다. 먼저 국가는 사회에 충격을 주는 강력범죄 사건이 터질 때마다 국민을 불안하게 만드는 요인을 특정해 한 곳으로 모아 제거하려 한다. 그런데 언론을 방패막이로 삼아 가해자를 병원으로 보내는 방법이 가장 예산이 적게 든다. 가족은 중증 정신질환을 앓는 가족 구성원과 함께 살기에는 정보도 부족하고 별다른 지원도 없으니 버겁다. 그런데 병원으로 보내면 (수급자의 경우) 돈도 안 들고 죄책감도 덜 수 있다. 혹은 선택지가 병원밖에 남지 않아 울며 겨자 먹기로 보내기도 한다. '돈을 벌려는 병원, 정신장애인을 보이지 않게 함으로써 국민들의 불안을 잠재우려는 국가, 정신장애인을 돌볼 자원이 없는 가족'이라는 구조가 형성되어 한국 정신장애인의 강제입원과 장기입원 비율은 줄곧 OECD 국가 중 최상위권을 유지해왔다. 최근에는 정신장애인에 대한 돌봄과 지원의 책임을 가족에서 국가로, 병원에서 지역사회로 옮기고, 치료에서 회복으로 관점을 바꾸려는 운동이 이루어지고 있지만, 공고한 구조에 새겨진 통치권력을 깨기란 쉽지 않다. 정신병원 운영자를 대상으로 한 인권 교육 자리에서 '환자 한 사람당 얼마씩 받지 않으시냐'라고 말하면 그런 발언은 적절치 않다며 제지를 당하기도 하고, 금액에 차이가 있다며 정정하라고 요구받기도 한다(사회보장 정도에 따라 약간의 차이가 있다). 보건복지부 회의 테이블에서 병원의 대안이 될 수 있는 공간들을 만들고, 강제입원을 줄여 병원으로 가는 돈을 지역사회로 돌려야 한다고 말하면 국가의 넉넉지 못한 예산과 행정력을 그렇게들 걱정한다.

동물원이 어떻게 자본과 연결되어 있는지를 군이 설명할 필요가 있을까. 멀티플렉스 건물 안에는 동물원과 수족관이 들어서고, 시내 곳곳에는 라쿤, 미어캣, 사막여우, 코아티 등 주변에서 볼 수 없는 동물을 가까이서 보고 만질 수 있는 야생동물 카페가 성업 중이다. 동물들은 서식 환경도 생활양식도 전혀 다른 낯선 도시의 차가운 시멘트 건물에서 은신처 하나 없이 하루 종일 강제로 전시와 체험에 동원되고 있으며, 심지어는 만지려는 사람이 다칠 수 있다는 이유로 이빨이나 발톱을 강제로 뽑히기도 한다. 폐업한 야생동물카페에서 동물들을 방치해 도심 한가운데 라쿤, 미어캣 같은 동물들이 출몰하는 일도 벌어진다. 도심의 야생동물카페, 지역의 소규모 동물원들이 법적·행정적 규제에도 불구하고 계속 늘어나는 이유는 주로 어린 자녀에게 동물과의 '교감'과 다양한 '체험'을 시켜주려는 부모들, 이색적인 데이트 장소나 모임 공간이 필요한 연인 또는 친구들이 찾는 탓이다. 최근 동물원수족관법과 야생생물법이 개정되면서 야생동물카페에 대한 규제가 조금은 강화되었다. 동물원을 등록제에서 허가제로 바꾸고 원칙적으로 야생동물은 동물원에서만 전시하도록 하며 체험프로그램도 기준을 마련하였다. 그러나 법적으로 야생동물카페가 아닌 동물카페는 여전히 활짝 열려 있으며, 동물원과 수족관 내 번식을 막지도 않는다. 오랜 세월 동물을 사업의 수단, 호기심을 충족시키는 도구로 여기는 관점과 이를 통해 수익을 창출하는 자본이 있기에 가능한 일이다.

동물원보다 규모가 작은 야생동물카페는 그룹홈과 같은 소규모 거주시설과 겹쳐진다. 대규모 거주시설에서 발생하는 문제에 대한 비판 여론이 거세지자, 적은 종사자가 많은 수의 거주자를 돌보다가 어쩔 수 없이 불미스러운 사건이 발생하는 것이라며 소규모 거주시설이 '대안'처럼 등장했다. 실제로 요즘은 대규모 거주시설은 거의 허가가 나지 않아서, 외관은 집과 닮은 체험홈, 그룹홈, 자립생활주택

같은 형태의 소규모 거주시설이 많아졌다. 그러나 소규모인 동물카페가 법망 바깥에서 동물에게 심각한 위해를 끼치는 것처럼 소규모 거주시설도 마찬가지다. 이런 곳들은 대부분 명목상의 시설장 1인과 종사자 1~2인으로 구성되어 있고, 이들이 생활재활교사로서 교대로 생활한다. 즉 이 한두 명이 못된 마음을 먹으면 그 안에서 어떤 일이 벌어져도 막을 수 있는 장치가 거의 없다는 의미다. 일례로 아동·청소년 그룹홈에서 10대 초중반의 입소인들에게 ADHD 진단을 받게 하고 정신병원에 입원시키는 일이 드물지 않게 발생한다. 규율을 지키지 않으면 병원에 보내겠다는 말은 입소자에 대한 강력한 통제 수단으로 쓰이며, ADHD 진단을 받은 입소인은 그렇지 않은 입소인 2명분의 보조금을 받을 수 있어 수단과 방법을 가리지 않고 ADHD 진단을 받아내려고도 한다.

이처럼 소규모 거주시설은 대규모 거주시설을 잘게 쪼개놓은 것에 불과할 뿐, 대안이 될 수 없다. 시설이라는 구조, 즉 집단생활을 하면서 프라이버시나 자기결정권이 보장되지 않고, 개인의 욕구보다 주어진 삶에 대한 순응이 우선시되고, 규율로써 통제되고, 무엇보다 주인-사육사-동물처럼 원장-종사자-피수용인이라는 수직적 위계가 작동하는 한 시설 문제는 해결되지 않는다. 시설이라는 말의 경계만 지울 뿐 오히려 지역사회라는 더 큰 시설에 갇히게 될 수 있다.

시설과 보호소를 다니다 보면, 사람들과 동물이 함께 하는 곳들을 자주 마주치게 된다. 그동안 이렇게 모를 수 있었나 싶을 정도로. 장애인 거주시설과 정신병원을 운영 하는 어느 사회복지법인에서는 시설 근처에 축사를 운영 하면서 동물들을 도축하는 일에 거주자들(보통 정신장애가 있 지만 신체 능력이 뛰어나고 힘센 사람들)을 거리낌 없이 동원하고 있었다. 혼자 소 50명을 돌보고 축사 청소, 논밭 일까지 도 맡아 하느라 매일 11시간씩 일했다는 어느 지적장애인은 중학생 때부터 일했지만, 한 번도 임금을 받은 적이 없다고 한다. 축사 주인은 기초생활수급비와 장애인 연금까지 매 월 90만 원을 가로챘다. 그가 이렇게 빼앗은 돈이 수억 원 에 이르는데도, 소송을 통해 돌려받을 수 있는 돈은 3년치 임금뿐이다. 사설 유기동물보호소의 소장은 외국인 노동자 의 급여를 가로채 자신의 차명계좌로 빼돌렸다. 보호소 내 노동자 대부분은 임금이 체납된 상태였지만, 미등록 상태 라 제대로 항의 한 번 못 하고 쫓겨났고, 체불임금을 받으 려다가 체류 기간을 넘겨 외국인보호소로 보내졌다.

예시적 정치, 공생과 돌봄의 공동체

그렇다면 보호소와 시설, 동물원의 거주자들은 어떻게 자유로워질 수 있을까? 어떤 답을 내놓기도 어렵고, 이를 위해 무엇을 해야 할지도 막막한 질문이다. 우리에게 이를 실현할 정치적 힘, 사회적 여건도 없다는 생각에 무기력함을 느낄 수도 있다. 그렇다면 질문을 조금만 바꿔보자. '애초에 보호소와 시설, 동물원이 없었다면 우리는 어떤 사회에서 어떤 삶을 살아가고 있을까?'라고 묻는다면, 우리는 자유롭게 상상을 펼칠 수 있을 것이다. 보호소와 시설이 아닌 지역사회에서 장애인, 홈리스, 노인, 아동이 살아가는 모습, 동물원이 아닌 야생에서 동물이 살아가는 모습을 우리는 알고 있거나 알 수 있거나 적어도 그려볼 수 있으며, 이러한 앎, 상상을 실천의 바탕으로 삼을 수 있다.

이처럼 상상을 바탕으로 한 정치적 실천이자, 자기 삶을 자유롭게 통치하는 세상을 꿈꾸는 아나키스트 운동의 주요 원리이기도 한 이것을 예시적 정치prefigurative politics라 한다. 예시적 정치란 '정치적 힘이 없어도 이념적으로 만들어 낼 사회상이 실현될 때까지 기다리는 것이 아니라, 미리 현 사회에 이러한 사회상을 대입하여 실천하는 정치적 행위'로 요약할 수 있다. 우리가 당장 보호소와 시설, 동물원을 없앨 수는 없더라도, 그런 공간들이 없어진 우리 사회를 상상할 수는 있다. 그리고 그 상상을 통해 내린 답을 그대로 행동에 옮기는 것이다. 인류학자이자 아나키스트인 데이비드 그레이버David Graeber는 '상상적 총체성'에 갇힌 통념들을 뒤집어 보자고 말한다. 그는 항의와 예시적 정치를 통한 직접행동의 차이를 예로 든다. 항의는 아무리 전투적이더라도 종국에는 다르게 행동하라는 호소다. 반면 직접행동은 기존의 권력 구조조차 마치 처음부터 존재하지 않았던 것처럼, 즉 이미 그로부터 자유로워진 것처럼 행동하는 것이다. 그레이버는 이러한 예시적 정치가 반복되면 '거의 모든 것'을 바꿀 수 있다고 말한다.[66]

우리가 던질 예시적 정치의 질문으로 돌아가보자. '애초에 보호소와 시설, 동물원이 없었다면 우리는 어떤 사회에서 어떤 삶을 살아가고 있을까?' 나는 마주한 문제들에 대응하는 동시에 이러한 예시적 정치의 상상력을 발휘하는 것이 동물권 운동에 가장 어울리는 형태라고 생각한다. 동물해방전선Animal Liberation Front의 직접행동은 예시적 정치의 예로 적합하다. 그들은 농장, 실험실, 동물원, 수족관에서 고통받는 동물들을 풀어주었다. 애초에 그곳에 갇혀 있을 이유가 없었기 때문에 그들이 생각한 사회상에 맞도록 행동한 것이다. 동물해방전선의 행동은 세상의 이

목을 끌었고 많은 사람에게 동물권 감수성을 일깨웠지만, 현실적인 비판과 부작용도 있었다. 여기서는 인간의 직접행동 대신, 동물들이 직접행동의 주체가 되는 장면들을 동물원을 중심으로 소개하려 한다. 노파심에 첨언하자면, 나는 이런 동물들의 직접행동이 누군가의 표현처럼 그저 '해프닝'이나 '소동'이 아니라 진지한 정치적 행위로 받아들여지길 바란다.

동물권을 가두는 동물원

동물원 폐쇄 운동은 탈시설 운동과 매우 닮았다. '아픈 동물들, 돌연변이 동물들은 야생에서 살아남지 못하잖아'라는 이유로 동물원에 수용하자는 주장은 중증장애인에 대해 이들을 돌볼 인프라가 없어 지역사회에서 생활할 수 없으니 시설이 필요하다는 주장과 정확히 일치한다. 동물원에서 태어나 야생을 경험하지 못한 동물들은 좀 더 신중해야겠지만, 어린 동물은 최대한 훈련해서 야생으로 돌려보내고 남은 동물들이 번식하는 것은 아주 특별한 경우를 제외하고는 금지해야 한다. 물론 돌려보낼 야생의 공간이 얼마 남지도 않았고 많이 망가졌기 때문에 동물들의 삶터를 복원하는 일도 병행해야 하지만, 그렇다고 이를 핑계로 동물원을 유지해서는 안 된다. 동물원에 대한 행동풍부화

Behavioral Enrichment*를 통해 더 나은 환경을 만들어주자는 말은, 시설이라는 구조의 문제는 그대로 둔 채 나쁜 시설을 좋은 시설로 개선하자는 것과 근본적으로 같다. 동물들을 서식지로 돌려보내고 남아 있는 개체를 위해 앞 장에서 다룬 것처럼 동물에 대한 처우 개선 차원에서 단기적으로 실시할 수는 있어도, 동물원을 유지하자는 근거로 언급하는 것에는 동의할 수 없다. 돌연변이나 아픈 개체에 대한 치료와 돌봄이 필요할 수 있지만, 이들을 반드시 동물원에 데려와 전시하면서 돌봐야 하는 것은 아니다. 물론 방사는 고려해야 할 사항이 많아 신중하게 이루어져야 하지만, 적어도 야생동물 구조센터에서 구조하고 치료한 동물은 야생에 방사하는 데 주력해야 한다.

동물원이 종 보전 역할을 한다는 것에도 회의적이다. 멸종위기를 초래한 인간의 책임을 차치하더라도, 전 세계 약 1만 개의 동물원 가운데 동물원정보관리시스템에 등록

---

* 행동풍부화란 주로 동물원과 같은 제한적 공간에 갇힌 동물들이 자연스러운 행동(종의 고유행동)을 할 수 있도록 하고 동물에게 선택권과 통제권을 제공함으로써 행동적 욕구 및 신체적 욕구를 만족시킬 수 있도록 하는 과정을 말한다. 야생동물은 먹이를 찾고, 영역을 방어하며, 포식자를 피하고, 보금자리를 만드는 활동에 하루의 대부분을 쓰지만 갇힌 동물들은 그렇지 못하다. 따라서 행동풍부화는 갇힌 동물에게 최대한 본래 서식 환경과 유사한 환경을 제공하고, 정형행동을 줄여 동물의 행동을 풍부하게 하는 것을 목표로 한다. 행동풍부화에는 환경풍부화, 먹이풍부화, 사회성풍부화, 감각풍부화, 인지풍부화, 놀이풍부화가 있다.

된 동물원은 500개가 안 되고, 그중에서도 고작 5~10%만이 멸종위기에 처한 동물들을 위해 쓰인다. 아프리카 사자, 코끼리, 기린 같은 대부분의 동물원 간판스타는 멸종위기에 처해 있지 않으며, 단지 전시를 위해 갇혀 있다고 보아도 무방하다. 설령 동물원이 종 보전을 위해 열심히 노력한다 하더라도, 동물원 안에서의 번식, 서식을 두고 종 보전에 성공했다고 볼 수 있을까. 동물들의 입장을 차치하고라도 동물원에만 있는 마지막 야생동물을 보며 우리는 그 동물의 무엇을 알 수 있으며, 어떤 위안을 얻을 수 있을까. 수차례 강제 교배를 시도했다가 실패하고, 한 명 남은 남성 코뿔소가 결국 사망해서 멸종이 확정된 북부흰코뿔소에 대한 다큐 〈지구 마지막 코뿔소The Last Male on Earth〉(2019)를 보면 참혹한 현실을 알 수 있다. 강제 교배를 당하는 코뿔소도, 이를 위해 애쓰는 사람들을 보는 일도 쉽지 않았다. 물론 북부흰코뿔소에 대해 충분히 검토하고 상황을 고려해서 내린 결정이겠지만, 인공 번식을 한다면 기후, 서식지, 습성, 군집 환경 등을 고려하여 최종 방사 지역과 가능한 한 유사한 상황에서 진행하는 것이 원칙이다. 그러나 그보다 동물들은 번식하는 데 별다른 도움이 필요하지 않으며, 아주 오랫동안 어떠한 도움도 없이 성공적으로 번식해왔다는 당연한 사실도 우리는 잊지 말아야 한다. 인간이 서식지를 파괴하고 환경을 오염시키고 동물을 포획하는 등 잘못된 행동을 해온 탓에 동물이 멸종이라는 상황에 처하게 됐을 뿐이다. 만약 종을 보전하고 싶다면, 종 감소를 막고 싶다면 동물원을 세울 게 아니라 서식지를 복원하고 그곳에 야생동물이 자생하도록 내버려두는 방법이 가장 빠르고 효과적이지 않겠는가.

그럼에도 '동물원'이라는 이름을 어떻게든 남겨야겠다면, 동물을 통해 호기심을 충족하고 치유받고 싶다면, 샌프란시스코동물원의 동물 체험 방식을 참고할 수 있을 것이다. 샌프란시스코동물원은 살아 있는 거북 대신 죽은 거북의 등딱지를 만지게 하고, 살아 있는 양 대신 만질 수 있는 양털을 수북이 모아 둔다. 동물원보다는 박물관에 가깝다고 할지도 모르겠지만, 이런 방식이 시사하는 바는 중요하게 생각해보아야 한다. 런던동물원에서는 악어가 있을 만한 장소에 악어가죽백을 놓기도 했다. 관람객들에게 불법 밀렵과 거래의 악영향을 알리기 위함이다. 동물들을 한곳에 가둬두는 동물원이 아니라 동물들이 살고 있는 삶터에, 가두는 방해가 되지 않도록 멀리서 잠깐씩 바라보는 동물원도 있다. 이미 많은 나라에서 이런 형태의 동물원을 시도하고 있으며, 특히 바다에 배를 타고 나가 적절한 거리에서 해양동물을 바라보고 돌아오는 프로그램도 활성화되어 있다.

다만 이런 방식도 매우 조심스럽게 이루어질 필요는 있다. 모 드라마 방영 이후 남방큰돌고래에 대한 관심이 급격히 늘어나자 종류를 불문한 선박들이 앞다투어 제주 앞바다 돌고래 투어에 열을 올리고, 규정된 관찰 방식을 위반하면서까지 돌고래들에게 지나치게 근접하는 일들이 벌어지고 있다. 선박들 때문에 돌고래들의 지느러미가 부러지고, 몸에 상처를 입는 일은 예사다. 해양생태계법의 규제에도 불구하고 넓은 바다에서 불법 행위를 단속하는 것에는 한계가 있다는 정부와 지자체의 변명과 자기 집 안방까지 쳐들어와 즐거워하는 사람들 때문에 죽어나는 건 멸종위기종인 돌고래들이다.

게다가 우리에게는 인공지능AI, 증강현실AR, 가상현실VR 같은, 간접적인 방법으로도 실제에 가까운 감각적인 체험을 할 수 있는 과학기술들이 눈부시게 발달하고 있다. 이런 기술을 통해 '동물 없는 동물원', '동물 없는 동물축제'를 구상하는 것이 동물을 위해서나 인간을 위해서나 좋은 방식이지 않을까? 동물원 동물들은 애초에 인간과 서로 길들여진 적이 없는 야생동물이 대부분이고, 킴리카의 말대로 우리에게는 그들의 주권과 자기결정권을 침해할 권리가 없다.

동물의 정치적 실천들

국내에서 가장 유명했던 동물과 관련된 사건은 아마도 코끼리 6명의 탈출 사건일 것이다. 2005년 코끼리 6명이 서울어린이대공원에서 '코끼리쇼'를 연습하다가 집단으로 동물원을 탈출해 대낮에 4시간 넘게 도심을 활보했다. 공연복을 입은 채 거리를 배회하다가 고깃집에 들어가 탁자를 들이받는 소동을 벌이기도 했다. 이 코끼리들을 잡기 위해 소방관 80명, 소방차 9대 등이 출동해 대대적인 포획 작전을 벌였다. 소동 당시 코끼리들이 30m 가량 떨어진 공연장에서 폭죽이 터지고 음악 소리가 들려올 때마다 자기 코를 입에 넣고 물어뜯는 등 이상행동을 했다는 목격담은 코끼리들에게 '코끼리쇼'가 상당한 스트레스였음을 보여준다.

그런 행동 때문이 아니더라도 동물원에 갇혀 매일 '코끼리쇼'를 하면서 그들이 느낄 고통은 대략적이나마 짐작할 수 있다. 코끼리는 활동 반경이 상상하기 어려울 정도로 넓어 동물원에 있기에 부적합한 동물로 고래류와 함께 첫손에 꼽히는 동물이다. 매일 밤 16킬로미터씩 걸어서 최적의 보금자리라고 생각하는 지역으로 이동하거나 웅덩이에서 물뿌리기 놀이를 하기 위해(이외에 인간이 이해하기 어려운 여러 이유로도) 몇 날 며칠을 이동하기도 한다. 대부분의 동물원에서 코끼리의 생활 공간은 야생에서 그들이 생활하는 공간보다 최소 1,000배 이상 작다는 연구 결과에 따라 이미 서구의 국가들은 코끼리 전시를 없애고 있다.[67] 이런 좁은 공간에서 딱딱한 흙바닥과 차고 습한 콘크리트 바닥에 오래 서 있을 수밖에 없는 동물원 코끼리는 흔히 과체중과 운동 부족으로 심각한 관절염과 발염증을 앓는다. 알래스카의 동물원에서 외롭게 혼자 지내던 코끼리 '매기'는 심각한 염증에도 불구하고 운동을 거부하며 농성을 하다 몇 차례 쓰러졌고, 결국 캘리포니아 동물복지협회Animal Welfare Institute에 의해 생추어리sanctuary로 옮기고 나서야 건강을 회복할 수 있었다. 그에 반해 서울대공원의 코끼리들은 화끈한 시위를 벌인 것에 비해 그 결과는 조금 허탈했다. 코끼리들이 지난번 소동에 대한 '속죄'의 의미로 3일간 첫 회에 한정해 무료 공연을 하는 '해프닝'으로 마무리되었으니.

미국 플로리다에는 '살인 고래Killer Whales'라는 별명이 붙은 범고래 '틸리쿰Tilikum'이 있다. 틸리쿰은 2010년 해양테마파크 씨월드SeaWorld에서 조련사를 물어 죽였다. 유능했던 조련사는 관람객들이 보는 앞에서 거대한 범고래에게 머리를 물리고 팔이 뜯겨 나갔으며, 결국은 범고래가 끌고 들어간 물속에서 죽음을 맞이하게 된다. 틸리쿰은 이전에도 비슷한 '전과'가 몇 번 있었고, 쉬쉬하면서 다른 수족관들을 전전하게 된 케이스였다. 이 이야기는〈블랙피쉬Black

Fish〉(2013)라는 영화로 만들어졌는데, 영화를 본 사람들은 처음에 살인 고래로 불리는 범고래 틸리쿰이 잔인하고 무서운 고래라고 생각했지만, 범고래들을 평생 수족관에 갇힌 채 살아가게 만드는 것이 더 잔인하고 비인도적이라는 사실을 곧 깨달은 것 같다. 영화 개봉 후 미국에서는 범고래 쇼를 중단해야 한다는 분위기가 조성되었고, 결국 캘리포니아 주의회는 2014년 범고래 번식과 공연을 금지하는 법을 통과시켰다. 이런 변화를 이끌어낸 것은 틸리쿰과 함께 용기를 낸 수족관 조련사들의 증언과 적극적 행동이었다. 자신들의 입지가 좁아질 수 있음을 각오하고 어쩌면 자신들만이 할 수 있는 일을 함으로써(인간 중에 수족관 조련사보다 더 설득력 있는 증인이 있을까) 고래들의 편에 선 이들이 있었기에 획기적인 변화가 가능했고, 동물정치의 가능성을 보여준 셈이었다.

한국판 틸리쿰 사건도 있었다. '로스토프'는 서울대공원에 사는 호랑이로, 2013년 사육사를 물어 죽였다. 전시시설에서 동물에게 밥을 주고 청소를 할 때는 3인 1조(청소와 급식을 하는 사람, 뒤에서 혹시 모를 위험에 대비하는 사람, CCTV 등 카메라를 통해 모니터링하는 사람), 혹은 최소한 2인 1조로 움직여야 한다. 그렇지만 공영동물원임에도 그 원칙이 지켜지지 않았고(이런 이유로 발생하는 안전사고들은 열악한 노동환경에 노출된 곳이라면 어디든 등장한다), 혼자 들어간 사육사는 로스토프에게 목을 물려 병원으로 옮겨졌지만 결국 사망했다. '감히 사람을 물어 죽인' 로스토프를 당장 안락사해야 한다는 여론이 일었지만, 조금만 생각해보면 로스토프의 잘못도 아닐뿐더러 로스토프를 죽인다고 해결되는 문제도 아님을 알 수 있다. 다행히 로스토프에게는 두 가지 방패막이 있었으니, 하나는 동물원 내 유일한, 멸종위기종인 시베리아호랑이 순종이라는 것과, 로스토프가 한-러 수교 20주년 기념으로 푸틴이 보내온 호랑이여서 외교적 문제가 발생할 수 있다는 것이었다. 결국 로스토프는 관람객들에게 공개되지 않는 격리 공간에서 따로 지내게 되었고 지금까지도 그곳에서 지내고 있다고 한다. 이후 대전 오월드의 퓨마 '뽀롱이'가 동물원을 탈출하거나 서울대공원의 얼룩말 '세로'가 스트레스를 견디지 못하고 탈출한 일 등이 알려질 때마다 세간에는 동물원 폐지론에 불이 붙는다.

대항배치로서의 공생과 돌봄의 공동체로

어려운 말로 시설과 동물원이 이만큼이나 닮았다는 사실을 증명하지 않아도, 시설 문제에 관심을 갖는 사람들은 동물원 이야기에 쉽게 공감한다. 동물권을 중요하게 생각하는 사람들도 마찬가지다. 모두 삶터에 관한 이야기라는 점에서, 애초에 시설에 살도록 정해진, 혹은 그래야 마땅한 존재는 없다는 점에서 당연할지도 모르겠다. 동물원을 폐지하려는 인간을 포함한 동물들의 직접 행동은 계속되고 있고, 탈시설 역시 거스를 수 없는 시대의 조류이다. 그러나 단지 동물원, 시설 밖으로 나오는 것으로 목적이 달성되는 것인지에 대한 성찰도 이어져야 한다. 대감호 시대 파리에서 경찰의 몽둥이를 맞으며 끌려가야 했던 구빈원, 독재정권 시절부터 미화와 교화라는 명목으로 거리의 사람들을 잡아갔던 복지원과 보호소들, 군인과 탐험가, 자본가에 의해 마구잡이로 죽임당하고 잡혀 왔던 동물원이라는 공간에서 벗어나는 것만이 그들이 원했던 탈시설일까. 휠체어 타는 장애인이 대중교통 한 번 이용하기가 하늘의 별따기라면, 심리·사회적 장애인이 강력 사건이 일어날 때마다 잠재적 범죄자 취급을 받으며 눈치를 봐야 한다면, 안전의 구호가 혐오의 언어가 되어 난민신청자가 외출하기가 두렵다면, 동물원과 수족관 동물들이 살던 서식지가 불타고, 메마르고, 수몰되어 돌아갈 곳이 없다면 시설을 나가는 것은 대안이 될 수 없다. 그래서 우리는 시설이 아니라면 '그 반대편에는 무엇이 있는가'라는 의미로 시설의 '대항배치'를 고민해야 한다.

앞서 말했던 것처럼 지구상 모든 유기체는 고유하고 순수하고 단일한 존재가 아니라 공생적 존재이다. 흔히 독립적 개체로 믿어 의심치 않는 인간도 실은 외부로부터 끊임없이 에너지원을 흡수하고 100조 개에 이르는 미생물들과 30조 개의 세포들이 끊임없이 드나드는 공생체다. 소화도 배설도 만남의 작용의 연속이다. 입부터 항문까지 뚫린 관을 따라 음식물과 세포들과 미생물들이 만나 작용하는 과정이 소화이고, 덜 흡수된 것이 몸 밖으로 나와 다시 토지와 바다의 다른 존재들과 만나 작용하는 것이 배설이다. 그 안에서 유전자와 미생물과 세포들이 서로 의존하고 돌보는 관계를 맺고 있기에 인간도 집합적 개체로서 존재할 수 있는 것이다.

이러한 공생과 돌봄의 관계는 사회적 차원에서도 똑같이 적용되어야 한다. 사실 그리 어려운 일도 아니다. '사람은 혼자서는 살아갈 수 없는 존재'라는 지고지순한 명제를 조금만 더 확장하면 될 일이다. 여성, 아동, 장애인, 퀴어, 이주민 등이 소수성을 가진다면 생물계인 동물, 식물, 곤충, 미생물이, 비생물계인 사물, 기계, 인공지능이 소수성을 갖는다고 생각하지 못할 이유가 있을까. 지금 우리 사회가 이런 소수성과 맺고 있는 관계가 잘못되었다고 생각한다면, 적어도 그 관계가 이대로 지속될 수 없다고 생각한다면, 예시적 정치를 활용할 좋은 기회일 수도 있다.

　나는 최근 예시적 정치의 방법으로 재야생화rewilding 또는 자연회복nature recovery에 다시금 눈길이 가고 있다. 재야생화란 말 그대로 자연이 인간의 활동에 영향을 받지 않았던 상태로 돌아가 스스로 돌보게 하는 것을 말한다. 자연의 순환과 법칙을 통해 토지와 바다를 정화하고, 손상된 생태계를 회복하는 것이다.[68] 비슷한 맥락에서 미래학자 제러미 리프킨Jeremy Rifkin은 자연을 인간 종에 적응시키는 것보다는 인간 종을 다시 자연에 적응시키는 패러다임으로 설명하기도 한다.[69] 청계천 복원 사업이 생각나면서 의식의 뒤켠에 묻어두었던 재야생화를 다시 꺼내보게 된 것은 아르헨티나의 영양재야생화trophic rewilding 사례를 보게 되면서다. 영양재야생화는 먹이사슬 상위의 포식자를 데려와 먹이사슬을 복원하여 생태계를 회복한다는 원리로, 1995년 미국 옐로스톤국립공원에 회색 늑대를 도입한 사례가 대표적이다. 1926년 옐로스톤국립공원에 회색 늑대가 사라진 후 국립공원에 사슴과 포유류의 개체 수가 폭발적으로 증가했고, 나중에는 이들의 먹이인 풀과 작은 나무들도 자취를 감출 정도가 되었다. 그러다 옐로스톤국립공원에서 회색 늑대를 다시 데려다 놓자 사슴과 포유류의 개체 수가 감소했고, 초식동물이 줄어든 만큼 식물이 증가했다. 늑대 한 무리를 데려온 이후 아무런 개입도 하지 않았음에도 옐로스톤국립공원은 예전 모습을 되찾은 것이다. 늑대를 데려다 놓은 게 개입이 아니냐고 묻는다면, 호주의 토끼 사례와 달리 기존에 존재했던 상태로 되돌려 놓는다는 점에서 차이가 있다고 답하겠지만 그 정도의 개입조차 없는 경우도 있다. 재난이나 전쟁 등으로 인간의 접촉이 차단된 지역에서 생태계가 복원되는 수동적 재야생화Passive rewilding 사례이다. 원전 폭발 사고로 '버려진 땅'이 되었던 체르노빌이나 비무장지대가 대표적이다.[70]

그렇다면 그냥 내버려두는 게 공생과 돌봄이 될 수 있느냐고 묻는다면 역시 그렇다고 답하겠다. 가령 도시의 재야생화는 기존의 생태 복원과 다르다. 도시는 이미 인공적인 시설과 생활양식으로 들어차 있기 때문이다. 생태계에 악영향을 끼치는 오래된 건물이나 시설물을 헐고, 지역의 오염된 땅과 물을 정화하여 지역이 생태적 자생력을 회복하는 원리이다.[71] 한국에서는 아직 이렇다 할 사례가 없지만, 유럽에서는 이미 70여 개의 다양한 재야생화 프로젝트가 진행 중이다. 나는 오래전부터 동물과의 가장 이상적인 관계는 깊이 연결성을 느끼면서 멀리서 서로의 안녕을 빌어주는 것이라 생각해왔다. 물론 우리 앞에는 당장 상황하지 않으면 부도가 날 각종 위기 청구서들이 있고 그에 책임을 저야 한다. 하지만 한편으로 생물학적 시계를 차고 지구 시간에 적응하는 것도 우리에게 필요하다고 생각한다. 재야생화 자체가 인간의 손때가 덜 탄 때로 돌아가자는 콘셉트인 만큼, 덜 쓰고 덜 먹고 덜 착취하던 때로 돌아가는 것이 느려 보이지만 가장 빠른 길일 수도 있다. 이것은 또한 늘 무언가를 멈추고 막고 부정하는 게 일인 동물정치에서 긍정할 수 있는 미래에 대한 상상력을 자극한다는 장점도 있어, 여러모로 나의 예시적 정치에 부합한다. 그리하여 지구 돌봄과 공생의 재야생화의 1단계는 시설에, 실험실에, 농장에, 옷장에 구획하고 가두고 은폐했던 존재들을 꺼내는 것부터 시작될 것이다.

제5장 동물권과 포식의 정치

내가 춤출 수 없다면, 그건 혁명이 아니다.

If I can't dance, it's not my revolution!

엠마 골드만Emma Goldman

'고기'는 무엇을 가리고 있나

캐럴 애덤스Carol J. Adams는《육식의 성정치》에서 '고기'라는 텍스트가 그 동물에 대한 제도화된 억압과 폭력을 가리는 훌륭한 언어적 수단이 된다고 말한다. 이를테면 한국에서는 죽은 소의 살을 '소고기(소+고기)', 죽은 돼지의 살을 '돼지고기(돼지+고기)'라는 복합어로 가리키고, 영어권에서는 소의 살은 'cow meat'가 아닌 'beef', 돼지의 살은 'pig meat'가 아닌 'pork'라는 전혀 다른 단어로 대체된다. 이뿐만 아니라 동물이 죽을 때의 연령과 성별, 조리법에 따라 수없이 많은 이름을 갖게 된다. 이 과정에서 우리는 은연중에 '소'와 '돼지'라는 독립된 실체를 망각한다. 소가 없다면 존재하지 않았을 '소고기'는 '고기'의 이미지만 남기고 고기에 앞선 존재인 소의 이미지는 지운다. 학교에서는 소의 실루엣에 선을 그어 안심, 등심, 양지, 사태 등 해체된 부위로 나누어 가르친다. 게다가 갈비찜, 불고기, 제육볶음,

두루치기, 보쌈, 족발, 스테이크 등 메뉴판 속 이름들도 그가 한때 살아 있는 동물이었다는 사실을 감춘다. 애덤스는 이처럼 도살을 경계로 안심, 등심이나 불고기, 제육볶음이라는 '고기'로 불리면서 지워진 동물을 부재 지시 대상absent referent이라 명명한다. 동물의 이름과 신체는 '고기'에는 부재하는 '무엇'이다. 동물이 없다면 고기를 먹을 일도 없고, 살아 있는 동물은 고기가 될 수 없다는 점을 상기하면 '고기'는 '고기화' 과정(정확히는 대상화-절단-소비의 과정)을 통해 살아 있는 동물을 대체한다. 다시 말해 모든 육식 뒤에는 '고기'가 가리는 '동물의 죽음'이라는 부재가 존재한다. 나아가 부재하는 지시어는 '고기'를 먹는 사람, 동물, '고기'라는 상품을 분리한다. '고기'라는 존재가 '고기'가 되기 위해 죽임을 당한 동물의 존재와 단절되면, '고기'는 원래의 지시 대상인 동물에 고정되지 않고 독립적인 음식의 이미지가 된다. 동물이 '고기'라는 음식으로 전환되면, 그때부터 '고기'를 먹는 행동에 대해서도 자유로워진다. 이처럼 '고기'는 우리가 동물을 먹고 있다는 사실을 은폐하고 동물의 이름과 신체를, '고기'가 되는 과정을 지움으로써 '고기를 먹는 것은 곧 동물(생명)을 죽이는 것'이라는 도덕적 비난을 교묘히 피하게 만들어 동물이 부재 지시 대상이 되는 구조를 지배적으로 만들었다.

이러한 구조가 유지되려면 '고기'를 소비하는 사람들 대신 동물을 살육하고 착취하는 노동을 수행할 대리인들이 필수적이다. 만일 제육볶음을 먹기 위해 직접 돼지를 죽여야 한다면, 사람들은 제육볶음을 먹을 수 있을까. 돼지 멱따는 소리, 솟구쳐 흐르는 붉은 피, 공포와 슬픔으로 가득한 눈을 견딜 수 있을까. 고대 그리스의 철학자 플루타르코스도 〈육식에 대하여〉에서 스스로 육식인이라고 생각하면 자신이 잡아먹으려는 대상을 자신의 손으로 죽여야 한다고 말한다. 그래서 영리한 인간은 양심의 가책에서 벗어날 수 있는 방법을 고안한다. 소, 돼지, 닭을 대신 죽여줄 사람, 거위의 털을 뽑고 여우의 피부를 벗기는 일을 대신할 사람을 만들어 그 부담을 전가하고, 사회에서 소외된 존재로 만들어 보이지 않게 하는 것이다.

이러한 청부 도살은 주로 사회의 가장 취약한 계층에게 외부화된다. 미국 노동부 작업안전위생관리국의 사고 보고서에 따르면 날아온 칼날에 정맥이 잘려도, 연육기에 걸려 팔이 절단돼도, 기계 체인에 걸려 목이 잘려도, 가죽과 살점을 분리하는 기계에 머리가 깨져도, 내장을 익히는 기계에 걸려 죽어도 정육 공장의 컨베이어는 멈추지 않는다. 이런 환경에서 분변에 오염되거나 쥐와 같은 다른 동물의 사체가 묻거나 치명적인 세균에 감염된 고기가 나오는 것은 당연하다. 청부 도살을 떠맡은 사람들은 죽이는 일이 일상이 된 환경에서 폭력에 점차 무감해지거나 해소하지 못한 감정들을 동물과 사람에게 퍼붓다가 결국 긴장과 고통을 마비시키기 위한 방어기제로 중독적·폭력적 행동을 하게 된다. 이는 전쟁에 참전했던 군인들이 호소하는 외상후스트레스증후군과 너무나도 닮았다.

자신이 '고기'를 먹기 위해 다른 사람에게 위험하고 비윤리적인 행위를 떠맡겨 소외된 존재로 만드는 것은 비인간동물 사회에서는 발견할 수 없는, 오직 인간동물 사회에서만 벌어지는 일이다. 대다수 인간은 그 절단, 변경, 가공 과정을 몇몇 사람에게 위임하고는 눈을 감아버린다. 알 수 있는 기회가 있더라도 알고 싶어 하지 않고, 그러면서도 한편으론 다 안다고 생각한다. 아니 사실은 도널드슨과 킴리카의 말처럼, 기득권을 놓치고 싶지 않아 모르는 상태를 적극적으로 내면화하며 무지한 상태에 있기를 무의식으로부터 욕망하고 있는지도 모른다. 그저 깔끔하게 포장된 '고기'가 슈퍼마켓에서 다른 공산품과 나란히 놓이면, 순진한 얼굴로 집어들 뿐이다.

육식주의와 정상동물 이데올로기

육식주의

'고기'라는 기호와 부재 지시 대상의 구조, 청부 도살의 전가가 동물을 죽이고 먹는 것에 대한 죄책감을 감추었다면, 육식주의carnism는 보다 적극적으로 특정 동물들을 먹는 일이 윤리적이며 적절하다고 생각하는 신념 체계를 말한다. 이 용어를 창안한 심리학자이자 비건 운동가인 멜라니 조이Melanie Joy는 고기를 먹는 것은 생존을 위한 어쩔 수 없는 선택이 아니라 육식주의라는 신념 체계에 따른 것이라고 강조한다. 애초에 고기를 먹는 것에 대한 선택의 여지가 있었나 싶겠지만, 조이는 단호하게 선택이라고 말한다. 다만 육식주의의 비가시성 때문에 육식을 선택했다는 사실을 거의 깨닫지 못할 뿐이다. 마치 가부장제 이데올로기는 이미 수천 년 전부터 존재했지만 페미니즘이 등장하기 전까지는 보이지 않았던 것처럼, 육식주의 이데올로기 역시 비거니즘이 등장하기 훨씬 전부터 존재했지만 보이지 않았던 것이다. 게다가 육식주의를 지탱하는 것들은 이미 상식으로 자리 잡아서, 육식주의가 만들어낸 편견도 잘 드러나지 않는다. 영양학을 공부하는 대다수는 육식주의에 기반한 영양학을 공부한다는 것을 알지 못하며, 우리는 일상에서 건강한 식단을 고민할 때 자연스럽게 육식주의를 전제한다.

이처럼 확고하게 자리 잡은 이데올로기가 그 상태를 유지하는 방법은 헤게모니가 되어 평소에는 이름조차 없이 드러나 있지 않는 것이다. 이름이 없으면 그것에 대해 말할 수 없고, 말할 수 없으면 의문이나 이의를 제기할 수도 없다. 대표적인 헤게모니인 가부장제, 식민주의 그리고 육식주의에 대해 조이는 이들이 몸을 숨기는 전통적인 방식인 '3N'이 있다고 말한다. 그것은 정상이며Normal 자연스럽고Natural 필요하다Necessary는 것이다. 헤게모니를 정당화하는 세세한 방법은 저마다 다르지만 결국 메커니즘은 같다. 그 체계가 확고하게 자리 잡을 때까지 전문가들이 나서서 이를 정상적이고 자연스럽고 필요한 것으로 만든다. 수많은 학자가 여성에 대한 남성의 우월성, 기질의 차이를 연구하며 가부장제 이데올로기를 정당화했듯이, 다양한 전문가가 나서서 인간은 생존을 위해서 고기를 먹어야 한다고 육식주의를 정당화했다. 전문가에는 의사, 법률가, 정치인, 교사, 심지어 부모까지도 포함된다. 푸코는 이를 '지식권력'이라고 명명했는데, 지식권력은 곧 담론이 되고, 제도와 법으로 만들어진다. 가령 동물보호법은 식용으로 이용되는 동물을 보호하지 않는다. 축산물위생관리법에 명시된 도축장의 설치 및 운영 기준을 준수하면 될 뿐, 동물을 살해하는 도축 행위 자체를 동물학대로 고발할 순 없다. 축사의 동물은 인간에게 필수적인 영양소를 채우기 위해, 혹은 인간의 즐거운 식생활을 위해 키우는 '식품'처럼 물화物化된다. 동물은 제도와 법으로 만들어진 담론 권력에 의해 추상화·대상화되고, 합법적이 된 도축 행위와 육식은 동물성단백질이 우리 몸에 꼭 필요하다는 신화, 문화와 전통이므로 건드릴 수 없다는 편중 등의 확증편향의 과정을 거쳐 급기야 합리적이고 윤리적인 것이 된다.

정상동물 이데올로기

조이는 육식주의를 분석하기 위해 사람들이 어떤 동물을 먹고 어떤 동물은 먹지 않는지 그 이유를 파헤친다. 캄보디아의 타란튤라 튀김, 이탈리아의 구더기 치즈 카스 마르주Cas Marzu, 아이슬란드의 숫양 고환 절임, 필리핀의 부화 직전의 오리알을 삶은 발룻Balut을 기꺼이 먹을 한국인은 거의 없을 것이다. 조이는 우리가 소, 돼지, 닭을 먹는 것은 실제로 영양과 편의 면에서 식용으로 적절해서라기보다는 사회적·문화적·역사적으로, 즉 후천적으로 습득한 스키마schema 때문이라고 분석한다. 스키마란 외부에서 들어오는 정보를 정리하고 분류하여 신념, 생각, 인식, 경험을 구조화하는 일련의 범주이며, 스키마에는 당연히 동물에 대한 것도 있다.

조이는 먹을 수 있는 동물과 먹을 수 없는 동물을 나누는 것을 이분화라고 표현하지만, 나는 사유의 범위를 더 넓혀 정상동물 이데올로기라는 표현을 사용하고자 한다. 인간은 일정한 시공간에서 인간과 맺는 관계에 따라(실은 인간의 편의에 따라) 동물을 임의로 구획하여 일정한 역할을 부여하고, 이를 당연한 것으로 믿는다. 개, 고양이는 반려동물, 토끼, 쥐는 실험동물, 소, 돼지, 닭은 식용동물, 돌고래, 원숭이는 전시체험동물, 기린, 사자는 야생동물 같은 식이다. 물론 중첩되는 동물들도 있다. 가령 원숭이는 거의 모든 분류에 해당하고, 야생동물이 전시체험동물의 대다수를 차지한다. 따라서 하위 스키마 또는 교차 스키마로 범주화할 수도 있다. 반려동물로 범주화된 동물은 인간과 '가족'이 되고, 실험동물이 된 동물은 '값진 희생양'이 되며, 군견이나 경찰견처럼 특수목적 동물이 된 동물은 '숭고한 영웅'이, 전시·체험동물이 된 동물은 '훌륭한 교육 자료'가, 축산동물이 된 동물은 '맛 좋은 영양분'이 된다.

문제는 이렇게 만들어진 스키마에서 벗어난 상황을 마주할 때 발생한다. 예를 들어 안데스 고산지대에서는 기니피그 '꾸이'를 길러 보양식으로 먹는다. 털과 가죽, 내장을 제거한 꾸이를 소스에 재운 다음, 향신료를 발라 화덕에 굽는다. 맛 자체는 허브향이 감도는 부드러운 맛이라고 한다.

하지만 식탁에 이 요리가 나왔을 때 한국에서 나고 자란 대다수는 쥐와 닮은 꾸이를 먹을 수 없는 동물로 인식하고, 동시에 살아 움직이는 쥐를 떠올리며 꾸이를 먹는 것에 혐오감을 느낄 것이다. 그런데 대신 닭 요리가 나온다면 어떨까? 어떤 저항감이나 혐오감도 없이, 오히려 반색을 하며 젓가락을 쥘 것이다. 조이는 먹을 수 있는 동물과 먹을 수 없는 동물의 선별에서 혐오감을 느끼는 것이 아니라, 혐오감을 느끼지 않는 것에 주목한다. 먹을 수 있는 동물에 대한 우리의 인식 과정에는 혐오감과 거부감을 느끼지 않도록 하는 '사라진 연결고리'가 있다는 것이다. 이 사라진 연결고리의 뿌리는 동물이 고통받지 않기를 바라는 마음/인식과 그럼에도 그들을 먹는 행위 사이에서 오는 인지부조화인데, 이를 해결하는 방법은 크게 세 가지다. 바로 행위에 맞게 인식을 바꾸는 것, 인식에 맞게 행위를 바꾸는 것, 행위에 대한 인식 기준을 바꾸는 것이다. 우리가 흔히 합리화라고 부르는 방법이다. 육식주의는 이 중 세 번째 방법과 관련이 깊다. 시대와 상황, 개인의 성향에 따라서도 다르겠지만, 역사적으로 이 인지부조화의 갭을 메우기 위한 행위는 수도 없이 많다. 죽은 동물을 위해 제사를 지내거나 고기를 먹은 자가 정화 의식을 치른다. 도살의 의미를 축소하거나 동물이 인간을 위해 '희생'했다는 표현을 쓰기도 한다. 그러나 이

정도만 하더라도 매우 성의 있는 행위일 것이다. 현대인에게 가장 보편적인 방법은 미필적 고의에 의한 무지와 은폐다. 적극적으로 알려고 하지 않으면 육식주의가, 이를 지탱하는 자본과 제도가 사육장과 도살장을 거쳐 가공·유통되는 과정을 알아서 가려준다. 특별한 노력 없이도 사라진 연결고리는 현대인의 의식에서 자연스럽게 모습을 감춘다.

자본은 자연을 직조한다

누렁소를 낳는 얼룩소

자본이 육식주의를 지탱한다면, 육식주의는 이윤을 위해 자연을 직조하는 자본의 행태를 은폐하거나 정당화한다. '고기'가 동물을 죽이는 행위를 감추고 부재 지시 대상과 청부 도살의 구조를 지탱한다면, 이를 통해 이윤을 얻는 것은 축산 기업을 비롯한 육식 산업과 연관된 기업들이다. 자연을 직조한다는 것은 단순히 동물을 도축하여 먹는 행위뿐 아니라, 이윤을 위해 동물을 착취하는 다양한 행위를 포함한다.

예를 들어 3장에서 서술한 것처럼 '젖소'농장에서 젖을 짜내려면 얼룩소는 계속 임신과 출산을 반복해야 한다. 현장 조사를 간 친구가 한번은 '젖소'농장에 갔는데 축사

환경이 나쁘지 않고, 환기도 잘 되는 편이고, 사료도 상태가 좋고, 소들도 건강해 보였다고 한다. 그런데 이상하게도 농장 한쪽에 누렁 송아지들이 있었다. 의아해서 농장주에게 물었더니, 얼룩소가 낳은 송아지라고 하더란다. 여전히 영문을 모르겠는 친구에게 농장주는 그 농장에 사는 60명의 얼룩소가 모두 대리모라는 이야기를 해주었다. 도살 직후의 '한우' 여성의 난소에서 난자를 채취한 다음, 이를 '한우' 남성의 정자와 수정시킨 수정란을 얼룩소의 자궁에 착상시켜 임신케 한다는 것이다. 수정란은 일주일 정도 시험관에서 배양된 뒤 임신 가능한 얼룩소에게 이식된다. '한우' 가격은 '젖소'의 7배이기 때문에 어차피 인공수정으로 임신하고 출산해야 한다면 누렁소의 수정란으로 수정시켜서 비싼 '한우'를 낳게 한다는 지극히 경제적인 논리였다. 우유 회사 연구소에 15만 원을 내면 누렁소 수정란을 받을 수 있고, 30만 원을 내면 시술까지 해주며, 착상에 실패하면 그 부담은 모두 농가가 지는 식이다. 찾아보니 이미 20년 이상 이어온 방식이고 국가에서 보조금까지 쥐여주며 정책적으로도 장려되었다고 한다. 자본이 자연을 어떻게 직조하는지를 이보다 적나라하게 보여줄 수 있을까.

국내 최대 축산 대기업 A사를 보면 자연을 직조하는 자본이 얼마나 고도로 체계화되어 있는지 알 수 있다. 양계 산업을 독점하다시피 하고 양돈 산업까지 뻗어 나가는 A사는 55개의 자회사가 수직계열화되어 사육부터 도축, 유통, 판매까지 모든 과정을 관리하고 있다. A사의 자회사에는 육가공 업체, 가축 사료 업체, 가축 약품 업체, 치킨 프랜차이즈, 식품 전문 홈쇼핑까지 있으며, 기업의 회장은 '삼장(농장, 공장, 시장) 통합 경영'이라며 자부심이 대단한 것 같다. 그런데 한국에서 한 해에 도축되는 닭은 약 10억 명인데, 그 많은 닭을 한 기업에서 키우는 게 가능할까? 물론 닭은 양계 농가가 키운다. 그런데 이 양계 농가의 90% 이상이 기업에 소속된 '계약 농가'이고 그 절반을 A사가 과점하고 있다. 양계 농가들은 일종의 하청 업체인 셈이다. 통상 기업은 양계 농가에 사육(위탁) 수수료를 지급하는 대신, 병아리·사료·의약품을 외상으로 팔고, 나중에 병아리가 닭으로 성장하면 전량 매입한다. 이 과정에서 초기에 지급했던 병아리와 사료 등에 대한 비용을 제하고 매입대금을 지급한다. 병아리는 '출하' 전까지 농가 소유지만, 병아리에 대한 재산권은 기업이 가지는 기묘한 구조이다. 그런데 재산권을 소유한 기업은 병아리 가격을 임의로 정할 수 있으며, 20여 년간 거의 해마다 발생한 조류 인플루엔자로 인한 농가 보상금도 80% 상당을 기업이 가져간다.[72] 기업은 계약 농가에 대한 상대평가 제도를 도입해, 일정 기간 동안 출하한 농가들의 사육 성적을 평균 내어 매번 출하할 때마다 인센티브를 차등지급한다. 외국의 축산 대기업을 벤치마킹했다고 하는데, 경쟁을 부추기는 시스템에서 더 열악한 상황에 처하는 건 말할 것도 없이 동물들이다.

복권으로 돈을 버는 건 복권방 사장님이고, 하청 업체 경쟁으로 돈을 버는 건 원청이다. 자영업자가 대기업과 대기업의 시스템에 저항하기란 쉽지 않다. 불공정한 상황을 바꾸기 위해 양계협회 등이 발 벗고 나서야 할 것 같지만, 협회 구성원의 다수가 축산 대기업과 연관되어 있다. 이런 구조 속에서는 동물도 농가도 상황은 악화 일로다. A사는 자회사 간 내부 거래와 일감 몰아주기 때문에 공정거래위원회로부터 뭇매를 맞았지만, 그 후 얼마 지나지 않아 국내 30대 기업 명단에 이름을 올린 유일한 축산 기업이 되었다. 가로수길에 닭다리를 형상화한 건물로 유명한 A사의 시가총액은 4,000억 원에 달한다.

중요한 문제는 몇몇 대기업이 축산업을 독과점하는 것이 아니라 협동조합을 설립하든 수평계열화를 하든 동물을 착취하는 것 아니냐고 할 수 있다. 물론 맞는 말이다. 그러나 동물을 착취하는 현실을 뭉뚱그려 보는 것이 아니라 착취의 구조를 꼼꼼하게 들여다보아야 '약한 고리'가 어디에 있고, 결정적인 원인은 무엇인지 알 수 있다.

산업화의 시작, 포경산업

오늘날의 거대한 축산업 이전에는 포경산업이 있었다. 산업혁명 이후 고래기름은 기계 장비에 필요한 최적의 윤활유로서 가치가 높아져 고래잡이가 성행하였다. 공장의 기계를 돌리고 밤까지 불을 밝히려면 많은 양의 기름이 필요했다. 당시만 해도 약 400~500만 명으로 추산되던 고래 개체 수는 산업이 성장하면서 근해에서부터 급격히 줄어들었다. 처음에는 대왕고래, 참고래 같은 대형 고래들이 포획당했지만, 점점 경쟁이 치열해지면서 상대적으로 작은 고래까지 포획하기 시작했고 고래 사냥 기법도 정교해져 갔다. 17세기 말에는 고래를 잡기 위해 공해로 나가야 했는데, 네덜란드처럼 강력한 해상 세력들은 고래잡이 선단의 경우 바다를 자유롭게 누빌 수 있어야 한다고 주장했다. 19세기 중반에 화약을 이용해 쏘는 작살총과 대형 증기 포경선이 등장하자 향고래는 멸종위기에 몰렸다. 20세기 초 세계의 대양을 누비던 그 많은 고래가 사라진 뒤에야 비로소 주요 산업 목록에서 포경 산업이 자취를 감추게 되었다.[73]

그러나 이는 어디까지나 '대외적'으로 그렇다는 말이다. 한국도 '멸종위기에 처한 야생동식물종의 국제거래에 관한 협약CITES'과 국제포경협회IWC에 가입했고, 상업적 포경을 금지하고 있으며, 10종의 고래(귀신고래, 남방큰돌고래, 대왕고래, 보리고래, 북방긴수염고래, 브라이드고래, 상괭이, 참고 래, 향고래, 흑등고래)를 해양보호생물종으로 지정하여 보호하 고 있다. 2011년에는 '고래 자원의 보존과 관리에 관한 고 시'도 제정했다. 하지만 고래는 여전히 '바다의 로또'라 불 린다. 혼획(특정 어패류를 잡으려고 어업 활동을 했으나 본래 목적했 던 어획 대상이 아닌 종이 섞여 잡히는 것)된 개체들은 위판장이 나 공매에서 수천만 원에서 시작해 1억 원이 넘는 가격에 도 판매되기 때문이다. 혼획을 가장한 어획이 판을 쳐서 연 간 1,000~2,000명에 이르는 고래가 포획당한다. 게다가 신 고된 고래보다 식당가에 유통되는 고래 수가 3배에 달하 는 것을 보면 불법 포경도 상당하다는 이야기다. 2021년 정 부에서 '고래 자원의 보존과 관리에 관한 고시'를 개정했지 만, 식용으로 가장 많이 이용하는 밍크고래는 보호종에서 여전히 제외하고 있으며, 불법 포획, 좌초·표류된 고래만 공매와 위판을 막았을 뿐 가장 중요한 문제인 혼획으로 잡 힌 고래에 대해서는 그대로 위판을 허용하고 있다. 이처럼 불법을 묵인하면서까지 단속하거나 규제하지 않는 유일한 명분은 '고래고기'를 유통·판매하여 생계를 영위하는 이들 이 있다는 것인데, 이는 개식용 산업을 대하는 태도와 너무 도 닮은꼴이다.

인간-비인간의 동맹 맺기, 비거니즘

'잘' 먹고 '잘' 살기

생존을 위해서뿐 아니라 윤리적 관점에서 보았을 때 음식은 중요하다. 음식은 우리가 인간들 사이의 관계, 또는 비인간 존재들이나 환경milieu과 관계를 맺는 방식을 확립하는 하나의 방법이기 때문이다. 따라서 음식은 '잘' 먹어야 한다. 그런데 '잘' 먹는다는 건 무엇일까? 음식을 먹는 행위를 통해 즐거움을 느끼고 적절한 영양분을 얻는 것뿐 아니라 음식이 어떻게 생산되었는지에 대해 어느 정도의 기본 지식을 갖추고 혼자만의 습관적인 소비가 아니라 다른 이들과의 관계를 풍부하게 만드는 방식으로 먹는 것, 나아가 우리의 가치에 부합하고 이를 표현하는 방식으로 먹는 것이 아닐까.[74]

이런 관점에서 본다면 육식주의가 지탱하는 인류의 식습관은 분명 잘 먹고 잘 사는 것에서 역행 중이다. 특히 포식과 피포식의 관계를 볼 때 그렇다. 자연의 모든 존재는 연결되어 있고, 먹고 먹히는 행위는 일종의 생태계 순환이므로, 어떤 삶의 시작에는 반드시 어떤 죽음이 선행된다고 볼 수 있다. 생태계 순환의 차원에서는 포식자와 피포식자의 관계도 '동맹'의 한 유형일 수 있다. 그러나 포식자 인간과 피포식자 동물의 관계는 앞에서 본 것처럼 도저히 동맹이라고 표현할 수 없다. 최소한 공장식 축산이 발달하기 전인 250~300년 전이면 모를까. 단언컨대 인간은 선을 넘었고 동맹은 깨졌다.

여기서 동맹은 라투르에게서 가져온 개념이다. 라투르는 우리가 사회라고 부르는 것은 인간-비인간의 집합체 collective라고 한다. 그는 인간과 비인간 사이에 형성되는 네트워크에 주목한다. 흔히 행위자네트워크 이론actor-network theory이라 부르는 이 네트워크는 바꿔 말하면 인간과 비인간이 맺는 동맹이며, 비인간에는 동식물을 비롯하여 미생물, 비유기체, 그래프, 설계도, 표본 등 폭넓은 존재가 포함된다. 과속방지턱을 예로 들면, 재료의 물질적 속성, 교통 경찰의 역할, 교통 법규, 교통 질서에 대한 담론, 이를 둘러싼 각각의 이해관계 등이 과속방지턱이라는 존재를 교차하는 연결망network을 이루고 있다는 관점이다. 모든 자연, 사회, 문화는 집합적이고 혼성적인 존재들에 의해 구성된다. 이때의 존재들은 서로 동일한 행위능력agency을 가지는 등가적 행위자actor이며, 서로 어떤 동맹을 맺는가에 따라 힘의 크기가 결정된다. 의회에서 다수결에 따라 의사 결정을 하듯 정치의 장에서 입장을 관철시키기 위해서는 각 행위자들이 동맹을 통해 힘을 키워야 한다. 따라서 인간-비인간의 집합체, 곧 우리 사회가 지속가능하려면 동맹을 단단히 해야 하고, 이를 위해서는 인간과 비인간의 새로운 관계를 만들어내야 한다.

이런 관점에서 볼 때 기후위기, 생태위기, 멸종위기, 식량위기 등 우리가 끝도 없이 나열하는 위기들을 '인간과 비인간의 동맹이 깨졌다'고 달리 표현할 수 있다. 세계보건기구WHO도 인간과 동물과 지구의 건강이 하나라는 원헬스 One Health 개념을 내건다. 위기에 대한 기존의 시각을 바꿔내야 한다는 이러한 긍정적인 메시지에도 불구하고, 팬데믹 시대에 다가올 감염병의 위협에 맞서기 위해 인간과 동물과 지구의 건강의 상호 의존성을 바탕으로 전문가들의 다학제적 접근과 협업이 필요하다는 구호는 왠지 좀 빈약하게 느껴진다. 물론 보건기구라는 정체성과 행정의 딱딱한 표현 탓도 있겠지만, 보다 근본적인 것을 건드리지는 않고 있다는 느낌이다. 과연 원헬스로 우리는 이 동맹을 회복할 수 있을까. 동맹을 회복하기 위해서는 무엇이 더 필요할까.

동맹을 회복하기 위한 비거니즘

종종 비거니즘veganism은 단순히 육식을 멀리하고 채식을 하는 것, 즉 하나의 식습관으로 오해받기도 한다. 그러나 비거니즘은 먹는 것에 국한된 개념이 아니다. 1장에서 언급했듯이 역사적으로 보면, 기원전 500년경 피타고라스에 의해 '채식주의'가 최초로 등장한다. 피타고라스는 동물에게도 살 권리가 있고, 채식주의를 통해 평화를 얻을 수 있다고 믿었으며, 이를 사회에 전파했다. 불교, 힌두교 등의 종교에서도 살생을 금하고 육식을 지양한다. 그러나 이들은 대부분 동물의 부산물은 섭취하는 락토-오보lacto-ovo에 가깝고, 이와 차별되는 채식을 지칭하기 위해 영국의 도널드 왓슨Donald Watson은 'vegeterian'의 앞뒤 글자를 따서 '비건vegan'이라는 단어를 만든다.* 그로부터 3개월 후에, 그는 이 단어의 발음이 '비젼[veejan]'이 아니라 '비건[veegan]'이라는 공식 설명서를 출간하기도 하였다. 당시 그가 발행하던 뉴스레터 〈비건 소사이어티Vegan Society〉는 구독자가 25명이었지만, 그로부터 60년 후 자신을 '비건'이라고 칭하는 사람들이 영국에서만 25만 명, 미국에서는 200만 명에 달하게 되었다.

사람들이 채식(비건)을 시작하는 계기는 주로 동물에 대한 윤리적 문제, 생태와 환경 문제에 대한 관심, 자신의

---

* 채식은 열매인 과일과 견과류만 먹는 프루테리언fruitarian(혹은 과식주의fruitarianism), 열을 가하는 등 가공하거나 조리하지 않고 날것 그대로 먹는 로-비건raw-vegan(생식주의, 자연식물식), 음식과 더 온전한 관계를 맺기 위해 위장이 한 번에 한 가지 음식만을 소화하도록 먹는 모노밀mono meals 등으로 세분화되어 있다.

건강 회복 중 하나인데, 비거니즘이라는 단어에는 어떤 것에 대한 신념 체계이자 행동 양식을 규정하는 '-ism'이 붙어 있다. 즉 비거니즘은 동물권과 가장 연결성이 크고, 음식뿐만 아니라 전반적인 삶을 꾸려나가는 데 있어 동물을 이용하고 착취하는 모든 상품을 소비·사용하지 않는다는 의미가 강하다. 따라서 비거니즘은 인간과 동물과 지구의 안녕이라는 명확한 목적이 있는 지향이자 생활양식으로 이해할 수 있다.

이러한 비거니즘에 대해 본질적으로 금욕적인 측면이나 다소 염세적이면서 마치 누군가를 책망하는 성격(인간혐오)을 갖는다는 생각이 들 수도 있다.[75] 그러나 나에게 비거니즘은 인간이나 세상에 대한 혐오, 절망이 아니라 더 많은 다른 존재를 인정하는 가치이자 지향이다. 그런 점에서 비거니즘은 나를 설득했지만, 육식주의는 그러지 못했다.

배양육과 비거니즘

배양육이라는 뜨거운 감자

배양육은 처음 선보일 당시 종래의 사육 생산에 소모되는 에너지의 45%, 토지의 99%, 물의 96%, 온실가스의

96%를 삭감할 수 있다고 알려져(구체적인 수치는 통계마다 조금씩 다르다) 고기를 포기하지 않고도 인류를 식량위기에서 구원할 수 있는 대안처럼 이야기되었다. 배양육은 동물단체에서도 비교적 큰 비판 없이 받아들여졌고, 동물의 세포조직과 약간의 지방 성분과 비트를 배합해 3D 프린터로 생산한 고기도 이미 많은 공산품을 생각하면 낯설지 않았다. 2013년에는 세계 최초로 소 줄기세포를 배양해 햄버거용 패티가 만들어지기도 했다. 당시 그 패티를 만드는 데 든 비용은 33만 달러였다. 2016년 멤피스미트Memphis Meats는 그보다는 저렴한 가격인 1,200달러로 세계 최초의 배양육 미트볼을 생산해냈다.[76] 싱가포르에서는 2020년부터 배양육 상용화를 시작했고, 한국에서도 R&D 사업으로 엄청난 정부 지원을 받으며 배양육 개발이 박차를 가하고 있다. 이렇게 보면 배양육은 모두를 만족시킬 수 있는 대안으로 보인다.

그러나 배양육은 생산에 필요한 토지 면적이 적을 뿐, 공장식 축산보다 많은 에너지와 자원을 소비할 수도 있다. 배양육을 기르기 위해서는 동물의 성장에 필요한 과정을 인공적으로 재현해야 한다. 동물은 근육과 지방을 축적하기 위해 음식을 섭취하고 몸에 영양과 산소를 순환시켜 적절한 체온을 유지하는데, 배양육은 이 모든 과정을 화석연료로 진행한다. 게다가 배양되는 조직은 살아 있는 동물과 달리 면역계를 갖추고 있지 않아 병원체 오염을 막기 위해서는 철저한 위생 관리가 필요하고, 배양액, 세포 등의 멸균 처리에 막대한 에너지가 소비된다. 항생제도 당연히 투여한다. 그래서 조직 배양은 '현대 생물학에서 가장 많은 비용과 자원을 필요로 하는 기술 중 하나'로 여겨지며, 과거 굉장히 협소한 범위의 과학·의학 연구에서만 사용되었다고 한다. 만약 조직 배양을 현대 식육 생산에 응용하려면 조직감, 풍미, 형상, 안전성 등을 확보해야 하는데, 마찬가지로 엄청난 비용과 에너지가 필요할 것이다. 그 에너지가 하늘에서 뚝 떨어지는 것도 아닐 텐데, 배양육의 현실성이나 효율성을 검토할 때 이런 사실들은 고려되지 않는다. 개발에 불리한 사실들이 가려지는 '친환경', '고부가가치' 사업은 배양육뿐만이 아니다. 친환경 에너지라는 태양광 전지판은 만들 때 대량의 탄소가 발생해 만들수록 오히려 탄소 배출이 늘어나고, 고작 2g짜리 반도체 칩을 만드는 데 2kg의 쓰레기가 발생하며, 전기차는 제작 과정에서 가솔린차보다 4배 많은 에너지를 소모한다.[77]

그렇다면 윤리적인 면에서는 자유로울까. 조직 배양은 동물들에게서 일부 세포를 채취할 뿐이어서 동물을 도살하지 않는다고 생각하는 경향이 있다. 그러나 세포나 조직,

특히 성체줄기세포 같은 것은 계속 증식하는 것이 아니기 때문에 대량의 배양육을 생산하려면 결국 세포의 공급원인 동물을 가두게 될 것이다. 배양육 버거를 개발한 마크 포스트Mark Post 교수마저 일정한 수의 도너 동물을 세포 채취를 위해서 가두는 미래를 그리며, 가장 효율적인 생산법으로는 역시 동물을 도살하게 될 것이라고 이야기한다. 식육업계에서도 세포 채취를 위해 동물을 본래 수명까지 사육하기보다 젊은 동물을 세포 채취에 쓰다가 어느 정도의 연령이 되면 도살하는 방식을 더 합리적이라고 판단할 것이다. 또 배양육은 개발부터 식육화까지 모든 단계에 동물실험이 필요하다. 배양육 개발의 핵심 기술인 지지체와 배양액 문제를 해결하고 안정성 시험을 위해 동물실험을 하는 모습이 눈에 선하다. 여전히 동물을 도살해야 할지도 모르는 배양육이라는 불완전한 미래를 위해 또 다시 동물들이 살해당해야 할까. 머리도 속도 복잡하다.

배양육이라는 면죄부

일반적으로 배양육이 상용화되면 동물이용 식품을 대체하는 음식의 선택지가 많아져 고기 소비가 줄어들 것이라고 생각한다. 독일 등 일부 유럽 국가에서는 채식 인구가 늘어나면서 육류 소비가 줄고 대체육 시장이 유례없이 확대되고 있는 것도 사실이다. 그러나 이미 고기, 우유, 계란을 대체하는 비건 음식은 충분히 개발되어 있고, 비욘드미트Beyond Meat 같은 대체육은 고기와 구별이 어려울 정도다. 우리가 나아가야 할 방향은 소비의 선택지를 늘리는 것이 아니다.

배양육 산업을 보면 의도적으로 이슈를 만들어 투자를 유도하는 일, 가령 저명한 전문가나 인플루언서의 지원을 받아 주가를 폭등시키고, 천문학적인 연구비가 투여되는 일이 반복된다. 그 과정에서 채식이나 탈육식에 관한 논의는 빛을 잃는다. 배양육은 면죄부가 되어 채식, 탈육식을 가책 없이 외면하게 만든다. 동물복지농장도 마찬가지다. 인도적 축산은 공장식 축산의 대체제로 동물권단체와 소비자단체들로부터 많은 지지를 받았지만, 그로 인해 오히려 식육 산업은 확장되었다. 사람들이 소, 돼지, 닭이 드넓은 초원에서 방목될 것이라는 환상 속에서 면죄부를 얻은 듯 마음 편히 고기를 먹게 된 것이다.

배양육과 동물복지농장은 동물 착취나 육식주의에 대한 근본적인 의문을 사라지게 만들고 면죄부를 줌으로써 동물을 자원, 원료, 대상으로 바라보는 종차별적 태도를 변화시키지 못한다. 종차별적 태도에 대한 철저한 성찰이 이뤄지지 않는 한, 육식을 비롯한 동물 착취를 해결할 수도,

육식주의를 바꿔낼 수도 없다.

육식주의를 지탱하는 자본주의는 현행 방식에 문제가 발견되면 근본적인 원인을 제거하지 않는다. 문제를 수정하는 척하면서 표면상의 문제만 건드리고, 오히려 그것을 새로운 수익원으로 삼는다. 공장식 축산이 동물에게 끔찍하고 환경에도 해롭다면 육식을 멈추는 것이 해답일 텐데, 대신 형태만 살짝 바꾼 동물복지농장을 만들고, 그것도 부족하다는 비판이 일면 동물 학대와 환경 파괴로부터 자유롭다는 주장을 하며 배양육을 제시하는 식이다. 지금도 전 세계 70여 개 기업이 배양육 개발에 뛰어들어 블루오션을 점유하려고 혈안이다. 종차별주의나 자본주의의 동물 착취에 대한 문제 의식 없이, 낙관적 미래를 약속하는 기술을 무비판적으로 받아들이는 태도는 매우 위험할 뿐 아니라 문제의 본질을 흐리고 있다.

자본주의의 대항배치로서 비거니즘

동물-산업 복합체와 비거니즘

군수-산업 복합체Military-Industrial Complex는 잘 알려져 있듯 군수 및 방위 산업과 정부 기관들이 공동의 이익을 위해 긴밀하게 상호의존하는 체제를 말한다. 특히 제2차 세계대전 후 미국을 위시로 한 군수-산업 복합체는 전 세계 안보, 외교, 경제, 정치 등 사회 전반에 막대한 영향력을 행사하고 있다. 문화인류학자 바버라 노스케Barbara Noske는 이 군수-산업 복합체에서 착안한 동물-산업 복합체Animal-Industrial Complex*라는 개념을 제안한다.[78] 축산동물 농장과 사료인 콩, 옥수수 등을 재배하는 생산업체, 타이슨Tyson, 스미스필드Smithfield 등의 육가공업체, 가공된 육류와 유제품 등을 유통하고 판매하는 다국적기업과 패스트푸드 체인 기업들은 미국축산협회(미국의 소 축산업 및 소고기 제조업자들의 이익을 대변하는 단체), 미국식육과학협회, 북미육류협회, 미국 낙농협회, 미국유제품협회 등 이들을 대변하는 각종 협회와 정부의 지원과 협력을 받으며 어마어마한 규모의 동물-산업 복합체를 형성하고 있다. 이 협회들은 축산업이나 낙농업 등을 사육·가공·유통·판매하는 이들의 이익을 대변한

* 이 복합체의 중심에는 테일러리즘taylorism과 소외가 있다. 테일러리즘은 분업을 생각하면 쉽다. 한 명의 노동자가 혼자서 바늘을 생산할 경우, 하루에 한 개의 바늘을 생산할 수 있는 반면 바늘 생산 과정을 18개로 구별하고, 이 구별된 제작 과정에 10명의 노동자가 참여할 경우, 하루 바늘 생산량은 4,800개가 된다는 것이 바로 분업이다. 가장 단순하게 업무를 분할하여 불필요한 요소를 제거함으로써 생산성을 극대화하는 것이다. 또한 마르크스는 소외를 자본주의의 고유한 현상으로 보는데 단절로 생각하면 쉽다. 축산업을 예로 들면 노동자와 동물은 서로의 관계에서도 단절되며, 생산물로부터도 단절된다. 기계화된 공정 속에서 노동자도, 동물도 '고기', 우유, 알 등을 얻어내기 위한 부품에 지나지 않는다.

다. 국회에 거액의 정치자금을 후원하며 식육 산업 지원과 규제 완화를 위한 로비를 하고, 연구비 지원도 아끼지 않는다. 주로 육식이 건강에 이롭다거나 육식과 기후위기, 질병 발생 등과 무관하다(혹은 유관하다는 연관성을 찾을 수 없다)는 식의 연구들을 볼 때 연구비를 어디서 지원했는지 주의 깊게 보아야 하는 이유다. 이를 바탕으로 대대적인 광고를 하고, 식육산업에 반대하는 이들의 활동을 저지하기도 한다. 이렇듯 동물–산업 복합체는 정치·경제·사회·문화적 측면에서 상당한 영향력을 행사하며 동물권과 동물복지, 환경오염과 식품 안전 등 윤리·생태·위생적 측면에서 문제를 야기하고 있다.

동물–산업 복합체의 기원은 인간이 동물을 가축화하기 시작한 때라고 볼 수도 있겠지만, 자본주의 사회에서 공장식 축산을 도입한 이후로 보는 것이 일반적이다. 축산업이 산업의 한 축으로 부상하면서 동물들은 이전보다 더 '금전적 가치가 있는 물건'으로 여겨졌고, 동물을 착취하여 얻는 이윤을 위해 윤리적·생태적 문제를 의도적으로 가려왔다. 동물–산업 복합체는 '지속적인 확장을 선호하는 자본주의 체제의 파생물'이자 '종차별주의의 결과이자 원인'으로까지 평가되기도 한다.

이렇듯 동물–산업 복합체의 핵심은 자본이다. 자본

은 잉여가치의 증식을 목표로 한다. 잉여가치를 생산해내기 위해서라면 어떤 비판도 겸허히 받아들이고, 그 비판마저 화폐화한다. 앞서 살펴보았듯 공장식 축산이 윤리적·환경적 문제를 일으킨다고 비판하면, 그것을 받아들여 동물복지농장과 배양육을 제시해 잉여가치 증식의 기회로 삼는 것이다. 물론 비판의 내용이 된 문제를 본질적으로 해결하지는 않는다. 현대에 이르러 육식주의는 자본주의의 한 갈래가 되었다고 해도 과언이 아니다. 육식주의 없는 자본주의, 자본주의 없는 육식주의를 상상할 수 없을 만큼 긴밀한 관계가 되었다. 이 시스템이 어떻게 작동하는지를 인식해야 우리는 무엇을 먹고 어떤 가치를 지향할지 자유롭게 선택할 수 있다. 앞서 살펴본 '잘 먹는 것'의 문제를 넘어 육식주의와 자본주의라는 시스템의 문제를 바꿔내기 위해 비거니즘을 출발점으로 삼아도 좋을 것이다.

그런데 비건의 이름으로 '가치를 소비하세요'라고 권하는 기업들이 있다. 그들은 육식주의와 자본주의의 문제를 개선하려는 것일까? 자본주의 사회의 미덕은 '소비'라는 사실을 염두에 두면, '가치를 소비하세요'라는 말은 그린워싱에 가까운 표현이다. 육식주의와 자본주의를 비판하는 비거니즘을 이용해 똑똑한 소비를 권하며 이윤을 창출하려는 재주넘기다. 비거니즘은 소비를 권장하지 않는다. 덜 먹고 덜 쓰는 것이 지구와 동물을 위한 길이기 때문이다. 그러나 이미 대기업 중심으로 자라난 친환경·비건 시장은 벌써 30조 원이 넘는 크기로 성장했다.

물론 비건 식품, 동물복지농장·친환경 상품을 원하는 사람이 늘어나는 것은 나쁜 일만은 아니다. 각종 위기를 체감하는 세대일수록 비싸더라도 ESG Environmental, Social and Governance 경영을 실천하는 기업의 제품을 소비하고, ESG 활동을 기준으로 기업을 평가하거나 취업할 기업을 선택하는 태도는 장려되어야 할 것이다. 그러나 비거니즘의 원칙은 기본적으로 보이콧이다. 매년 세계에서 803억 명의 육지 동물과 1~3조 명의 물살이가 불필요하게 도살되고 있으며, 이는 생태계 파괴, 질병, 기본권 침해의 주요 원인이 되고 있다. 또한 하루 평균 쓰레기 배출량은 50만 톤이 넘고, 한국은 미국과 영국에 이어 세 번째로 플라스틱을 많이 버리는 국가다. 이러한 상황에서 비건 인증·동물복지농장 상품을 소비하는 것만으로도 문제를 해결할 수 있을까? 마음은 편할지 몰라도 문제의 근본적인 원인인 육식주의와 자본주의, 동물-산업 복합체의 문제는 오히려 지워질 수 있다. 비건 인증·동물복지농장보다 차라리 덜 쓰고 덜 먹는 제로 웨이스트가 비거니즘의 실천적 핵심과 맞닿아 있는지도 모른다.

어떤 비거니즘인가

"인간이 제일 문제야", "인간만 없으면 돼" 같은 말은 동물권과 기후위기를 이야기할 때 흔히 나오는 말이다. 그런데 이와 비슷한 제안을 하며 정말로 그러한 세상을 그려본 사람이 있다. 바로 《인간 없는 세상》을 쓴 기자 앨런 와이즈먼Alan Weisman이다. 그는 비무장지대나 체르노빌처럼 수십 년간 인간의 손길이 거의 닿지 않은 곳을 예로 들면서, 인간이 없어진 세상을 설득력 있게 그려낸다. 그는 당장 인간이 일제히 사라진다면 전기로 유지되었던 핵발전소, 댐 같은 온갖 시설이 무너지고 폭발하면서 방사능 물질이 지구를 뒤덮고, 대형 홍수나 화재가 잇달아 발생하여 수천, 어쩌면 수만 년 정도 지구는 몸살을 앓게 되겠지만, 그후에는 새로운 생명이 창발하면서 자연은 회복될 것이라고 한다. 이렇게 보면 인류가 스스로 절멸을 선택하는 자발적 인류절멸 프로젝트Voluntary Human Extinction Movement가 지구와 다른 존재들을 위한 정답처럼 느껴진다.

그런데 '인간만 없으면 된다'라는 말에서 '인간'은 동등하지 않다. 기후위기는 단순히 인간이 너무 많거나 악한 본성을 가져서 생긴 문제가 아니라, 자연을 착취하여 발생한 문제다. 유럽을 비롯한 선진국에서 제국적 생활양식을 누리는 '인간'과 아프리카 저개발 국가의 '인간'이 쓰는 에너지의 양, 탄소발자국은 교통수단, 식생활, 일상생활 모든 측면에서 비교가 되지 않는다. 이때 제국적 생활양식이란 선진국에서 생활하며 베트남 공장에서 만든 스마트폰을 쓰고, 저임금 이주노동자가 딴 과일을 먹고, 필리핀에서 온 베이비시터에게 아이를 맡기는, 제3세계(남반구)의 인간과 자연을 수탈함으로써 유지되는 제1세계(북반구) 사람들의 생활양식이다. 실제로 온실가스의 약 80%는 G20 국가에서 배출하지만, 기후위기로 인한 피해의 약 75%는 저개발 국가에서 발생한다. 탄소를 대량으로 배출하는 생활을 하는 부와 권력을 가진 자들과 전쟁으로 난민 생활을 하며 떠도는 자들, 혹은 다시 등장하는 가장자리 사례의 주변인들이 이러한 맥락에서 같은 범주로 묶이는 것도 곤란해 보인다. 그런 점에서 인류세보다 자본세로 명명해야 한다는 주장에 힘이 실리고 자발적 인류절멸 운동은 명쾌한 해법을 제시하고 있으나 현실에 맞는 충분한 답이 되지는 않는 것 같다.

그렇다면 우리에겐 어떤 답이 있을가. 위기, 재난이란 단어로도 부족한 지금의 이 상황을 표현하려면 전쟁이란 단어 정도는 필요하지 않을까. 환경운동가 안드레아스 말름Andreas Malm은 저서 《코로나, 기후, 오래된 비상사태》에서 이 위기를 극복하려면 전시 코뮤니즘 체제로 이행해야 한다고 주장한다. 볼셰비키와 레닌이 전쟁과 기아로 체제 붕괴 직전에 놓인 나라를 구하기 위해 선포한 것이 전시 코뮤니즘이다. 이때 레닌은 '가장 극단적이지만 실용적인 조치들'을 처방했다. 전쟁의 종식, 곡물 공급의 통제, 대지주의 농산물 비축분 몰수, 은행과 기업 연합들의 국유화, 주요 생산수단 사유제의 종식 등, 간단히 말하자면 '혁명'이었다. 말름은 코로나19가 자본주의를 위기로 몰아갔고, 자본주의 국가에서 절대 가능해 보이지 않았던 국가 봉쇄령이 내려지고 공장의 가동을 멈추는 모습을 목격했다. 그는 "기다리는 것은 일종의 범죄"라는 레닌의 말을 인용하며, 생태사회주의자답게 기후위기를 마주한 우리에게 긴급조치로 발동되어야 하는 것은 '생태적 전시 코뮤니즘'이라고 단언한다. 생태적 전시 코뮤니즘은 경제에서 화석연료 산업을 영구히 삭제하는 것을 최종 목표로 삼는다. 목표를 달성할 때까지 재야생화, 탄소 배출량 감축을 위한 야생동물 소비의 불법화, 대규모 항공 운항 종식, 육류나 팜유 같은 제품들의 단계적 폐지를 제시한다. 하지만 어떤 자유시장주의 국가도 이런 일을 단행하기는 힘들 것이다. 코로나 시국에서 사회적 거리두기 단계를 수없이 쪼개었던 것은 자영업자와 경기 침체에 대한 우려 때문이었다. 말름은 자본주의 국가가 이 과업에 나서게 하려면 시민이 국가에 강제력을 행사해야 한다고 말한다. 선거운동이나 사보타주 등의 대중적 행동을 통해서만 실현할 수 있다는 것이다.

비슷한 맥락에서 철학자이자 경제학자인 사이토 고헤이齋藤幸平는 저서《지속 불가능 자본주의》에서 '탈성장 코뮤니즘'을 대안으로 내세운다. 고헤이도 혁명에 가까운 결단과 변화가 동반되지 않는 한 파국은 예정되어 있다는 문제의식을 공유하고 있다. 다만 전시 코뮤니즘이 상대적으로 국가와 제도에 더 의존한다면, 탈성장 코뮤니즘은 자치·공동관리와 상호부조로서의 코뮤니즘을 강조한다. 그가 제시하는 코뮤니즘의 모습은 사회운동으로서의 횡적 연대를 강화하고, 협동조합을 조직하여 새로운 경제모델을 만들고, 본래 공공재였던 식량 주권을 되찾자는 것이다. 제국적 생활양식에 저항하려면 신뢰와 상호부조를 회복하고, 글로벌 자본주의에 맞서는 지역 운동의 연결망을 촘촘히 구축해야 한다고 역설한다. 앞서 소개했던 마리아 미즈도《가부장제와 자본주의》에서 앞으로의 사회는 자연과 여성과 식민지의 착취에 기초한 경제가 아니라, 상당한 정도의 자급이 이루어지는 대안 경제에 기초해야 한다고 말했다. 그리고 대안 경제체제로서 자급적subsistence 생활을 제시한다. 기초적인 의식주, 즉 생존을 위한 수요를 국경 너머의 경제 주체들에게 의존하는 것이 아니라 공동체, 국가에서 자급할 수 있는 경제체제로 나아가는 것이다. 기초적인 생필품을 상당 정도 자급할 수 있는 사회만이 정치적 협박과 기근에서 자유로울 수 있기 때문이다.

이들은 입을 모아 지금의 위기를 '생태적 전시 상황'으로 파악하고, 그에 준하는 대처가 필요하다고 역설한다. 따라서 비거니즘의 지향은 '탈성장과 지구돌봄'으로의 담대한 전환과 결행을 선포하고, 동물권과 기후정의, 로컬리즘이 만나는 생활양식을 회복하는 것이라고도 할 수 있겠다.

실천으로서의 비거니즘

동물을 안 먹는 실험전

나는 '수유너머'라는 공동체에서 오랫동안 활동하고 있다. 이 공동체는 지식과 예술과 식탁을 함께 나누며, 자본과 국가에 예속되지 않는 자치공동체(코뮨)를 지향한다. 매매나 교환이 아닌 증여와 선물을 나누는 방식으로 다른 삶을 실험하고 있다.

수유너머에서는 공동체 운영을 위해 해마다 팀을 꾸리는데, 몇 해 전 제비뽑기로 주방팀을 맡은 적이 있다. 주방팀은 말 그대로 주방 살림을 도맡아 하는데, 마침 나를 포함한 비건지향인 2명이 주방팀의 구성원이 되었다. 내가 식자재를 구매하는 역할이었는데, 회의에서 내 손으로 동물성 재료나 식품을 살 수는 없을 것 같다고 말하였고, 논비건 팀원들은 기꺼이 호응해주었다. 우리 주방팀은 이름을 '물아일체 주방팀'이라고 짓고, 1년의 식탁을 기록하여 연말에 '동물은 안 먹는 실험전'을 해보자고 공동체에 제안하여 전체회의를 통해 결정되었다. 우리는 신청인을 대상으로 인바디를 재서 하루 한 끼나 두 끼의 비건 식사가 미치는 영향을 매달 기록하고, 1년 뒤에 전체를 확인하기로 했다. 주방에 구비해둔 비건 재료로 만들 수 있는 요리 레시피를 틈틈이 공동체 게시판에 올렸고, 궁금해하는 영양에 대한 정보나 함께 보면 좋을 영상도 공유했다. 한 번에 많이 해두면 좋은 김치나 장아찌 같은 비건 반찬은 같이 만들었다. 매일 음식 사진을 찍는 것도 잊지 않았다. 식물식을 실천하는 의사들의 모임인 '베지닥터'에서 전문가를 초청해 이야기를 나누고, 채식 관련 영화를 관람한 뒤 토론하는 자리를 마련하기도 했다.

수유너머는 20년 넘게 페스코 채식을 실천해온 공동체여서 채식에 대한 기본적인 인식과 합의가 있었기에 수월하게 시작할 수 있었다. 1년 동안 몇몇은 채식을 본격적으로 시작했고, 자신의 경험이나 변화를 적극적으로 공유하기도 했다. 하지만 그동안 주방에 떨어지지 않았던 계란, 어묵, 육수용 멸치를 없애는 데 불만을 토로하는 이들도 있었다. 변화에 대한 그들의 심리적 저항이 느껴졌다. 공동체의 식탁에 '육고기'는 원래 없었고, '물고기'는 가끔 쓰는 정도니 덜했지만, 계란, 어묵, 육수용 멸치는 가장 손쉽게 조리할 수 있어 거의 매일 식탁에 올랐던 탓이다. 다시금 지식이나 정보를 머리에 넣는 일에 비해 감각을 바꾸는 일이 얼마나 다르고 어려운지 깨달았다. 그도 그럴 것이 나 역시 고양이들과 살기 전까지 채식을 시도하다가 몇 번이고 실패했었다. 지금도 '고기'를 불에 굽거나 기름에 튀기는 냄새를 맡으면 순간 좋다고 느껴진다. 다만 곧바로 '고기'들이 어디서 어떤 과정을 통해 왔는지가 시각 이미지들과 함께 머릿속을 덮치면서 조리 과정을 보거나 살덩이를 씹고 싶지 않다고 느끼는 것이다. 아쉽게도 이런저런 사정으로 '동물을 안 먹는 실험전'까지 열지는 못했지만 서로 다른 인식과 감각을 가진 이들과 식탁공동체로서 비거니즘을 실험해볼 수 있는 계기가 되었다.

비거니즘의 방법론

앞에서도 설명했듯이 비거니즘은 인간과 동물과 지구의 안녕이라는 명확한 목적이 있는 생활양식이다. 따라서

한 명의 완벽한 비건보다 완벽하지 않더라도 비거니즘적 가치를 실천하려 노력하는 100명이 필요하다. 100명이 나타나기 위한 촉매제는 결국 비건 내지 비건지향인이다. 그런데 비건에 대한 몇 가지 편견이 존재한다. 먼저 매사 엄격하고 까다로워서 같이 있으면 피곤하다거나 논비건에 대해 적대적이라는 개인적 편견이 있고, 비건은 어차피 젊은 여성들이 하는 일시적 유행 비슷한 것이라고 보는 사회적 편견이 있다.

이러한 편견들은 비거니즘을 확산하는 데 전혀 도움이 되지 않는다. 그래서 편견을 어떻게 넘어설 것이냐에서 출발해 이론적으로 내가 어떻게 믿고 생각하느냐와 실천적으로 어떻게 비거니즘을 확산할 것인가에는 어느 정도 간극이 생길 수밖에 없다. 〈비건 소사이어티〉를 공동 설립한 도널드 왓슨이 제안한 비거니즘은 '모든 형태의 동물착취를 가능하고 실용적인 한도 내에서 최대한 배제하려는 삶의 방식'이었다. 이처럼 비거니즘은 가능하고 실용적인 한도 내에서 배제적이지 않고 포용적이어야 한다. 《비건 세상 만들기》의 저자 토바이어스 리나르트Tobias Leenaert도 '진짜 비건'이라는 개념이 필요하다면, 동물이용 상품을 얼마나 완벽히 배제했느냐가 아니라 논비건에게 얼마나 좋은 영향력을 주느냐에 기반한 개념이어야 한다고 말한다.

우선 나는 비건에 대한 개인적 편견에 대해서는 조심스럽게 접근하는 편이다. 평소 강경한 언행을 하는 경우가 드물기도 해서, 최소한 식탁에서의 비거니즘을 실천하기 위해 논비건들과 식사하는 경우 몇 가지 요령을 익히고 행하는 편이다.

① 비건/비건지향인은 까다롭다거나 피곤한 사람이 아니라 편하게 대화할 수 있는 상대라고 여기게 한다. 서서히 스며들 수 있도록, 비거니즘에 대한 거부감이 들지 않도록.

② 믿을 만한 음식 취향을 갖고 있고 건강식에 신경 쓴다는 인상을 심어준다. 내가 추천하는 식당과 메뉴는 건강하고 맛도 좋다는 가스라이팅(?)이 필요하다

③ 최대한 다양한 '평화로운' 식당 혹은 메뉴 목록을 보유한다. 식사 약속을 잡을 때 먼저 나서서 적당한 식당을 제시하고 예약한다.

④ 식당(특히 논비건 식당)에서 누구보다 사교적이고 친근한 자아를 출동시킨다. "많이 바쁘신데 죄송하지만 계란이랑 치즈는 빼주시면 안 될까요? 정말 감사합니다", "너무너무 맛있게 잘 먹었습니다".

⑤ 누군가 내 입장을 물어봐주거나 식당 예약을 해

주는 경우(평소라면 "저는 신경쓰지 마세요. 진짜 괜찮아요"겠지만)도 마찬가지다. "배려해주신 덕분에 편하게 식사했어요. 정말 감사합니다."

⑥ 채식과 동물, 환경과 기후, 건강에 대한 질문에 늘 대비한다. 하루에도 2~3번 모이는 자리가 식탁이고 먹는 문제는 언제라도 가볍게 이야깃거리로 오를 수 있다. 다만 누군가 먼저 질문하기 전에 내가 먼저 말을 꺼내거나 흥분하지 않는다(이때 주로 식사 외의 비거니즘에 관해 이야기할 기회가 생긴다).

⑦ 개구리 올챙이 적 시절을 잊지 않는다. 몇 번이나 채식을 시도했다가 실패했던 경험을 떠올리고, 바쁘디바쁜 현대사회에 사는 도시인에게 (머리로 아는 것과 별개로) 일상의 '감각'을 바꾸는 일이 쉽지 않음을 되새긴다.

사회적 차원의 편견에 대해서는 비거니즘을 일시적인 '패션'으로 보고, 기업이 장사하기 위해 비건을 이용한다는 관점을 뒤집어보면 어떨까 한다. '비건은 패션이잖아'라는 조롱에 '그래, 비건은 패션이야'라고 답하는 대신 그것을 끝까지 밀고 나가보는 것이다. 비거니즘은 엄격한 이론을 정립하는 것보다 많은 사람이 실천·지향하는 것이 중요하고, 이를 위해서는 논비건을 설득해야 하니까.

패션fashion은 '활동하는 것, 만드는 것'을 의미하는 라틴어 '팩티오factio'에서 유래했고 흔히 옷이나 스타일과 관련된 말로 알고 있지만, 원래는 양식, 방식, 유행, 관습 등 전방위적인 생활양식을 지칭한다. 자본주의는 소비를 통해 몸집을 불리고, 변화하면서 유지·확장된다. 소비의 구조를 보면 소비를 하는 주체와 소비의 대상이 있고, 필요나 욕망 같은 것이 양자를 연결한다. 이처럼 생산자와 소비자 간의 필요와 욕망이 섞이고 엮이는 소비의 과정은 인간과 사회, 혹은 인간과 비인간들의 관계를 설명해주는 지배적인 틀이 되었다. 이때 패션은 소비에 대한 욕망을 끄집어내는 역할을 하지만, 역의 설명도 가능하다. 소비에 대한 욕망을 통해 생산자를 바꿔낼 수 있는 것이 패션이기도 하다. 비거니즘이 근본적으로 보이콧이더라도, 모든 소비를 잘못이라 한다면 물건을 살 때마다 죄책감을 느껴야 한다. 생산자와 소비자, 필요와 욕망으로 점철된 시공간을 살면서 현실을 무시한 채 나만의 유토피아를 건설할 수는 없다. 실천의 측면에서도 금욕주의나 도덕주의로 사람과 세상을 설득하는 것에는 회의적이다. 그렇다면 실천의 영역에서는 패션으로 '비건 생태계'를 만드는 것이 훨씬 현실적이고 무엇보다 사람들의 진입장벽을 낮출 수 있을 것이다. '비건 생태계'란 곧 동물 착취하지 않는 시스템이다.

'비건은 유행'이라는 말에 깔린 폄훼를 걷어내고 비거니즘을 특정한 인구 집단(가령 20, 30대 여성)이나 특정 시기에 국한되지 않는 크고 긴 유행으로 확장하고, 그럼으로써 사회 변혁을 추동하는 힘을 낳고 나아가 생산의 구조까지 바꿔낼 수 있는 지속적인 흐름을 만들어가는 것이 필요하다. 가령 나는 배양육에 대해 비판적이지만, 현실적으로 식육 산업과 육류 소비를 줄일 수 있는 몹시 중요한 변수라고도 생각한다. 내 입장과는 상관없이 배양육은 마주할 현실이기도 하다. 어떤 SF소설처럼 근미래에는 '실험실 고기'가 주식이 되고, 동물을 도살해 먹는 건 비용이 많이 들뿐더러 사회적으로 지탄받는 잘못이 되어 나쁜 부자들이나 몰래 숨어서 하는 고약한 일탈(또는 범죄)이 될 수도 있다. 대체육·배양육 시장과 친환경 시장에 뛰어드는 대기업들이 잠깐 비건입네 하며 한철 장사하고 그만두는 것이 아니라, 이 기업들이 실제로 비거니즘 철학에 걸맞게 제품을 생산·유통하도록 감시하고 요구해야 한다. 비건 제품을 생산할 뿐 아니라 기업 전체에 비거니즘의 가치가 관통하는 경영이 이루어지도록 목소리를 높이고, 그러한 경영을 꾸준히 이어가는 기업이 많아져야 한다. 나아가 사회적으로도 비거니즘의 가치, 이에 기반한 경영이 당연한 것으로 받아들여지고 국가정책을 고려할 때 우선적인 고려 사항이 되도록 해야 한다. 주체적인 소비자가 되어 생산자를 움직이는 실천적 비거니즘의 모습은 이런 게 아닐까.

제6장 위기들의 시대, 동물과 공생하기

당신은 어디에 착륙하고 싶은지, 누구와 함께 장소를 공유하며 살아가기로 했는지 이야기 해 달라.[79]

브뤼노 라투르, 《지구와 충돌하지 않고 착륙하는 방법》

기후위기와 동물권은 어떻게 만나나

내가 비인간동물의 권리 운동을 하는 이유는 동물을 포함한 비인간존재(라투르식으로 말한다면 '비인간행위자')들이 지구라는 공간을 공유하는 지구생활자이며, 기후생태위기의 시대를 돌파할, 적어도 함께 살아야 할 동등한 구성원이라고 믿기 때문이다. 동물권이 기후정의*와 만나는 지점들은 종차별과 자본으로 설명할 수 있다. 첫째, 기후변화에 관한 정부 간 협의체IPCC 보고서에서도 보증하듯 동물은 기후위

---

* 기후정의란 기후위기가 가난한 국가, 저소득층 등 사회·경제적으로 열악한 이들에게 더 먼저, 더 크게 피해를 줄 수 있음을 인정하는 용어를 말하며, 기후정의운동은 사회적 약자에게 피해가 집중되는 것은 불평등하다는 문제의식에서 출발하여 이러한 불평등 문제에 대응하고자 하는 범사회운동이다. 2022년 녹색당에서 마련한 '기후위기 대응과 정의로운 전환 기본 조례'에서는 기후정의를 "기후위기를 일으킨 책임과 그로 인한 피해가 계급별, 국가별, 지역별, 사회계층별, 세대별, 성별, 생물종별로 다르다는 점을 인정하고, 기후위기를 극복하는 과정에서 모든 이해당사자들이 의사결정 과정에 동등하고 실질적으로 참여할 수 있게 하며, 기후위기를 일으킨 책임에 따라 그 극복 비용과 혜택을 공정하게 나누어 인권, 건강권, 환경권, 성평등, 세대간 평등을 보장하는 것"으로 정의한다.

기에 책임이 없다. 그럼에도 세계자연보전연맹IUCN에 따르면, 지구 생물 12만 372종 가운데 약 27%인 3만 2,441종이 멸종 위기에 내몰려 있고, 최근 10년간 매해 467종이 멸종되고 있다. 인류가 출현하기 전 지구상에서는 1년에 생물종 100만종 가운데 0.1종 정도가 사라졌으나, 인류가 출현한 후에는 1년에 100만종 중 최소 100에서 기록되지 않은 종까지 고려했을 때 많게는 1,000종이 멸종하고 있다는 연구 결과도 있다.[80] 지구상에 멸종은 늘 일어났던 일이지만 멸종의 원인이 기존의 '자연현상'에 의한 것이 아닌, 문제는 어느 한 종이 원인이 되어 이토록 가파르게 진행되는 전례는 없었다는 점이다. 동물 입장에서는 영문도 모른 채 기후위기에 적응할 수 있는 시간(속도)도 공간(지역)도 없이 멸종당하는 것이다. 나치가 저지른 홀로코스트를 차별이라고 말하면 너무 천진해서 어색한 것처럼, 동물이 마주한 멸종에 '종차별'이란 단어를 사용하는 것도 적절한지 모르겠다. 둘째, 자본주의의 이윤 추구라는 목표의 중심에는 농장동물이 속한 농축산식품업을 하는 다국적기업들을 위시한 육식 산업이 있다. 그 안에서 동물들은 태어나면서부터 죽을 때까지 무차별적인 고문과 학살에 노출된다. 그 산업에 종사하는 노동자의 삶도 불평등하고 비참하기는 매한가지이며, 이외에도 반려동물, 실험동물, 전시동물, 봉사동물도 이윤 추구라는 목적 아래 착취당하고 있다. 이것도 '종차별'이란 단어의 의미를 넘어서는 것 같지만 아무튼 그렇다. 셋째, 자본주의 체제는 인간의 노동에만 대가를 지불하고 동물의 노동력과 피와 살(비유적인 표현이 아니다)을 착취하고, 자연물은 그 자체로 또는 가공하여 식량, 에너지, 원료로 전유했다. 이러한 대가 없는 착취와 전유를 통해 통해 지금의 자본을 축적한 것이다. 넷째, 축산동물들, 특히 소들이 방출하는 탄소화합물과 질소화합물 같은 같은 온실가스가 기후위기의 주범이라는 사실은 많이 알려졌음에도 불구하고 국내에서 유독 저평가되고 있는 듯하다. 공장식 축산으로 유지되는 축산업은 최소한의 비용으로 최대한의 잉여를 생산해야 한다는 자본주의 논리 아래 이러한 위험성을 무시·축소하고 있다. 탈육식과 탈축산은 기후정의운동에서 탈석탄과 함께 매우 주효한 실천 수단이라는 점에서 동물권은 기후문제의 열쇠를 쥐고 있다고 해도 과언이 아니다.

그러나 현실은 동물권 보장은 요원하고 기후위기는 날로 심각해지고 있다. 온실효과로 인해 빙하가 녹고, 해수면이 상승하고, 땅이 황폐화되고 있다. 지구가 '자연' 상태에서 빙하기-간빙기의 주기를 겪는 것뿐이라는 지구온난화 부정론자들의 주장도 최근에는 쏙 들어갔다. 해수면 상승과 폭우로 국가의 일부가 물에 잠기고, 폭염으로 댐과 다리가 무너지고, 그리스, 호주, 미국 등의 국가에서 산불이 몇 달 동안이나 이어졌으며, 유럽의 알프스 접경 국가들은 눈이 내리지 않는 기후격변을 눈앞에서 겪고 있으니 그럴 만도 하다. 이제는 우스갯소리가 아니라 과학자들마저 진지하게 한반도를 사계절이 있는 국가가 아닌 건기-우기로 구분하는 아열대 기후 국가로 선포해야 한다고 말하는 판이다.

나도 일상에서 기후위기를 체감하고 있다. 우리 집은 오래된 재개발 지역이지만, 높은 지대에 있어서 비가 와도 침수될 일은 없겠다고 비교적 안심하며 지냈다. 그런데 집중호우가 계속되자 집 앞 도로의 축대가 무너졌다. 비 때문에 지반이 약해지면서 도로를 지지하고 있던 흙더미와 돌들이 그대로 흘러내린 것이다.

나는 그날따라 일찍 퇴근해 집에서 회사 동료들과 밥을 먹고 있었는데 경찰관들이 찾아와 당장 집에서 나와 대피하라고 했다. 갑작스러운 소식에 우왕좌왕했지만 동료들 덕에 마음을 추스르고 대피할 채비를 했다. 그런데 문제는 고양이들이었다. '보리'는 비교적 무난하게 동물용 유아차에 탑승했으나, 평소 경계심이 많은 '나무'는 아예 숨어버렸다. 구조 당시부터 학대 정황이 짙고, 구조 후에도 수개월간 몸을 떨며 좀처럼 마음을 열지 않았던 친구다. 안 그래도 낯선 회사 동료들이 와 있었는데 경찰관, 소방관, 주민센터 직원까지 돌아가며 찾아와 평소 조용하던 집안 분위기가 어수선하니, 어떤 간식이나 장난감으로도 회유되지 않았다. 잔뜩 겁에 질린 얼굴로 옷장 위에서 거리를 유지한 채 다가오지 않았다. 속이 타들어 가고 입이 말랐다. 지금 생각해보면 울먹이며 자신을 불러대는 목소리에 더 겁을 집어먹었을 것이다. 30분쯤 지나 다시 온 소방관에게서 영화 속 클리셰 같은 대사가 흘러나왔다. "그래도 사람이 먼저 살아야 하지 않겠습니까." 나는 "나가서 조금만 기다려주시면 제가 어떻게든 해보겠습니다"라고 대답했지만, 속으로는 '정 안되면 나무랑 여기서 죽어야겠다'는 생각이 절로 들었다.

그렇게 약 한 시간 만에 겨우 고양이들을 데리고 나왔지만 주민센터에서 잡아준 인근 모텔에서는 동물 출입이 안 된다고 했다. 몇 군데를 돌다 겨우 들어간 먼지투성이 방에서 고양이들과 뜬눈으로 밤을 지샜다. 날이 밝자마자 고양이들을 병원에 맡기고 상황을 수습했지만 무슨 정신이었는지 기억도 나지 않는다. 불행 중 다행으로 긴급 복구 작업이 3일 만에 완료되어 집으로 돌아가도 좋다는 연락을 받았다. 정말 돌아가도 될까 싶었지만 고양이들이 낯선 곳에서 너무 스트레스를 받고 있었기 때문에 일단 데려올 수밖에 없었다. 고양이들은 돌아와서도 한동안 불안 증세를 가라앉히지 못했다. 짧은 이재민 체험을 하면서 오만 가지 생각이 들었다. 모텔과 친구 집에서 밤을 새면서, 재난 상황에서 반려동물과 함께 있을 수 있는 변변한 대피소나 프로토콜이 없는 현실을 몸소 체험했고, 기후재난과 기후불평등이 이런 얼굴을 하고 온다는 것을 새삼 뼈저리게 깨달았다.

그런데 이러한 현실을 바꿔낼 기후정의운동이 성과를 낸다 해도, 비인간동물과 자연물은 수혜자의 자리에 있을 뿐 운동의 과정에 정치적 주체로 설 자리는 보이지 않는다. 비인간동물과 자연물은 관리와 통제의 대상에 머문다는 인상을 지울 수 없다. 기후정의운동은 지금까지 잘못된 체제를 전환하는 혁명이 아닌가. 혁명에는 무한한 상상력과 과감한 실행력이 필요하다. 그러나 최소한 동물권의 관점에서 지금의 기후정의운동은 상상력과 실행력이 2%, 아니 20%는 부족하다.

가장 단순하고도 획기적인 상상의 방법 중 하나는 대상을 주체의 자리에 놓는 것이다. 생태철학, 신유물론 등을 탐구하는 정치철학자 제인 베넷Jane Bennett은《생동하는 물질》에서 "만약 먹는 행위가 그것들 중 일부는 나의 것이고, 대부분은 내 것이 아니며, 그것들 중 어느 것도 다른 것에 비해 항상 우위에 있지 않은 다양한 신체들 사이의 조우로 이해된다면 공중보건에 어떤 변화가 나타날 것인가, 전기가 단순히 자원, 상품, 또는 수단이 아닌 보다 급진적인 하나의 행위자로 여겨진다면 에너지 정책 과정에서 어떠한 변화가 나타날 것인가"[81]를 묻는다. 하지만 우리는 그런 실험을 해본 적이 없거나 너무나 초보적인 단계에 머물러 있다. 이러한 논의를 하다 보면 간혹 공진화 개념으로 지금의 현실을 분석하려는 사람들이 있다. 예컨대 축산업을 두고 지구상 포유류의 36%가 인간, 60%는 농장동물이니 소, 돼지는 공진화에 성공한 것이 아니냐고. 이런 질문을 받을 때마다 사실 당황스럽다. 개똥밭에 굴러도 이승이 낫다는 속담을 정말 곧이곧대로 받아들이는 걸까. 태어나자마자 입과 꼬리를 잘리고, 생식기를 제거당하고, 강간당하고, 비좁고 오물 범벅인 철창에 갇혀 살다 항생제와 호르몬제에 몸이 절여져 죽임을 당하고 있는데, 이를 '가축'들이 번식과 진화를 위해 주체적으로 선택한 '진화'의 결과라고 진심으로 믿는 것일까.

기후, 정의를 말하다

내가 환경문제에 대해 제대로 인식하기 시작한 것은 학부 시절 〈불편한 진실〉(2006)이나 〈11번째 시간〉(2007) 같은 다큐를 보면서였다. 영화에 자극을 받아 몇 차례 채식을 시도했지만 번번이 실패했고, 로스쿨을 졸업하고 환경운동 단체에 잠깐 기웃거렸지만 시험에 떨어져서 일을 할 수가 없었다. 좀 더 거슬러 올라가 유년기를 돌아보면 그때의 환경운동은 '자연보호'였다. 잔디밭에 세워진 '자연보호'라는 팻말에는 '들어가지 마시오'가 나란히 쓰여 있었다. 가급적 일회용품을 쓰지 않고, 쓰레기 분리배출을 잘하고, 오존층을 파괴하는 프레온가스CFC 제품을 쓰지 않는 개인적 실천으로 이야기되었고, 이를 그대로 받아들였다. 중·고등학교 때는 지구를 뜨겁게 달구는 온실가스를 줄이고, 석유·가스·석탄에서 재생에너지로 전환하고, 멸종하는 동·식물이 늘어나면 인간도 위험하니 생태계를 보전해야 한다는 정도의 감각이었다. 그나마 정규 교과과정에는 그런 내용이 포함되어 있었지만, 고등학교 시절 물리 선생님은 지구온난화 부정론자였다. 그는 지구온난화가 지구의 순환 과정에서 발생하는 자연적인 현상이며 그 위험성이 과장되어 있다고 설명했다. 의구심이 들었지만 다른 사람도 아닌 물리 선생님의 단호함에 함부로 토를 달기 어려웠다. 물론 오랜 후에 미국의 대통령이 "지구온난화로 인한 기후변화는 일부 과학자들의 음모"라고 하는 걸 보면서 생각이 바뀌었지만. 일을 시작하고 나서는 주로 법조인들을 대상으로 하는 지구법학 강좌를 수강했다. 지구와 환경, 에너지 같은 이슈를 다루었는데, 지구법학이란 개념을 처음 접했을 때는 창시자가 신학자라 그런지 영적인 설명이라는 느낌이었고 크게 와닿지 않았다. 그때 내가 하고 있던 활동이나 고민과 직접적으로 접속되지 않았던 것이다. 그러다 동물들과 동거하게 되면서 동물권 공부를 시작하였고, 동물권 운동을 시작하면서 하나둘씩 과거의 퍼즐이 맞춰지기 시작했다.

내가 살아오면서 마주한 환경문제는 '정치적인 것'이 아니었다. 환경운동을 하는 이들조차 환경운동은 진영논리가 아니라는 점을 내세웠다. 역설적으로 그래서 내 안에서도 환경문제는 중요하지만 가슴이 뜨거워지는 주제는 아니었다. 나는 새만금 간척사업 반대 운동에 투신하던 친구를 적당히 응원하는 반면 이명박 정부의 4대강 사업은 열렬히 반대하는 부류의 인간이었다. 내 안에서 전자는 정치적이지 않았고, 후자는 정치적이었기 때문이다. 이처럼 평범한 대학생이자 시민이었던 내 과거는 기후의제를 둘러싼 인식과 지형의 변화를 단적으로 보여준다. 레이첼 카슨

Rachel Carson이 《침묵의 봄》을 출간한 것이 1962년이고, 세계적으로 환경정의운동이 시작된 것이 1980년대지만, 교토의정서는 1997년에 채택되었고 파리협정Paris Agreement은 2015년 제21차 유엔기후변화협약 당사국총회에서야 발표되었다. 짧다면 짧고 길다면 긴 60여 년의 시간 동안 환경의제, 기후의제는 여전히 민생이나 아동 문제처럼 겉으로는 '정치적이지 않음'을 표방하고 있었다. 적어도 국내에서 기후 이슈는 정치권, 하물며 시민사회에서도 2010년대 전까지는 변방에 자리했다.

그러나 2010대 후반부터는 분위기가 급변했다. '자연'도 '환경'도 '생태'도 아닌 '기후'를 캐치 프레이즈로 걸고 2019년 '기후위기비상행동'이 개최되었고, 대규모 집회와 행진이 이어졌다. 2019년 환경단체 중심으로 5,000여 명이 모였던 것이 2023년 기후정의행진에는 노동자, 농민, 퀴어, 장애, 빈민, 동물권 등 색색의 깃발들이 넘실대며 3만 명 넘게 운집했다. 최근에는 기후위기에 관한 책, 연구 결과, 기사 등이 쏟아져 나와 새로운 정보들을 전부 소화하는 게 불가능할 지경이다. 이러한 변화는 사상 최악의 폭염과 폭설, 역대 최고의 강수량(대한제국 때 수은온도계 설치하고 기후 관측을 시작했는데 관측 이래 최대라는 수식어를 단 기사가 최근에는 해마다 여러 건이다), 꺼지지 않는 산불을 겪으면서 많은 이들이 티

핑포인트tipping point*에 가까워지고 있다는 위기감을 점점 강하게 체험하고 있고, 한편으로는 그레타 툰베리라는 걸출한 인물의 등장에 전 세계가 IPCC보고서, 교토의정서, 파리협약보다 큰 영향과 자극을 받았기 때문일 것이다. 그러나 이러한 변화만큼이나 기후위기를 초래한 지금의 체제를 전환하고 기후정의로 나아가야 한다는 구호를 외치는 사람들이 지금의 거대한 기류 변화에 큰 영향을 주었을 것이다.

왜 기후문제는 부정의한가

2022년 3월에 열린 '체제전환을 위한 기후정의포럼'에서 정치학자 채효정은 기후정의운동과 기후정의동맹을 "기후위기를 지속가능한 체제 관리와 안전한 지구라는 관리 관점에서 바라보는 근대적 인간중심주의와 그와 한 뿌리로서 관료주의적 사고를 비판하며, 그런 탈정치와 반(反)정치의 사고틀에서 벗어나, 지구를 파괴하며 끝없이 팽창하는 자본주의 체제를 멈춰 세우기 위한 반자본주의 운동으로서 함께 자본에 저항하는 생명들의 정치적 생태적 동맹을 만

---

* 균형을 이루던 것이 깨지고 급속도로 특정 현상이 커져, 작은 변화로도 돌이킬 수 없는 피해를 줄 수 있는 상태.

들고자 하는 운동"[82]으로 정의한다. 그러면서 기후재난과 펜데믹을 "생명에 대한 자본의 착취와 파괴에 맞서 온 힘을 다해 싸우는 자연의 신호이며, 인류 가운데서 함께 싸울 저항자를 찾는 연대의 요청"[83]으로 해석한다.

지금까지 우리는 기후위기를 경고하는 자연의 신호가 있으면 자연의 질서를 바꾸려고만 했지, 사회의 질서를 바꾸는 데엔 소홀했다. 석유·가스·석탄이 고갈된다고 했을 때 핵분열, 태양열, 지열, 바이오 등 대체 에너지를 찾는 데 총력을 기울였지, 석유·가스·석탄이 고갈되지 않도록, 적어도 고갈이 최대한 늦어지도록 사회시스템을 바꾸는 선택지들은 쉽게 밀려났다. 모두 현실적이지 않다는 이유였다. 석유·가스·석탄이 떨어지기 전에 다른 에너지를 동원해 지금처럼 에너지를 펑펑 쓰는 것이 현실적이라 판단했다. 만일 그때 석유·가스·석탄 소비를 획기적으로 줄이는 사회시스템을 설계하는 쪽으로 나아갔다면 어땠을까. 탄소포집기술 같은 것에 매달리는 대신 탄소 발생을 막는 데 일찌감치 동참했다면 말이다. 탄소 발생을 막으려면 탄소가 아니라 탄소를 먹고 자라는 자본주의 체제에 맞서야 하고, 그것은 사회의 질서를 바꿔야 가능한 일이다. 하지만 우리는 우리를 과소평가한 건지, 주제 파악을 잘한 건지 늘 '현실적'인 판단에 기울었고, 그 결과 탄소 자본주의는 지금도 불평등과 양극화의 극점을 향해 멈추지 않고 나아가고 있다.

　그나마 다행스럽게도 기후문제를 바라보는 관점은 변화하고 있다. '기후변화'에서 '기후위기'로, 이제는 '기후재난'이나 '기후불평등'으로 담론의 초점이 이동하고 있다. 이러한 변화는 2019년에는 기후문제를 비판하는 집회와 행진의 슬로건이 '기후위기비상행동'이었다면, 2022년 이후에는 '기후정의행진'으로 바뀐 데에서도 드러난다. '인간중심주의적 사고에서 벗어나야 한다'는 표현이 많이 들려오기 시작했으며, 기후재난이 사회의 불평등을 야기한다는 사실을 짚는 기후불평등의 관점이 강조되고 있다. 다시 말해 기후문제에 대한 이전의 관점이 탄소사회라는 탈정치적이고 가치중립적 '현상'을 해결하기 위해 기업들이 화석연료를 대체할 재생에너지 R&D 사업에 투자하도록 만들거나, 탄소중립모델이나 그린뉴딜정책 등으로 지속가능한 녹색성장을 해나갈 것인가에 집중했다면, 이제는 탄소사회가 왜 부정의하고, 기후위기가 어째서 불평등한 사회구조의 문제인지, 정치인·기술관료·과학자·언론인 등이 기후위기의 해결책처럼 제시하고 있는 탄소포집기술이나 탄소배출권, 배양육이나 동물복지농장 등이 어째서 근본적인 해결방안이 아니라 부정의·불평등의 연장선인지 밝히려는 움직임이 훨씬 활발하다.

기후정의는 기후위기의 주된 피해자들이 기후위기에 책임이 없는 존재들이라는 부조리에 대응할 방법을 모색해야 한다는 문제의식에서 출발했다. 지금까지 수많은 탄소를 배출하고 자연을 착취해온 북반구 국가들이 기후위기를 초래했지만, 상대적으로 탄소를 미량 배출한 저개발국가, 비행기도 타지 않고 에어컨도 안 틀고 동물도 먹지 않는 탄소빈곤층, 비인간동물과 식물, 미래 세대 등이 최대 피해자가 되었기 때문이다. 가령 방글라데시, 파키스탄 같은 나라에는 우기에 평년보다 5~8배 많은 비가 쏟아져 국토의 3분의 1이 완전히 침수됐다. 이 홍수로 건물, 교량뿐 아니라, 통신, 농업 등 국가 기간 시설과 주요 산업들이 무너져 내렸다. 이 지역은 대륙과 해양의 온도 차이로 인해 계절에 따라 바람이 반대로 부는 '몬순' 현상이 발생하는 곳인데, 지구 기온이 1도 상승하면 비가 5% 더 내린다고 한다. 심지어 콜레라 같은 전염병도 퍼져 많은 사람이 사망했다.

상황이 이러하니 파기스탄의 셰리 레흐만 기후변화부 장관은 "파키스탄은 전 세계 온실가스 배출량의 1% 미만(실제는 0.4%)을 차지하고 있지만, 기후위기로 인한 악천후에 가장 취약한 것으로 간주되는 국가 중 8위에 있다. 오염을 일으킨 부유한 국가들이 홍수 피해를 입은 파키스탄에 배상해야 하고 무자비한 기후재앙에 대해 전 세계 탄소 배출량 목표와 배상금을 재고해야 한다"[84]고 유엔에서 성토했다. 기후위기는 북반구 국가들이 화석연료를 써서 산업혁명을 이루고 부를 축적하는 과정에서 발생했는데, 저개발국가 입장에서는 이제 막 공장을 가동해볼까 했더니 그린뉴딜, 탄소세 명목으로 모든 국가의 탄소 배출량을 제한한다고 하니 당위성을 떠나 일차적으로 억울할 수 있다. 1751년부터 2020년까지 국가별 누적 이산화탄소 배출량을 보면, 1950년까지 절반 이상을 유럽에서 배출했고 심지어 1882년까지는 세계 누적 배출량의 절반 이상이 영국에서 발생했다. 그 후 지금까지는 미국이 단연 최고다. 남미, 아시아 및 아프리카에서 유의미하게 이산화탄소를 배출하기 시작한 것은 최근 50년에 불과하고, 일부 아시아, 아프리카 지역 국가들은 다른 국가들이 이윤을 취하는 데 토지만 이용됐을 뿐 직접 이익을 취했다고 보기도 어렵다. 상식적으로 누적 배출량이 가장 많은 국가가 가장 큰 책임을 져야 할 텐데, 책임을 피하려고만 하니 2009년 코펜하겐에서 열린 기후변화협약이 불발된 것이다.

기후정의와 만나는 노동, 젠더, 빈곤, 난민, 평화

기후문제는 '자본'과 '불평등'이라는 키워드로 다양한 사회문제와 밀접하게 만나고 있다. 2022년 기후정의행진에는 유독 석탄발전 비정규직 노동자들이 선봉에 있었다. 앞의 '체제전환을 위한 기후정의포럼'에서 기후정의동맹의 정록은 발전산업 노동자의 투쟁이 '에너지 체체 전환'의 핵심이 될 수 있다고 말한다. 이들이 "어떤 에너지를 얼마나 어떻게 생산하고 사용할지를 발전 노동자들이 제기하고 사회적으로 함께 결정하는 과정으로서 '공공 재생에너지 체계'를 앞장서 만들어가는 싸움을 시작"[85] 하였다고 한다. 기후정의를 실현하기 위해 발전소를 폐쇄하면서 실직 위험에 처한 노동자들을 외면하거나, 노동자들의 일자리를 지키기 위해 발전산업을 유지하는 것은 어느 쪽도 기후정의에서 말하는 정의로운 전환Just Transition'이라고 할 수 없다. 따라서 이런 사례야말로 기후정의운동과 노동운동이 만나는 지점이자 정의로운 전환으로의 이행을 보여줄 수 있는 선례가 될 수 있다.

또한 기후위기 사회에서 여성은 더 취약한 위치에 있다. 극심한 가뭄으로 식수가 오염되거나 마르면 먼 곳까지 걸어가 물을 긷는 '가사노동'은 여성에게 맡겨진다. 유니세프는 이에 관한 실태를 조사하여 보고서[86]를 발간했는데,

전 세계 여성은 남성에 비해 2배 이상 물을 긷는 일을 많이 하고 있으며 이들이 매일 물을 얻기 위해 쓰는 시간을 합하면 2만 2,800년이 넘는다고 한다. 가히 인류의 역사에 버금가는 시간이다. 문제는 시간만이 아니다. 물을 긷기 위해 오가는 길에 젠더 기반 폭력에 노출될 확률이 80%나 되고, 이로 인해 조혼을 강요당하거나 교육받을 기회가 박탈되기도 한다. 기후재난 상황에서 여성의 사망률이 남성보다 14배 높고, 영양실조 등으로 건강이 악화될 가능성이 높으며, 기후난민의 80%가 여성이라는 연구 결과도 있다. 기후정의가 곧 젠더정의인 것이다.

기후정의행진에 참가한 쪽방 주민, 거리 홈리스, 장애인을 비롯한 도시의 가난한 이들은 기후위기를 해결하기 위해서는 주거 불평등 문제를 함께 말해야 한다고 입을 모은다. 에어컨은 꿈도 못 꾸고, 해외여행은 언감생심인 이들의 탄소발자국은 낮을 수밖에 없는데, 부유한 자들이 전기

---

* '정의로운 전환'은 기후위기로 인한 환경규제 강화로 기존 산업구조의 전환 과정에서 발생 가능한 충격과 부담을 사회적으로 분담하고, 이를 정책적으로 구체화하기 위해 사용하게 된 용어다. 노동자의 고용 안전과 보건에 중점을 둔 노동운동의 일환으로 고안되었으나, 1990년대 이후에는 기후위기 문제와 결합하여 노동 의제에서 기후·환경 의제로 확장되는 양상을 보이고 있다. '기후위기 대응을 위한 탄소중립·녹생성장 기본법'(탄소중립기본법)에서는 '정의로운 전환'을 '탄소중립 사회로 이행하는 과정에서 직·간접적 피해를 입을 수 있는 지역이나 산업의 노동자, 농민, 중소상공인 등을 보호하여 이행 과정에서 발생하는 부담을 사회적으로 분담하고 취약계층의 피해를 최소화하는 정책 방향'이라고 정의한다.

와 기름을 펑펑 쓰는 탓에 발생한 기후재난은 이들에게 제일 먼저 들이닥친다. 반지하는 침수에, 창문이 없는 집은 화재에 취약하다. 단열이 안 되는 곳에 사는 데 냉난방도 어려우니 폭염과 혹한에 누구보다 고통받는다. 여름철 쪽방 내부 표면 온도는 55도가 넘고 겨울철이 되면 계단은 동굴처럼 얼음으로 뒤덮여 위험천만하다.

이처럼 열악한 주거 환경이 만들어진 배경에는 오로지 이윤만을 좇는, 동시에 부수고 짓기를 반복하며 기후위기를 가속화하는 부동산 산업이 있다. 빈곤사회연대 이재임은 "(기후문제 해결을 위해) 에너지 효율이 좋은 친환경 주택을 새로, 더 많이, 더 빠르게 건설하겠다는 주장들이 해법으로 등장하지만 이것은 자본주의적 부동산 논리를 그대로 답습할 뿐"[87]이라고 지적한다. 주택가를 밀어버리고, 대규모 재개발 사업을 통해 저렴한 주거지를 고가의 아파트 단지로 탈바꿈하는 것은 내연기관차를 전기차로 바꾸자는 것과 다르지 않으며, 기후정의는커녕 기후불평등을 심화시킨다. '언제나 평등하지 않은 세상을 꿈꾸는 당신에게 바칩니다'라는 금싸라기 땅 아파트의 광고 문구는 부동산 산업이 추구하는 불평등한 사회의 민낯을 그대로 보여준다. 부수고 짓고 올려서 파는 일을 반복하며 자본을 축적하는 부동산 시스템을 유지하는 방향은 대안이 될 수는 없다.

한편 기후정의란 지구라는 삶의 터전을 공유하고 있는 자들이 함께 사는 집을 지키고 더 살 만한 곳으로 만들자는 주거권 운동이기도 하다. 운동의 방법은 제각각이다. 그중 지구가 뜨거워져 살 수 없어진다고 하니 우주에서 지구 비슷한 별을 찾아 이주할 계획을 세우는 사람들도 있다. 이런 별을 '골디락스 존'이라 이름 붙이고 우주 망원경으로 열심히 찾는다. 이미 후보군에 오른 행성들도 적지 않지만 호락호락해 보이지는 않는다. 물과 대기 외에 자기장도 필요하고, 자외선, 태양풍도 막아주어야 하는 등 충족해야 할 요건이 한두 개가 아니기 때문이다. 그런 행성이 있다 한들 그 먼 곳까지 이동하는 것도 문제인데, 생명체가 거주할 수 있는 환경이라면 다른 생명체가 살고 있을 가능성도 높기 때문에 그들이 기꺼이 인류를 받아들여 준다는 보장도 없다. 애초에 수많은 동식물을 멸종으로 내몰고 지구의 바이오리듬을 교란한 것도 모자라 또 다른 숙주를 찾아 떠난다니, 이조차 지극히 자본주의적 발상이다.

이미 지구에는 기후재난으로 삶의 터전이 망가져 이주하는 기후난민들도 점점 늘어나고 있다. 2050년에는 전 세계 인구가 100억 명이 넘을 것으로 예상되는데, 이대로 가면 주로 아프리카와 아시아 지역에서 홍수, 태풍, 가뭄, 산불, 해일로 인해 공적 시설이 파괴되고 사회시스템이 무너지고 집과 식량이 없어질 것이고, 심지어 몰디브 같은 남태평양의 섬나라들은 남극과 북극 빙하가 녹으면서 국가 전체가 수몰될 것으로 예측된다. 베니스가 물에 잠기기 전에 가봐야 한다는 것은 사태의 심각성을 알고도 웃으며 할 수 있는 말이 아니다. 그 와중에 한국의 난민법은 이런 기후난민들을 받아들일 여지도 없다. 한국의 난민 인정율은 1%대로 매우 낮은데, 현행 난민법은 '인종·종교·국적·특정 사회집단에서 소속 또는 정치적 견해를 이유로 박해를 받게 될 것이라는 충분한 이유 있는 경우'에만 난민으로 인정하고 있고, 이를 넓힐 가능성은 없어 보인다. 물론 그전에 우리가 기후난민이 될 가능성도 배제할 수 없다.

기후위기가 수많은 전쟁과 분쟁을 초래하고 있다는 소식도 심심치 않게 접할 수 있다. 수십 년간 이어지고 있는 수단-다르푸르 분쟁도 흔히 종교적·정치적 이유가 원인이라고 하지만, 기후재난과 식량위기 등이 복합적으로 작용한 결과로 분석된다. 게다가 이런 분쟁국들을 중심으로 벌어지는 군수 산업과 군사 활동으로 배출하는 탄소의 양은 전 세계 탄소 배출량의 6%를 차지할 것으로 추정된다. 군사 부문 온실가스 배출량은 공식적으로 추산되고 있지 않지만(교토의정서는 각국의 탄소 배출량 집계에서 군사 부문은 제외했고, 파리협정도 군사 부문 배출량 보고는 의무 사항이 아니라 자발적 선택 사항이다), 브라운대학교 왓슨연구소에서 진행하고 있는 전쟁 비용 프로젝트Costs Of War Project의 발표 따르면 미국 방부가 단일 조직으로는 세계 최대의 석유 소비자이자 온실가스 배출 당사자였다. 하지만 이번에 러시아-우크라이나 전쟁으로 인해 얼마나 많은 온실가스가 배출되었는지 처음으로 밝혀졌다. 유럽기후재단의 후원으로 우크라이나 환경부와 기후단체 에코디아에서 조사한 바에 따르면, 전차 연료, 탄약 제조 및 발사, 요새 건설 등과 같은 군사 활동으로 발생한 온실가스는 전쟁 첫 1년 동안 최소 1억 2,000만 톤에 이른다고 한다.[88]

그런데 동물은 없다

기후문제는 이렇듯 모두의 문제지만, 바로 그 이유 때문에 누구의 문제로 아닌 것으로 여겨졌다. 그러나 기후정의담론 안에서 기후불평등이 다른 수많은 불평등 문제와 연결되어 있다는 사실이 드러나면서 지금의 자본주의 사회 체제를 바꿔내야 한다는 공통의 목표를 가지게 되었다. 이전과 달리 다양한 정치적 주체들이 집결하고 있는데, 실제로 기후정의행진에서는 각양각색의 피켓이 눈길을 끈다.

골판지에 크레파스로 그리고 천에 실로 자수를 놓고 조형물을 만들어 머리에 쓰는 것은 물론, 어깨에 매서 스스로 피켓이 되기도 한다. 구호도 마찬가지인데 각자 자신이 하고 싶은 말을 자유롭게 쓴다. 올해에는 '지구동물총파업'이란 문구를 귀여운 피켓으로 만들어 등에 붙이고 온 참가자를 봤는데, 간결하면서도 많은 말을 함축한 문구였다. 이런 표현으로 바꾸니 탈성장도 막 엄청나게 큰일처럼 느껴지지 않았다.

이날 주최 측에서 준비한 구호는 '물, 전기, 가스는 상품이 아니다', '땅, 바람, 태양은 상품이 아니다' 같은 것이었다. 고심해서 벼리었을 구호들에는 에너지와 커먼즈commons*, 소비자본주의와 탄소자본주의에 대한 고민, 자연을 무상으로 펑펑 써댄 과거에 대한 성찰과 현재를 향한 일침 같은 것들이 고스란히 느껴졌다. 그런데 그다음 든 생각은 '동물은 어디 갔지?'였다. '땅, 바람, 태양' 안에 뭉뚱그려

* 커먼즈란 한마디로 재산property의 반대 개념으로, 공유재, 공유 자원, 공동 자산, 공유 활동 등을 모두 포괄한다. 공동체community에서 커먼즈는 토지, 공기, 물, 햇빛, 바람, 산, 들, 갯벌, 바다뿐 아니라 문화, 언어, 플랫폼 등의 영역으로 확대되고 있다. 물리학자 프리초프 카프라Fritjof Capra와 법학자 우고 마테이Ugo Mattei는 커먼즈가 새로운 생태적 법질서의 조직 원리가 되어야 하며, 커먼즈를 통해 정부와 사유재산이 제어될 수 있다고 한다. 가령 물을 커먼즈로 보게 되면 물 공급 시스템은 수익을 중심으로 관리되는 것이 아니라 공동체에 대한 서비스와 미래 세대에 대한 보장을 중점에 두고 관리·운영될 수 있다. (프리초프 카프라·우고 마테이, 《최후의 전환》, 박태현·김영준 옮김, 경희대학교 출판문화원, 2019, 215쪽 참조)

표현되기에는, 동물은 너무 큰 당사자다. 기후위기의 주범인 탄소, 질소 같은 온실가스는 석탄에서도 나오지만 축산동물에게서도 그 못지않게 나온다. '땅, 바람, 태양이 상품이 아니'라면 '동물도 상품이 아니'어야 하지 않나. 석탄발전소 건설을 막아야 한다면 농장동물 사육도 줄여야 하지 않나. 탈석탄법이 필요하다면 탈축산법과 채식장려법, 아니 채식의무법을 함께 요구해야 하지 않나.

물론 축산업이 기후악당이라는 데 대해 논란이 있음을 모르는 바 아니다. 2006년 유엔 식량농업기구FAO는 〈가축의 긴 그림자Livestock's Long Shadow〉라는 보고서에서 "축산업이 모든 운송업보다 지구온난화에 더 많은 영향을 끼치며, 축산업이 배출하는 온실가스 배출량이 전체 이산화탄소 배출량의 18%를 차지한다"고 발표해 사회적으로 충격을 안겨주었다. 축산업계는 즉각 반발했다. 축산업은 '고기'를 생산하기 위해 사료를 재배하는 단계부터 가공, 운송, 유통, 보관, 판매에 이르는 전 과정에서 나오는 탄소량을 합산했지만 운송업은 운행 중 발생하는 배출량만을 계산한 것이어서 공정한 비교가 아니라는 것이다. 그 말대로 운송업도 운송 수단의 생산부터 유통, 판매, 폐기까지 전 과정에서 발생하는 배출량을 계산하면 탄소 배출량이 훨씬 많을 것이다. 또는 한국의 축산업은 사정이 다르다는 주장도 있다. 미국, 인도, 브라질과 달리 한국은 축산업이 배출하는 온실가스가 운송업과 비교조차 불가능할 정도로 적기 때문에 적어도 한국의 축산업은 기후악당이 아니라는 것이다. 마찬가지로 일리 있는 주장일 수 있다. 한국은 국토 면적이 크지 않으니 땅덩어리가 큰 나라들처럼 대규모로 농장을 하거나 사료를 재배할 수 없다. 사료의 90% 이상을, '고기'의 34% 이상을 수입하고 있으니 '국내산 탄소'는 분명 적게 배출될 것이다.

그런데 이런 주장들은 대체 무슨 말이 하고 싶은 걸까. 운송업의 탄소 배출량을 높이면 축산업의 탄소 배출량이 낮아지나? '국내산 탄소'는 '외국산 탄소'와 달리 혼실효과에 영향을 덜 주나? 그러고는 분뇨를 비료나 에너지로 쓰고 해조류를 넣은 사료로 메탄 발생을 줄이겠다고 말하는 걸 보면, 그저 더 많은 동물을 사육하고, 더 많은 축사를 짓겠다는 것일까. 이것은 마치 동물복지농장 인증 제도나 배양육의 경우처럼 '이 문제는 이걸로 해결됐으니, 신경 쓸 것도 죄책감을 느낄 이유도 없어'라고 속삭이며 기술낙관주의로 질문을 막아버리는 것과 같다. 또는 이른바 '전략적 무지' 내지 '인가된 무지' 뒤에서 스스로의 행위를 정당화하거나 위로하는 것과 다름없다. 이에 아랑곳없이 IPCC는 2018년 〈지구온난화 1.5℃ 특별보고서〉와 2019년 〈기후변화와 토지에 대한 특별보고서〉에서도 육류 섭취를 줄일수록 온실 가스 배출이 감소한다는 내용을 지속적으로 밝히고 있다.

그런데 왜 기후정의를 외치는 곳에서조차 동물과 축산 문제는 전면에 나오지 않는 걸까? 기후·생태문제에 적극적으로 행동하는 이들 중에도 축산업으로 인한 환경 피해나 동물의 고통을 중요하게 여기면서도 어딘가 저어하는 마음을 가진 사람들이 있는 것 같다. 대다수는 일상생활에서 물, 전기, 가스를 쓰고, 동물을 먹고 있으니 소비하고 있다는 점에서는 다르지 않다. 하지만 '물, 전기, 가스는 상품이 아니'라고 말할 순 있어도 '동물은 상품이 아니'라고 말하기 꺼려지는 무언가가 있는 것이다. 나는 그 감각의 차이가 매우 중요하다고 생각한다. 혹시 '물, 전기, 가스는 쓰지 않고 못 살아도 동물은 먹지 않아도 살 수 있다'라고 무의식적으로 알고 있는 게 아닐까. 물, 전기, 가스는 사유재산이 아닌 공유재라는 의미에서 상품이 아니라고 말할 수 있고 그럼에도 공유재로서 쓰는 것이 가능하지만, 동물을 상품이 아니라고 했을 때는 쓰는, 곧 먹는 행위가 어떤 의미로든 정당화되기 힘들다고 생각하는 건 아닐까. 혹은 물, 전기, 가스와 달리 동물은 그들의 고통이 즉각적으로 연상되는 대상이니 떠올리는 것조차 괴로운 게 아닐까. 그런 인지 부조화나 마음의 방어기제로 동물이나 축산에 대해서는 살짝 고개를 돌리거나 의미를 축소해서 받아들이고 싶은 마음이 나도 모르게 드는 것은 아닐까. 나아가 동물을 상품으로 삼고 소비하는 '모피'와 '고기'에 대해서도 비슷한 감각의 차이가 존재할 것이다. 누군가는 이런 생각이 오만하다고 할 수도 있지만, 이런 생각의 차이, 감각의 차이란 어쩌면 당연하다는 생각도 든다. 나 역시 내가 관심 있는 영역이 아닌 다른 영역에 대해 충분한 정보나 감수성을 가지고 있지 못한 것처럼. 오히려 이런 이질적인 감각의 차이를 긍정하고 나누는 것이야말로 우리에게 필요한 정치의 모습이자 윤리일 것이라고 다독여본다. 앞으로는 기후공동체 안에서 동물정치가 더 힘을 얻고 동물권이 더 큰 구호가 되기를 바라면서.

감각·생각의 차이와 관련해서, 종종 논비건들은 비건들과 있을 때 비건들이 마음속으로 자신을 혐오하거나 도덕적으로 비난하고 있을 것이라는 느낌을 받는다고 한다. 하지만 내 주변의 비건들을 보면 자신도 논비건으로 오랫동안 살아왔으므로, 그동안 만들어진 신체와 감각을 바꾸는 일이 쉽지 않음을 누구보다 잘 안다. 아쉬워할 수는 있으나 비건이 아니라고 해서 누군가를 쉽게 원망하지 않는다. 그건 개구리 올챙이 적 생각 못 하는 것과 같다. 다만 상대방이 비건을 한다는 것 자체만으로 (아무 말도 하지 않았지만) 내게 비건을 권유, 심하게는 강요한다는 느낌을 받는다는 감각만큼은 알 것 같다. 그러니 기억해주기 바란다. 비건은 세상에 비건이 많아지기를 바라지만, 그렇다고 비건이 아닌 사람을 탓하거나 비난하는 건 애초에 비거니즘이 아니다. 무엇보다 지금과 같은 육식주의, 자본주의 사회에서는 100% 비건으로 사는 것은 불가능에 가깝다. 당연히 나도 완벽한 비건이 아니다. 앞에서도 말한 것처럼 완벽한 1명의 비건보다 비건을 지향하는 100명, 1,000명의 사람들이 사회적으로는 훨씬 득이 된다. '비건지향'이라는 말을 쓰는 이유도 그래서다. 그런 의미에서 비건들이 말하는 '비건세상'도 '비건지향사회'일 수밖에 없다.

'채식할 수 있는 권리'의 보장이 아닌
'채식해야 하는 세상'으로

너무 많은 사람, 그 사람들이 먹는 너무 많은 동물, 그 동물들이 먹는 너무 많은 작물이 기후위기의 중요한 원인이라는 것은 명백하다. 운송업과 비교했을 때 비율이 어떻든 국가별 비중이 어떻든 부정할 수 없는 사실이다. 기후위기만이 아니다. 지금의 공장식 축산으로는 인구의 폭발적

증가를 감당할 수 없어 식량위기가 코앞이다. 육식은 동물을 사육할 뿐 아니라 동물에게 먹일 작물도 재배해야 하기 때문에 채식에 비해 더 넓은 땅과 많은 물과 에너지를 필요로 한다. 육식은 '지구의 허파'로 불리던 아마존의 나무를 베고 그곳에 농장동물에게 먹일 콩을 재배하고 소를 사육하게 만들었다. 그 결과 탄소를 흡수하던 아마존은 오히려 탄소를 방출하고 있다. '지구의 허파'가 망가진 것이다. 기후위기든 식량위기든 축산업은 지속가능하지 않으며, 동물권적 관점에서도 축산업은 멈춰야 한다.

이를 본격적으로 시도한 나라는 네덜란드다. 네덜란드는 국토가 크지 않지만 유럽에서 가장 큰 규모의 축산업 국가이자 육류 수출국이며, 동물당이 가장 먼저 만들어진 나라다. 2019년 네덜란드 법원은 농장에서 발생하는 산화질소와 이산화질소, 농업에서 발생하는 암모니아가 유럽연합이 규정한 기준을 초과했으며, 정부가 질소배출량을 줄이기 위해 충분한 노력을 기울이고 있지 않다고 판결했다.[89] 질소는 주로 동물의 분뇨에서 배출되기 때문에, 정부는 농가에게 농지와 동물을 강제로 팔게 하고 보상을 해주는 정책을 계획했다. 사육 두수를 30%까지 줄이고 2030년까지 질소 배출량을 50% 감축하는 등의 구체적인 목표가 설정되었다.[90] 그러자 농가를 중심으로 대규모 반대 시위가 벌어졌다. 농부들은 트랙터를 몰고 와 도로를 막고 도로에 동물의 분뇨를 뿌렸으며, 의회 앞에 소들을 데려와 그 자리에서 도살하겠다고 으름장을 놓았다. 서로 참고라도 했는지 한국에서 개식용 산업 종사자들이 집회 현장에 개들을 데려와 도살하려다 법원에 의해 막힌 사례와 똑 닮았다. 이 세력을 뒤에 업고 우익 성향의 농민당BBB이 다음 지방선거에서 압승을 거둔 탓에, 정부는 바로 꼬리를 내리는 모양새다. 네덜란드뿐만이 아니다. 정부에서 비슷한 정책을 펼쳤던 벨기에, 이탈리아, 스페인에서도 농민들이 저항하고 나섰다. 농민들을 순식간에 기후악당으로 낙인찍고는 너무 급격한 변화를 요구하고 있다는 것이다.

축산업을 생업으로 삼고 있으니 이들에게도 절실한 이유가 있을 것이다. 그렇다면 축산업을 줄이기 위한 다른 방법으로는 어떤 것이 있을까? 바로 육류세다. 사람이 피할수 없는 세 가지가 죽음, 외로움, 세금이라고 했던가. 세금 징수는 정부 정책 중 가장 빠르게 가시적인 반응과 효과를 알 수 있다. 육류세란 '고기'를 구매하는 데 세금을 붙이는 죄악세sin tax의 일종이다. 죄악세란 술이나 담배, 도박 등과 같이 사회에 부정적인 영향을 주지만 전면 금지하면 오히려 부작용을 야기할 수 있는 것들에 대해 세금이라는 부담을 주어 금지하는 효과를 내기 위한 세금이다. 건강하고 건전한 사회를 위한다는 명목으로 부과하지만, 세수를 늘리기 위한 목적이 아니냐는 비판을 수반하기도 한다. 죄악세는 최근 기후위기 대응책으로 자주 등장하고 있다. 탄소 배출량에 비례해 납부하는 탄소세를 비롯해 일회용품, 개인 비행기나 요트에 세금을 부과하는 경우도 있다. 당장 사육 두수를 제한하거나 토지를 강제수용하는 것에 비해 축산업계에 직접적인 타격을 주지 않으면서 간접적으로 소비 억제를 기대할 수 있다는 점에서 저항이 덜할 것으로 예상된다. 실제로 덴마크, 스웨덴, 독일 등에서는 이미 육류세를 걷고 있다.

그러나 단순히 육류세를 도입하는 것만으로는 부족하다. 이미 축산업계에 정부 보조금이 나가고 있으니, 시민들에게 걷은 세금으로 줄어드는 육류 소비량에 대한 농가의 손실을 보전해주는 방식이 되어서는 별다른 의미가 없다. 육류세로 걷은 세금을 기후위기에 대응하거나 과도기적으로 농장 환경을 개선하는 데 쓰는 등 축산업 폐지를 향해 연착륙하는 방향으로 정책을 설계할 필요가 있다. 무엇보다 '담뱃세를 올려도 담배 소비량은 자연 감소량을 제외하고 거의 줄어들지 않았다'라는 분석처럼, 육류세를 도입했는데 육류 소비량 감소가 없거나 미미하다면 육류 소비량이 감소하여 축산업이 축소되는 방향으로 정책을 바꿔야 한다.

국가가 정책적으로 채식을 장려하는 방안도 있다. 프

랑스에서는 2021년부터 유치원 및 초·중·고등학교 급식에 매주 1회 이상 채식 메뉴를 포함하고, 국가에서 운영하는 기관의 구내식당과 공기업에서는 매일 채식 메뉴를 제공하는 기후 회복법La loi Climat이 제정되어 시행 중이다. 그리하여 프랑스에서는 병원, 군대, 교도소에서도 매일 채식 식단을 의무적으로 제공하고 있다. 이런 움직임을 가장 먼저 시작한 유럽의 나라는 포르투갈이다. 포르투갈은 2015년부터 일찌감치 학교와 병원 등 모든 공공기관의 식당에서 매일 하나 이상의 채식 메뉴를 제공하도록 하여 채식선택권을 보장한다. 최근 뉴욕에서는 시장이 2030년까지 뉴욕시 기관 전체에서 식품 구매로 인한 탄소 배출량을 33%까지 줄이겠다는 강력한 의지를 표명했다. 육류와 생선, 계란, 유제품 등 동물성 단백질은 막대한 탄소를 배출하므로 동물성 식재료 구입을 획기적으로 줄임으로써 탄소 배출량을 줄이겠다는 계획이다.[91] 한국에서는 몇 년 전 교사와 채식을 하는 학생과 학부모가 학교에서 채식선택권을 보장하라는 헌법소원을 제기했다. 헌법재판소는 이에 대해 아무런 의견도 제시하지 않고 각하하였다. 하지만 이후 국가인권위원회 진정을 통해 국방부가 급식 방침을 개정하여, 적어도 군대에서는 채식이 가능해졌다.[92] 서울시교육청도 '2021 그린(GREEN) 급식 활성화 기본계획'을 수립하여 일부 학부모와 축산업계의 반대에도 불구하고 한 달에 두 번 채식 급식을 제공하고 있다.

그러나 지금의 기후위기에 대응하려면 채식선택권을 보장하는 것을 넘어, 공공에서부터 채식을 의무화하는 방향으로 나아가야 한다. 채식선택권은 개인의 가치관에 따른 의사 결정과 생활 방식에 관련된 것으로, 장벽 없이 채식을 선택할 수 있다는 개념이다. 따라서 개인의 행복추구권, 양심의 자유, 건강권을 존중하고 보장하는 차원으로, 기존의 제도가 유지되는 가운데 채식을 옵션으로 추가하는 방식으로 이루어지기 쉽다. 반면 공공에서 채식을 의무화한다는 것은 기후위기와 육식·축산업의 반비례적 관계를 인정면서 채식의 긍정적 영향을 강조하는 것으로, 학교, 병원, 군대, 교도소 등 공공의 영역에서부터 채식을 촉진하고 육식을 줄이며, 나아가 기후문제에 적극적으로 대응하겠다는 의미를 담고 있다. 채식을 옵션으로 두거나 식단의 일정 비율을 채식으로 변경하는 방식으로 시작해, 점차 채식의 비율을 늘려 궁극적으로는 동물성 식단을 식물성 식단으로 대체하려는 계획이다. 물론 양자 모두 우리 사회에 다른 의미로 중요하고, 서로 배치되는 개념이 아니다. 하지만 논의의 출발점이 다른 만큼 구분할 필요가 있으며, 기후위기적 관점에서 채식의 의무화에 좀 더 무게를 두어야 한다.

첨언하자면, 나는 지금까지 동물복지농장과 배양육, 해조류 사료, 육류세와 채식선택권을 비판적으로 검토했으나 이에 모두 반대하지 않는다. 이것들이 기후위기에 대한 질문과 고민을 멈추게 만들거나 책임과 행동을 회피하게 만들 수 있는 위험성이 있음을 경고하는 것이지, 특히 실천과 정치의 차원에서 '무엇이든 실천해 봐야겠어'라는 고민에서 출발한 시도를 부정하지는 않는다.

"소"여야 해: 동물과 기후와 지역이 만나는 곳

동물이 처한 상황이 워낙 심각하다 보니 그동안 동물권 운동은 동물학대나 동물착취를 고발하는, 다시 말해 동물이 처한 현실을 그대로 보여주는 활동이 주로 이루어졌지만, 지금은 동물을 학대하거나 착취하지 않고 인간과 동물이 행복하게 공존할 수 있는 삶의 가능성을 보여주려는 시도가 이어지고 있다. 동물학대나 동물착취를 고발하는 방식이 사회에 충격과 자극을 줌으로써 관심을 환기하는 것이라면, 공존하는 삶을 보여주는 것은 변화의 과정에서 느끼는 피로도를 줄이고 긍정적·지속적인 관점에서 동물권 운동을 고민하고 계속하게 만들 수 있다는 점에서 중요하다.

이를 위해 내가 함께하고 있는 동물해방물결은 소를 선택했다. 어쩌면 당연한 일이다. 한국에 존재하는 절대다수의 소는 축산업에서 태어나고, 농장동물 중에서도 가장 많은 온실가스를 배출한다. 소 보금자리에서 소들이 수명을 다할 때까지 사는 일은 동물과 기후·생태, 지역사회가 어떻게 연결될 수 있는지를 보여주는 가장 상징적인 모습일 수 있다. 국내에서 소를 구조한 건 동물해방물결이 최초다. 도축 직전에 있던 축사에서 구조된 6명의 홀스타인 종 남성소들(머위, 메밀, 미나리, 부들, 엉이, 창포)은 강원도 인제군 '달 뜨는 마을'에 새로운 보금자리를 얻었다. 거처를 옮기는 동안에도 굳건히 버텨준 소들, 소 보금자리라는 다소 생소할 수 있는 발상을 기꺼이 받아준 인제군과 마을 주민들, 그리고 소들에게 새 삶을 선물하고자 십시일반 힘을 모아준 시민들이 함께 일궈낸 뿌듯한 실험이었다.

동물해방물결은 '달 뜨는 마을'을 '제1호 비건 마을'로 거듭나게 하는 것을 다음 목표로 삼아 지역 주민들과 관계를 맺고, 군청과 협상하고, 마을을 설계하고, 소를 돌보고 있다. 소를 돌본다는 말은 고작 다섯 음절이지만 단순하지 않다. 소라는 종이 가진 신체적·정서적 특성부터 소의 습성과 성격, 소가 진화해온 역사와 살아온 환경, 소가 무엇을 선호하고 무엇에 강하거나 취약한지 등 하나부터 열까지 공부하고 맞춰갈 것투성이다. 소들을 돌보는 돌보미 가족과 동물해방물결 활동가들은 무수한 시행착오를 겪으며 점점 소들과 소들이 먹는 밥, 소들이 자는 곳, 소들을 둘러싼 수많은 존재들과 상호돌봄의 역량을 늘려가고 있다. 가령 축사라는 '죽음의 시설'에서 '탈시설'한 소들은 콩과 옥수수만 먹지 않는다. 건초보다 수분이 많은 연초를 좋아해 우리는 연초를 준다. 소들이 좋아할 뿐 아니라 광합성을 많이 해서 이산화탄소 흡수량이 높다는 양삼을 재배해 주기도 했지만 썩 좋아하는 것 같지 않았고, 바나나와 사과는 언제 주어도 환영받는다. 커다란 전용 긁개로 몸을 스르륵 빗질해주면 나른하게 고양된 소리를 들려주고 무더운 날 물을 뿌려주면 펄쩍펄쩍 뛰며 좋아한다. 소들은 배를 바닥에 붙이고 엎드리거나 옆으로 누워 잔다. 따사로운 햇볕이 들면 밖에서 일광욕하는 것을 좋아하고, 비가 오면 당연히 비를 피하러 집으로 들어간다. 곧 소들의 산책로도 만들 계획이다. 수면 시간이 10시간 이상으로 꽤 길고, 낮잠을 자기도 하고, 코를 골기도 한다. 그밖에 언제 어떻게 배변을 하는지, 언제 즐거워하고, 언제 놀라고, 언제 공격적이 되고, 언제 관대해지는지 함께 부대끼면서 하나씩 습득한다. 소를 둘러싼 인간과 식물과 곤충과 미생물과 백신과 땅과 울타리와 연결감을 느끼며 서로 리듬을 맞춰간다.

'달 뜨는 보금자리'의 다섯 소(미나리는 부상을 당했다가 회복하지 못하고 세상을 떠났다)들은 이제 만 4살이 되었다. 농가의 남성 얼룩소들은 보통 24개월을 넘기지 않고 도살장에 보내지기 때문에, 동물해방물결 활동가의 말처럼 "존재 자체만으로 축산업에 균열을 내는 우리 꽃풀소"들을 보면 뭉클하고 때로 웅장해지기도 하다. (실은 축산 피해 동물이라 칭하는 것이 더 걸맞는) 농장동물이 학대나 착취가 없었다면 살아갈 수 있었을 삶, 가질 수 있는 권리에는 '자연사할 권리'가 있을 텐데, 지금으로선 이 '꽃풀소'들이 한국에서 거의 유일하게 자연사할 수 있는 소들이다. 이들은 '고기가 되기 위해 태어나지 않았다'라고 온몸으로 외친다. 그래서일까, '달 뜨는 보금자리'에 찾아가 이들과 눈을 맞추는 것만으로, 그저 한 공간에서 시간을 함께 보내는 것만으로 감동했다가 슬퍼졌다가 결연해진다. 앞서 탈성장이니 자본주의 체제전환이니 전시 코뮤니즘이니 이론적인 이야기들을 늘어놓았지만, 나는 소 보금자리를 통해 그것을 현실에서 증명할 수 있다고 생각한다. 그리하여 당분간 보금자리의 소들을 통해 동물을 주체의 자리에 놓고, 동물의 존엄을 말하고, 위기시대의 해법을 알리고, 지역살림, 나아가 지구살림을 증명하고, 괴-물적 공생체로서 비인간 존재들과의 더 깊은 연결감과 책임감을 드러내는 것을 소임으로 삼으려

한다. 그것이 지금 내가 펼치고자 하는 사랑과 유대의 동물 정치에 가장 가까운 모습이리라 믿으며.

참고문헌

제1장 고통받지 않을 권리 너머

마고 드벨로, 《동물은 인간에게 무엇인가》, 천명선·조중헌 옮김, 공존, 2018.

막스 베버, 《소명으로서의 정치》, 박상훈 옮김, 후마니타스, 2021.

에믈리크 카롱, 《반종차별주의》, 류은소라 옮김, 열린책들, 2022.

앨러스데어 코크런, 《동물의 정치적 권리 선언》, 박진영·오창룡 옮김, 창비, 2021.

임마누엘 칸트, 《윤리형이상학의 정초》, 백종현 옮김, 아카넷, 2014.

임종식, 《동물권 논쟁》, 경지출판, 2021.

제레미 벤담, 《도덕과 입법에 대한 서론》, 강준호 옮김, 아카넷, 2013.

코린 펠뤼숑, 《동물주의 선언》, 배지선 옮김, 책공장더불어, 2019.

클라우스 보셀만, 《법에 갇힌 인간 vs 정치에 갇힌 인간》, 진재운 옮김, 도요새, 2011.

토니 밀리건, 《채식의 철학》, 김성한 옮김, 휴머니스트, 2019.

톰 레건, 《동물권 옹호》, 김성한·최훈 옮김, 아카넷, 2023.

피터 싱어, 《동물해방》, 김성한 옮김, 연암서가, 2012.

헨리 베스톤, 《세상 끝의 집: 케이프코드 해변에서 보낸 1년》, 강수정 옮김, 눌와의창, 2004.

농림축산식품부, 〈2022년 반려동물 보호·복지 실태조사 결과〉, 2023.

추정완, 「실험동물과 윤리-윤리적 동물실험의 기초를 위하여」, 《도덕윤리과교육연구》, 제54호, 2017.

Cass R. Sunstein·Martha C. Nussbaum, *Anmal Rights Current Debates and New Directions*, Oxford University Press, 2005.

Rosalind Hursthouse, *Ethics, Humans and Other Animals: An Introduction with Readings*, Routledge, 2000.

Sue Donaldson·Will Kymlicka, *Zoopolis: A Political Theory of Animal Rights*, Oxford University Press, 2013.

Tom Regan, *The Case for Animal Rights*, University of California Press, 2004.

제2장 동물을 대리한다는 것

가야트리 스피박 외, 《서발턴은 말할 수 있는가?》, 태혜숙 옮김, 그린비, 2013.
나카자와 신이치, 《대칭성 인류학》, 김옥희 옮김, 동아시아, 2005.
데이비드 보이드, 《자연의 권리》, 이지원 옮김, 교유서가, 2020.
도나 J. 해러웨이, 《해러웨이 선언문》, 황희선 옮김, 책세상, 2019.
마크 베코프, 《동물의 감정》, 김미옥 옮김, 시그마북스, 2008.
바버라 J. 킹, 《동물은 어떻게 슬퍼하는가》, 정아영 옮김, 서해문집, 2022.
버지니아 헤이슨·테리 오어 《포유류의 번식-암컷 관점》, 김미선 옮김, 뿌리와이파리, 2021.
안토니오 그람시, 《그람시의 옥중수고 2》, 이상훈 옮김, 거름, 1999.
에두아르두 비베이루스 지 카스트루, 《식인의 형이상학》, 박이대승·박수경 옮김, 후마니타스, 2018.
앨러스데어 코크런, 《동물의 정치적 권리 선언》, 박진영·오창룡 옮김, 창비, 2021.
엘리자베스 마셜 토머스, 《개와 함께한 10만 시간》, 정영문 옮김, 해나무, 2021.
최유미, 《해러웨이, 공-산의 사유》, 도서출판b, 2020.
코린 펠뤼숑, 《동물주의 선언》, 배지선 옮김, 책공장더불어, 2019.
크리스토퍼 D. 스톤, 《법정에 선 나무들》, 허범 옮김, 아르케, 2003.
클라우스 보셀만, 《법에 갇힌 자연 vs 정치에 갇힌 인간》, 진재운 옮김, 도요새, 2011.

김택현, 「다시, 서발턴은 누구/무엇인가?」, 《역사학보》 Vol. 200, 2008.
양승현, 「민법상 동물의 비물건화(非物件化)를 위한 입법론과 보험업 관련 영향 검토」, 《보험법 리뷰》, 2021.
조희문, 〈법원판례로 살펴본 중남미에서의 자연과 동물의 법인격 인정 동향〉, 한국-중남미 자연권과 동물권 판례 세미나, 2021.
진희종, 「생태민주주의를 위한 '생태법인' 제도의 필요성」, 《대동철학》 Vol. 90, 2020.
――――, 「'생태법인(Eco Legal Person)' 실용화 방안 -제주남방큰돌고래 적용 모델을 중심으로-」, 《대동법학》 제97집, 2021.
핫핑크돌핀스, 〈제주 남방큰돌고래 보호와 '생태법인eco legal person' 입법을 위한 정책토론회〉, 2022.
해양동물생태보전연구소(MARC), 〈MARC 남방큰돌고래 등지느러미 목록〉, 2018.

제3장 일하는 동물: 《자본론》 다시 쓰기

도나 J. 해러웨이, 《종과 종이 만날 때》, 최유미 옮김, 갈무리, 2022.

라즈 파텔·제이슨 W. 무어, 《저렴한 것들의 세계사》, 백우진·이경숙 옮김, 북돋움, 2020.

마고 드벨로, 《동물은 인간에게 무엇인가》, 천명선·조중헌 옮김, 공존, 2018.

마리아 미즈, 《가부장제와 자본주의》, 최재인 옮김, 갈무리, 2014.

브뤼노 라투르, 《지구와 충돌하지 않고 착륙하는 방법》, 박범순 옮김, 이음, 2021.

수나우라 테일러, 《짐을 끄는 짐승들》, 이마즈 유리·장한길 옮김, 오월의봄, 2020.

앤서니 J. 노첼라 2세 외, 《동물은 전쟁에 어떻게 사용되나?》, 곽성혜 옮김, 책공 장더불어, 2017.

이진경, 《자본을 넘어선 자본》, 그린비, 2004.

제레미 리프킨, 《한계비용 제로 사회》, 안진환 옮김, 민음사, 2014.

제이슨 W. 무어, 《생명의 그물 속 자본주의》, 김효진 옮김, 갈무리, 2020.

제인 베넷, 《생동하는 물질》, 문성재 옮김, 현실문화, 2020.

최유미, 《해러웨이, 공–산의 사유》, 도서출판b, 2020.

토마 피케티, 《21세기 자본》, 장경덕 옮김, 글항아리, 2014.

한스 요나스, 《책임의 원칙》, 이진우 옮김, 서광사, 1994.

문성원, 「책임 문제에 대한 철학적 일고찰」, 《시대와 철학》, 제12권 1호, 2001.

Charlotte E. Blattner et al., *Animal Labour: A New Frontier ofnterspecies Justice?*, Oxford University Press, 2020.

Jocelyne Porcher et al., *Animal Labor: A New Perspective on Human-Animal Relations*, Oxford University Press, 2020.

제4장 동물원, 복지원, 보호소

고병권, 《묵묵》, 돌베개, 2018.

데이비드 그레이버, 《아나키스트 인류학의 조각들》, 나현영 옮김, 포도밭출판사, 2016.

로브 레이들로, 《동물원 동물은 행복할까?》, 박성실 옮김, 2011.

루시 쿡, 《오해의 동물원》, 조은영 옮김, 곰출판, 2018.

미셸 푸코, 《광기의 역사》, 이규현 옮김, 나남출판, 2020.
미셸 푸코, 《사회를 보호해야 한다》, 박정자 옮김, 동문선, 1998.
미셸 푸코, 《생명관리정치의 탄생》, 오트르망 외 옮김, 난장, 2012.
미셸 푸코, 《성의 역사 1: 지식의 의지》, 이규현 옮김, 나남출판, 2020.
미셸 푸코, 《정신의학의 권력》, 오트르망 외 옮김, 난장, 2014.
박정수, 《'장판'에서 푸코 읽기》, 오월의봄, 2020.
수나우라 테일러, 《짐을 끄는 짐승들》, 이마즈 유리·장한길 옮김, 오월의봄, 2020.
앤드루 스컬, 《광기와 문명》, 김미선 옮김, 뿌리와이파리, 2017.
장애우권익문제연구소, 《감금 없는 정신보건》, 도서출판 신정, 2022.
이지홍 외, 《나를 위한다고 말하지 마》, 삶창, 2013.
홍은전 외, 《집으로 가는 길》, 오월의봄, 2022.
존 풋, 《정신병원을 폐쇄한 사람》, 권루시안 옮김, 문학동네, 2020.
제러미 리프킨, 《회복력 시대》, 안진환 옮김, 민음사, 2022.
한종선 외, 《살아남은 아이》, 문주, 2012.

한국장애인개발원, 〈서울시장애인 탈시설 종단연구〉, 2021.

Irus Braverman, *Zooveillance: Foucault Goes to the Zoo*, University at Buffalo School of Law, 2012.

제5장 동물권과 포식의 정치
기욤 피트롱, 《프로메테우스의 금속》, 양영란 옮김, 갈라파고스, 2021.
김한민, 《아무튼 비건》, 위고, 2018.
멜라니 조이, 《우리는 왜 개는 사랑하고 돼지는 먹고 소는 신을까》, 노순옥 옮김, 모멘토, 2011.
밴저민 A. 워개프트, 《고기에 대한 명상》, 방진이 옮김, 돌베개, 2022.
사이토 고헤이, 《지속 불가능 자본주의》, 김영현 옮김, 다다서재, 2021.
안드레아스 말름, 《코로나, 기후, 오래된 비상사태》, 우석영·장석준 옮김, 마농지, 2021.
앤서니 J. 노첼라 2세 외, 《동물은 전쟁에 어떻게 사용되나?》, 곽성혜 옮김, 책공장더불어, 2017.
애슐리 도슨, 《멸종》, 추선영 옮김, 두번째테제, 2021.

앨런 와이즈먼,《인간 없는 세상》, 이한중 옮김, 알에이치코리아, 2020.
조너선 샤프란 포어,《동물을 먹는다는 것에 대하여》, 송은주 옮김, 민음사, 2011.
캐럴 J. 애덤스,《육식의 성정치》, 류현 옮김, 이매진, 2018.
토니 밀리건,《채식의 철학》, 김성한 옮김, 휴머니스트, 2019.
토바이어스 리나트르,《비건 세상 만들기》, 전범선·양일수 옮김, 두루미, 2020.
폴 샤피로,《클린미트》, 이진구 옮김, 흐름출판, 2019.
한승태,《고기로 태어나서》, 시대의창, 2018.

제6장 위기들의 시대, 동물과 공생하기
밴저민 A. 워개프트,《고기에 대한 명상》, 방진이 옮김, 돌베개, 2022.
브뤼노 라투르,《지구와 충돌하지 않고 착륙하는 방법》, 박범순 옮김, 이음, 2021.
브뤼노 라투르·니콜라이 슐츠,《녹색 계급의 출현》, 이규현 옮김, 이음, 2022.
이동시,《절멸》, 워크룸프레스, 2021.
제인 베넷,《생동하는 물질》, 현실문화, 2020.
프리초프 카프라·우고 마테이,《최후의 전환》, 박태현·김영준 옮김, 경희대학교 출판문화원, 2019.

국제보건기구·유니세프, 〈가정 내 안전한 식수, 위생시설 및 위생 서비스(WASH)에 관한 경과 2000~2022〉, 2023.
기후정의포럼, 〈공공화, 민주화, 사회화를 어떻게 다시 상상하고 재창조할 것인가〉,《체제전환을 위한 기후정의포럼 자료집》, 2022.
IPCC, 〈지구온난화 1.5℃ 특별보고서〉, 2018.
IPCC, 〈기후변화와 토지에 대한 특별보고서〉, 2019.

Lennard de Klerk et al., *CLIMATE DAMAGE CAUSED BY RUSSIA'S WAR IN UKRAINE*, Initiative on GHG accounting of war, 2022.
UN Food and Agriculture Organization, *Livestock's Long Shadow*, 2006.

미주

1   이진경,《노마디즘 1》, 휴머니스트, 2002, 323쪽.
2   헨리 베스톤,《세상 끝의 집: 케이프코드 해변에서 보낸 1년》, 강수정 옮김, 눌와의창, 2004.
3   〈2022년 반려동물 보호·복지 실태조사 결과〉, 농림축산식품부, 2023.
4   제레미 벤담,《도덕과 입법에 대한 서론》, 아카넷, 2013, 557~558쪽 참조.
5   폴 W. 테일러,《자연에 대한 존중》, 김영 옮김, 리수, 2020, 88쪽.
6   Tom Regan, *The Radical Egalitarian Case for Animal Rights*, Environmental Ethics Vol.5, 2001.
7   Rosalind Hursthouse, *Ethics, Humans and Other Animals: An Introduction with Readings*, Routledge, 2000.
8   Rosalind Hursthouse, Ibid.
9   코린 펠뤼숑,《동물주의 선언》, 배지선 옮김, 책공장더불어, 2019 참조.
10 코린 펠뤼숑, 위의 책, 13~15쪽 참조.
11 〈UN장애인권리협약Convention on the Rights of Persons with Disabilities〉(e) 참조.
12 막스 베버,《소명으로서의 정치》, 박상훈 옮김, 후마니타스, 2021, 121쪽 참조.
13 토니 밀리건,《채식의 철학》, 김성한 옮김, 휴머니스트, 2019 참조.
14 에믈리크 카롱,《반종차별주의》, 류은소라 옮김, 2022, 157쪽 참조.
15 에믈리크 카롱, 위의 책, 166쪽 참조.
16 앨러스데어 코크런,《동물의 정치적 권리 선언》, 박진영·오창룡 옮김, 창비, 2021, 86쪽 참조.
17 제2장 동물을 대리한다는 것의 일부는《민주사회를 위한 변론》2022년 115호에 수록된 〈동물권과 법: 당사자적격과 이익대변으로서의 후견〉을 수정하여 수록한 것이다.
18 양승현,「민법상 동물의 비물건화(非物件化)를 위한 입법론과 보험업 관련 영향 검토」,《보험법 리뷰》, 2021.
19 대법원 2006. 6. 2. 자 2004마1148, 1149(병합) 결정.

20 청주지방법원 2008. 11. 13. 선고 2007구합1212 판결.

21 서울행정법원 2010. 4. 23. 선고 2008구합29038 판결.

22 서울행정법원 2019. 1. 25. 선고 2018구합2230 판결.

23 한민지, 「스위스법에 따른 동물의 법적 지위에 관한 동향」,《서울법학》제 28권 제4호, 2021 참조.

24 기사, 「악명높은 '마약왕' 소유 하마, '법인'으로 인정…'법적 권리' 행사한 다」,〈매일경제〉, 2021년 10월 23일 게재.

25 버지니아 헤이슨·테리 오어,《포유류의 번식-암컷 관점》, 김미선 옮김, 뿌리와이파리, 2021, 427쪽 참조.

26 마크 베코프,《동물의 감정》, 김미옥 옮김, 시그마북스, 2008, 참조.

27 바버라 J. 킹,《동물은 어떻게 슬퍼하는가》, 정아영 옮김, 서해문집, 2022, 19쪽 참조.

28 에두아르두 비베이루스 지 카스트루,《식인의 형이상학》, 박이대승·박수경 옮김, 후마니타스, 2018, 61쪽 참조.

29 최유미,《해러웨이, 공-산의 사유》, 도서출판b, 2020, 31~34쪽 참조.

30 김택현, 「다시, 서발턴은 누구/무엇인가?」,《역사학보》 Vol. 200, 2008.

31 안토니오 그람시,《그람시의 옥중수고2》, 이상훈 옮김, 거름, 1999, 70~74쪽 참조.

32 최유미, 앞의 책, 257~259쪽 참조.

33 크리스토퍼 D. 스톤,《법정에 선 나무들》, 허범 옮김, 아르케, 2003, 42~46쪽 참조.

34 클라우스 보셸만,《법에 갇힌 자연 vs 정치에 갇힌 인간》, 진재운 옮김, 도요새, 2011, 325쪽 참조.

35 데이비드 보이드,《자연의 권리》, 이지원 옮김, 교유서가, 2020, 143쪽 참조.

36 *Te Awa Tupua (Whanganui River Claims Settlement) Act 2017*, New Zealand Government.

37 데이비드 보이드, 앞의 책, 177~190쪽, 테 푸우 투푸아 홈페이지(https://www.tepoutupua.nz/) 참조.

38 진희종, 「'생태법인 (Eco Legal Person)' 실용화 방안 -제주남방큰돌고래 적용 모델을 중심으로-」,《대동법학》제97집, 2021, 참조.

39 진희종, 위의 논문 참조.

40 핫핑크돌핀스,〈제주 남방큰돌고래 보호와 '생태법인eco legal person' 입법

을 위한 정책토론회〉, 2022.

41   해양동물생태보전연구소(MARC), 〈MARC 남방큰돌고래 등지느러미 목록〉, 2018.

42   오동석, 「지구법학 관점에서의 한국헌법의 해석론」, 《환경법과 정책》 제26권, 2021 참조.

43   Donna Harraway, *The Companion species Manifesto*, Prickly Paradigm Press, 2003, 145p.

44   앤서니 J. 노첼라 2세 외, 《동물은 전쟁에 어떻게 사용되나?》, 곽성혜 옮김, 책공장더불어, 2017 참조.

45   기사, 「첨단 장비 초월하는 음파 탐지력… 전쟁까지 투입되는 돌고래」-〈동아일보〉 2022년 5월 9일 게재 참조.

46   기사, 「전쟁의 잔인함에 희생된 군견의 삶」-〈PLANET TIMES〉 2022년 2월 20일 게재 참조.

47   기사, 「노동과 학대 사이… '원숭이 코코넛 노역'의 진실」-〈한겨레신문〉, 2020년 7월 8일 게재.

48   이진경, 《자본을 넘어선 자본》, 그린비, 2004, 424쪽 참조.

49   이진경, 위의 책, 348~349쪽 참조.

50   마리아 미즈, 《가부장제와 자본주의》, 최재인 옮김, 갈무리, 2014, 23쪽 참조.

51   제이슨 W. 무어, 《생명의 그물 속 자본주의》, 김효진 옮김, 갈무리, 2020, 101쪽 참조.

52   도나 J. 해러웨이, 《종과 종이 만날 때》, 최유미 옮김, 갈무리, 2022, 91~92쪽 참조.

53   리처드 H. 니버, 《책임적 자아》, 정진홍 옮김, 한국장로교출판사, 2012, 87·111쪽 참조.

54   브뤼노 라투르, 《지구와 충돌하지 않고 착륙하는 방법》, 박범순 옮김, 이음, 2021, 121쪽 참조.

55   최유미, 앞의 책, 67쪽 참조.

56   존 풋, 《정신병원을 폐쇄한 사람》, 권루시안 옮김, 문학동네, 2020, 476쪽.

57   미셸 푸코, 《사회를 보호해야 한다》, 박정자 옮김, 동문선, 1998, 278~279쪽 참조.

58   고병권, 《묵묵》, 돌베개, 2018, 213쪽 참조.

59 박정수, 《'장판'에서 푸코 읽기》, 오월의봄, 2020, 281쪽 참조.

60 이지홍 외, 《나를 위한다고 말하지 마》, 삶창, 2013, 153쪽.

61 박정수, 앞의 책, 281쪽 참조.

62 *Haunted House Has Painful Past As Asylum*, NPRNews, October 29, 2010.

63 박정수, 앞의 책, 193~194쪽 참조

64 로브 레이들로, 박성실 역, 《동물원 동물은 행복할까》, 책공장더불어, 2011, 20, 29쪽 참조

65 Irus Braverman, *Zooland: The Institution of Captivity*, Stanford University Press, 2012.

66 데이비드 그레이버, 《아나키스트 인류학의 조각들》, 나현영 옮김, 포도밭출판사, 2016 참조.

67 로브 레이들로, 《동물원 동물은 행복할까》, 박성실 옮김, 책공장더불어, 2011, 71쪽 참조.

68 '예일 기후 커넥션' 홈페이지(https://yaleclimateconnections.org/2020/07/what-is-climate-justice/) 참조.

69 제러미 리프킨, 《회복력 시대: 재야생화되는 지구에서 생존을 다시 상상하다》, 안진환 옮김, 민음사, 2022, 17쪽 침조.

70 기사, 「진정한 자연보호 전략은 '그냐 내버려 두기'」-〈쿠키뉴스〉, 2021년 4월 24일 게재 참조.

71 기사, 「'도시 재야생화'로 모두가 행복해질 수 있을까」-〈뉴스펭귄〉, 2022년 9월 23일 게재 참조.

72 기욤 피트롱, 양영란 역, 《프로메테우스의 금속》, 갈라파고스, 2021, 62쪽 참조.

73 애슐리 도슨, 《멸종》, 추선영 옮김, 두번째테제, 2021, 55~57쪽 참조.

74 토니 밀리건, 앞의 책 참조.

75 토니 밀리건, 앞의 책, 36쪽 참조.

76 폴 샤피로, 《클린미트》, 이진구 옮김, 흐름출판, 2019, 91~94쪽 참조.

77 기욤 피트롱, 앞의 책 62쪽 참조.

78 앤서니 J. 노첼라 2세 외, 앞의 책, 30~31쪽 참조.

79 브뤼노 라투르, 《지구와 충돌하지 않고 착륙하는 방법》, 박범순 옮김, 이음, 2021, 149쪽 참조.

80 기사, 「1,000배 빠른 속도로 잃어가는 '멸종 위기 동물'」-〈노벨사이언스〉,

2018년 1월 24일 게재 참조.

81　제인 베넷, 《생동하는 물질》, 문성재 옮김, 현실문화, 2020, 9쪽.

82　채효정, 〈공공화, 민주화, 사회화를 어떻게 다시 상상하고 재창조할 것인 가〉, 《체제전환을 위한 기후정의포럼 자료집》, 2022, 70쪽.

83　채효정, 위의 글, 70쪽.

84　기사, 「파키스탄 홍수 책임, 탄소배출량 높은 국가에 있다」-〈뉴스펭귄〉, 2022년 8월 31일 게재.

85　정록, 〈체제전환을 위한 노동의 재조직〉, 《체제전환을 위한 기후정의포럼 자료집》, 2022, 87~88쪽.

86　국제보건기구·유니세프, 〈가정 내 안전한 식수, 위생시설 및 위생 서비스 (WASH)에 관한 경과 2000~2022: 성별에 주목하여〉, 2023.

87　기사, 「서울서 3만5천 '기후정의행진'… "우리가 대안이다"」-〈비마이너〉, 2022년 9월 24일 게재.

88　Lennard de Klerk et al., *CLIMATE DAMAGE CAUSED BY RUSSIA'S WAR IN UKRAINE*, Initiative on GHG accounting of war, 2022.

89　*Farmers on frontline as Dutch divided by war on nitrogen pollution*, The Guardian, october, 21, 2023.

90　*Netherlands announces €25bn plan to radically reduce livestock numbers*, The Guardian, december, 15, 2021.

91　기사, 「뉴욕, 식품 관련 탄소배출량 33% 줄인다…식물성 식단 확대」-〈데 일리원헬스〉, 2023년 5월 2일 게재.

92　기사, 「군대서도 비건 급식 먹는다… 채식주의자, 짬밥을 바꾸다」-〈서울신 문〉, 2020년 10월 7일 게재.

정상동물

1판 1쇄 발행 2023년 11월 30일

지은이·김도희
펴낸이·주연선

(주)은행나무

04035 서울특별시 마포구 양화로11길 54
전화 · 02)3143-0651~3 ｜ 팩스 · 02)3143-0654
신고번호 · 제 1997-000168호(1997. 12. 12)
www.ehbook.co.kr
ehbookehbook.co.kr

ISBN 979-11-6737-380-9 03300

• 이 도서는 한국출판문화산업진흥원의 '2023년 우수출판콘텐츠 제작 지원'
사업 선정작입니다.